司法省訓令回答類纂　全

日下部 䶨 編纂

明治三十四年發行

司法省訓令回答類纂 全

日本立法資料全集 別巻 1211

信山社

長崎區裁判所監督書記日下部躘編纂

司法省訓令回答類纂 全

印刷所 重誠舍

凡例

一　本書ハ民法、戸籍法實施以來其二法ハ勿論商法幷ニ商業登記、不動産登記、法人及夫婦財産契約登記、船舶登記、人事訴訟手續、非訟事件手續、民刑訴訟法其他諸般ノ法令實行上疑義ニ關スル裁判所又ハ戸籍吏若クハ公證人等ノ伺ニ對シ司法大臣又ハ民刑局長ヨリ訓令回答セラレタルモノニシテ現今執務上必要ノ部分即チ法曹記事第八十二號以下第百十號(明治三十四年一月分)迄ニ掲載シタルモノヲ細大漏レナク類別シテ編纂シタルモノナリ

一　本書ハ實務上ノ便ニ供スルヲ目的トスルカ故ニ訓令回答ノ簡明ナルハ請訓文ヲ省略シテ唯其訓令回答文ノミヲ採錄シ訓令回答文ノミニテ其主旨ヲ知リ難キモノハ、ミ請訓文ヲ參酌簡約シ且長文ノ訓令回答モ亦之ヲ簡約シテ其主旨ヲ掲載セリ

一　類別ハ可成實際上搜索ニ便ナラシムルヲ目的トセシ故類似ノモノト雖モ別部類ト爲シタルモノアルヲ以テ時ニ或ハ何レノ部類

ニ屬スル歟ヲ疑フモノアリ如斯ハ孰レノ部類ニモ重ネテ掲載セシモノアルモ一ノ部類ヲ搜索シテ發見セサルモノハ他ノ類似ノ部類ヲモ搜索スヘシ殊ニ民法ト戸籍法トハ孰レニモ屬スルモノ多キヲ以テ全ク民法ノ解釋ニ屬スルモノヽミ民法部ニ集錄シ苟モ戸籍法ニ關係アルモノハ民法ノ解釋ト雖モ戸籍法ノ部類ニ集錄シアルニ依リ宜ク兩法ノ部類ニ就テ搜索スルヲ可トス

總テノ法令中全ク直接ニ條文ノ解釋ニ過キサルモノハ類目ヲ設クルハ却テ搜索ニ不便ヲ生スルカ故ニ條ヲ以テ類目ニ換ヘタリ依テ法令ノ條項ニ疑問アルトキハ先以テ其條項ヲ搜索シ其條項ナキトキ類目ニ就テ搜索スルヲ可トス

本書ノ集錄ハ法曹記事第百二號ヨリ始メ其第八十二號迄遡リ終テ第百三號ニ移リ以下順次號數ヲ逐ヒシモノニ付其纂ムル處ノ訓令回答年月日ハ順序ヲ爲サヽルナリ然レトモ其年月日ノ前後ニ依テ前者ハ後者ニテ省議變更セシモノト認メタルヘキ一個牴

觸セシ事項ハ後者ノミヲ採錄シテ前者ヲ捨テ又同一意議ノモノ二件以上アルモノハ其訓令回答年月日ノ新シキモノ一ヲ揭ケ他ハ省略シ唯其參照ノ價値アリト認ムヘキモノヽミ單ニ法曹記事ノ號、丁、行數ノミ附記シタリ故ニ本書ハ一モ無用ニ屬スル事項ナシ

一 本書製本ノ体裁ニ異樣ノ觀アルハ尚ホ將來永ク繼續シテ集錄スヘキ必要アルヲ以テ何時ニテモ增綴シ得ル便ヲ圖リタルモノナルニ因レリ

一 揭載事項ニ疑ハシキモノアルトキハ各文末ニ法曹記事ノ號數丁數ヲ附記セルヲ以テ其記事ニ就テ調査スルヲ要ス

一 本書中戸吏トアルハ戸籍吏、區監判又ハ地長、地檢正、地書課等ノ類ハ區裁判所監督判事、地方裁判所長、地方裁判所檢事正、地方裁判所書記課等ノ略又戸第トアルハ戸籍法第、民第ハ民法第、不第ハ不動產登記法第、人第ハ人事訴訟手續法第、非第ハ非訟事

件手續法第、民訴、刑訴ハ民刑事訴訟法、三三年ノ類ハ三十三年、民又ハ戸一二トアルノ類ハ民法戸籍法ノ十二條ト云フカ如キ總テ略語ナルヲ以テ此他尚ホ類推シテ之ヲ了解シ編者ノ誤謬若クハ印刷ノ誤植ト爲ス勿レ

明治三十四年二月

編　者　識

司法省訓令回答類纂目錄

第一編　民　法

第二編　戸籍法

第三編　不動產登記法

第四編　商法

第五編　商業登記

第九編　刑事訴訟法

第十編　非訟事件手續法

第十一編　人事訴訟法事件手續法

第十二編　雜　部

○第壹編　民法

○第一類　親族關係

○養親カ養家ヲ去ルモ養子ト養家ノ血族トノ親族關係ハ之カ爲メニ止ムモノニアラス（岐阜縣惟子村戸吏伺三十二年十二月二十一日民刑局長回答）法曹記事九八號三九頁

○甲丙ヲ相續人ニ指定シ（丙ハ他人）テ死亡シタルニ依リ丙ハ家督相續人トシテ入籍シタリ此場合甲ノ遺妻ト丙トハ親族關係ヲ生セス（京都府千歳村戸吏伺三十二年十月二日民刑局長回答）仝九六號三四頁

○繼父母カ分家シタリトテ親族關係ハ民七二九條二項ノ場合ノ外止ムモノニアラス（福島縣長沼村戸吏伺三十二年十月五日民刑局長回答）仝九六號六七頁

○甥姪ノ稱呼ハ男女ノ區別ナリ（奈良縣五條町戸吏伺三十二年七月三十一日民刑局長回答）仝九四號四九頁

○甲ノ妻カ甲ノ死亡ニ因リテ甲ノ弟ト再婚シタリト雖モ甲ノ子ト甲ノ弟トハ繼父子ノ關係ヲ生セス（東京府大神村外八ヶ村組合戸吏伺三十二年四月十八日民刑局長回答）仝九〇號三〇頁

○婿養子カ離婚シテ離緣ヲ爲サス養家ニ止マルトキ其妻タリシ者トハ兄弟姉妹トナルヘ

シ（東京府大久保村戸吏伺三十二年三月十五日民刑局長回答）仝八九號二六頁

○夫カ失踪宣言ヲ受ケタル後妻カ養子ヲ爲シタルニ夫復歸シテ失踪宣言ヲ取消スモ妻ノ養子トハ姻族關係（養母ノ夫、妻ノ養子）アルニ止マリ養父子ノ關係ヲ生セス（仝上）仝號二七頁

○養子ト養親トノ間ニハ血族間ニ於ケルト同一ノ親族關係ヲ生スルカ故ニ其結果養親ノ養親トハ二親等ノ親族ト爲ル（廣島縣美古登村戸吏伺三十二年一月十九日民刑局長回答）仝八八號四八頁

○弟カ兄ノ遺妻ト婚姻シタリトテ兄ノ子トハ繼父子ノ關係ヲ生セス（六日町區判問合三十二年一月十日民刑局長回答）仝號六四頁

○戸主ノ母カ一旦他ニ嫁シ夫ト共ニ入籍スルモ戸主ト母ノ夫トハ繼父子ノ關係ヲ生セス故ニ親權ヲ行フコトヲ得サルモノトス（北條區判問合三十一年十二月十六日民刑局長回答）仝八七號四一頁

○婚家ヨリ更ニ婚姻ニ因リテ他家ニ入リタル者ハ最初ノ婚姻ニ因リテ生シタル親族關係ハ止ム（民七二九、二項七三一、）（松江市戸吏伺三十一年十二月二十八日民刑局長回答）仝八七號六一頁

○縁組ニ因リテ他家ニ入リタル者カ更ニ養子縁組ニ因リテ他家ニ入リタルトキハ最初ノ縁組ニ因リテ生シタル親族關係止ムコトナシ(仝上)仝號仝頁

○後妻ハ其子ノ繼母ナリ又女戶主ノ入夫ハ其子ノ繼父ナルカ故ニ其實子ヲ養子ト爲スコトヲ得ス〔福岡縣鳥飼村戶吏伺三十一年十二月十二日民刑局長回答〕仝八七號七八頁

○三親等內ノ姻族トハ夫婦ノ一方ヨリ云ヘハ其配偶者ノ三親等內ノ血族卽チ父母、祖父母、曾祖父母、子、孫(前婚ノ)兄弟姉妹、甥姪、伯叔父母等トシ此等ノ親族ヨリ云ヘハ夫又ハ婦トス從テ夫又ハ婦ノ父母ト其配偶者ノ父母トノ間ニハ姻族關係ナキモノトス〔奈良縣田原本町戶吏伺三十一年十月二十二日民刑局長回答〕仝八五號七七頁

○直系姻族トハ夫ヨリ云ヘハ妻ノ父母、祖父母、曾祖父母、其先婚ノ子、孫等トス配偶者ハ血族ニ非サルカ故ニ民法第七百六十九條ニ關係ナシ(仝上)仝上

○六親等內ノ血族トハ民法第七百二十六條ノ規定ニ依リテ算定スヘキ六親等內ノ尊屬ノ直系血族(父母、祖父母、高祖母、高祖父母ノ父母、高祖父母ノ祖父母、)卑屬ノ直系血族(子、孫、曾孫、玄孫、玄孫ノ子、玄孫ノ孫等)及傍系ノ血族(兄弟姉妹、甥姪、甥姪ノ子、甥

姪ノ孫、甥姪ノ曾孫、伯叔父母、從兄弟姉妹、從兄弟違、從兄弟違ノ子、大伯叔父母、曾伯叔祖父母ノ子、高曾父母ノ兄弟姉妹等）トス（富山區監判問合三十一年十月四日民刑局長回答）仝八四號八〇頁

○嫡母トハ庶子ニ對シ父ノ正妻ニ該當スルモノトス（新潟縣加茂町戸吏伺三十二年九月十七日民刑局長回答）仝八三號八七頁

○從兄弟姉妹ハ四親等トス（山梨縣龍王村戸吏伺三十一年九月二十一日民刑局長回答）仝八三號一一五頁

○配偶者ノ兄弟姉妹ハ傍系姻族ナリ（仝上）仝號一一六頁

○第二類　親族會

○親族會ハ豫メ會員ノ選定ノミノ申請ハ之ヲ爲スコトヲ得ス（沼田區判問合三十二年十月二十日民刑局長回答）法曹記事九六號三一頁

○相續人選定ノ爲メノ親族會ハ其選定シタル相續人カ未成年ナルモ其後見人及後見監督人ノ選任ヲ爲スコトヲ得ス（岡山縣山田村戸吏同三十二年十月十一日民刑局長回答）仝號仝頁

○無能カ者ノ爲メニ設ケタル親族會員ニシテ就職後民第九百八條ニ該ルヘキ事由ヲ生シタルトキハ當然其職務ヲ失フヘキモノニ付親族會員ハ第九百五十條ノ手續ヲ爲スヘキモノトス（御嵜區判問合三十二年五月二十七日民刑局長回答）仝九一號二一頁

○親族會招集ノ申請ヲ爲ス場合ハ別ニ會員選定ノ申請ヲ要セス（弘前區監判問合三十二年三月二十五日民刑局長回答）仝八九號四〇頁

○親族會ノ招集ハ無能力者ノ爲メニ設ケタル親族會ハ無能力ノ止ムマテ繼續スルカ故ニ最初ノ招集ノ外ハ本人、其法定代理人、後見監督人、保佐人又ハ會員ヨリ招集スルコトヲ得（民九四九）其他ハ總テ裁判所ヨリ招集スヘキモノトス（民九四四）（秋田縣金澤町戸吏同三十一年十二月

十七日民刑局長回答）全八七號四二頁

○親族會員ハ自ラ其職務ヲ行フヘキモノニシテ假令疾病其他止ヲ得サル事故アルモ他人ヲシテ代理セシムルコトヲ得サルモノト解スルヲ相當トス（佐賀地長問合三十三年四月十一日民刑局長回答）全一〇四號三九頁

○親族會ノ招集ヲ爲スノ必要アル塲合ト雖モ其招集ニ付テハ一定ノ期間ナシ（豐多摩郡大久保村戸吏伺三十一年十月十五日民刑局長回答）全八五號四五頁

○戸主死亡家督相續人未成年ニシテ後見ノ必要アルトキハ民九四四條ニ依リ本人檢事其他ノ者ヨリ裁判所ニ親族會ノ招集ヲ請求スヘク裁判所ハ親族ナキ塲合ニ於テハ本人又ハ其家ニ緣故アル者ヲ會員ニ選定スヘク本人又ハ其家ニ緣故アル者モナキ塲合ハ實際ニ其例ナシ（丸龜區監判伺三十一年十月十五日民刑局長回答）仝號五三頁

○單身戸主ニシテ民九八二條各號ニ當ル相續人スラ之レナク組合中ノ某ヲ相續人ニ指定シ熟議セシ迄ニテ其手續ヲ履行セス死亡セシ者アリ人證アルモ遺言特別方式ニモ適セサレハ遺言ト見做スヲ得ス因テ此某ナルモノハ家督相續人ト爲ルヘキノ緣故ヲ以テ相續人選定ノ爲メ親族會ノ招集ヲ請求スルコトヲ得（沼田區判問合三十一年十月八日民刑局長回答）仝八四號九一頁

○親族會員三名アル塲合ニ於テ其一人ヲ他ノ二名ノ議決ニ依テ後見人ニ選定スルコトヲ得ヘシ（民九四七參看）（大宮區判問合三十一年十月十一日民刑局長回答）仝號一一四頁

○民法第九百十一條其他第九百四十四條ニ掲ケタル塲合ニ於テハ親族會ニ監督官ノ立會ヲ要セス（鰺ケ澤區判問合三十一年九月七日民刑局長回答）仝八三號五一頁

○裁判所カ招集スル親族會ノ塲所ハ必スシモ裁判所ナルノ明文ナキニ付申請人若クハ本人ノ居宅ヲ指定シ差支ナシ（田邊區監判問合三十一年九月二十一日民刑局長回答）仝號一二六頁

○家督相續人選定ノ爲メ招集シタル親族會ニ於テ家督相續人選定ノ決議ヲ爲シタルニ利害關係人ハ之ヲ不當トシ不服ノ訴ヲ提起シタル末裁判所ニ於テ其決議ヲ取消スヘキ旨ノ判決ヲ與ヘタリ此塲合ハ更ニ民法第九百四十四條ニ依リ親族會招集ヲ裁判所ニ請求スヘキモノトス（福岡地長問合三十三年十一月十六日民刑局長回答）仝一〇九號二九頁

○第三類　親族入籍

○戸主カ適法ニ廢家シテ他家ニ入リタルトキハ其家族モ亦其家ニ入（民七六三條）ルモ隱居シテ他家ニ入籍スル場合ハ妻ノミ（七四五條）夫ニ隨ヒ其家ニ入リ子ハ別段入籍（七三七條）ノ手續ヲ爲サヽレハ父家ニ入ル能ハス（靜岡縣富士川村戸吏伺三十二年三月三十日民刑局長回答）法曹記事八九號四四頁（參照仝號五五頁二行）

○意思能力ヲ有セサル幼年者ハ民法第七百三十七條ノ入籍行爲ヲ爲スコトヲ得ス（福島縣三春町戸吏伺三十一年十二月十五日民刑局長回答）仝八七號九二頁

○法定ノ推定家督相續人タル男子アル場合ハ男子ヲ養子ト爲スコトヲ得スト雖モ養子ト爲サス單ニ家族トシテ家ニ入ルヽコトハ妨ケナシ（奈良縣田原本町戸吏伺三十一年十月二十二日民刑局長回答）仝八五號七八頁

○夫死亡ニ依リ其夫ノ兄弟姉妹等カ家督ヲ相續シタル後前戸主ノ遺妻カ婚姻ニ因リテ他家ニ入リタル上其夫ト共ニ前婚家ニ入籍セント欲スルモ戸主ノ親族ニアラサルヲ以テ離婚ニ因リテ單身復籍スルノ外入籍スルコトヲ得ス（靜岡區判問合三十一年九月二十六日民刑局長回答）仝八三號一四三頁

○民法第七百四十五條ノ規定ハ妻カ戸主ナル場合ニ之ヲ適用スルコトヲ得サルヘキニ因リ女戸主ノ夫ハ妻カ隠居ヲ爲サヽル限リハ民第七三七條ニ依リ他家ニ入ルコトヲ得サルモノト解スルヲ相當トス〔岩手縣市村戸吏伺三十三年十二月二十一日民刑局長回答〕仝一一一〇號三九頁

○第四類　親權

○母カ親權ヲ行ヒ居ル未成年者カ戸內ニ於テ養子トナリタルトキハ其養父ニ於テ親權ヲ行フモノニテ母ノ親權ハ當然消滅ス〔圍部區判問合三十二年十一月八日民刑局長回答〕法曹記事九七號二七頁

○未成年者ノ戸主カ父母ヲ入籍セシメタルトキハ其父母親權ヲ行フ〔福島縣長沼村戸吏伺三十二年十月五日民刑局長回答〕仝九六號六七頁

○離婚實家ニ復籍シ再婚シタル母ハ前夫ノ子ト仝家籍ニ在ルトキハ親權ヲ行フコトヲ得〔東京府大神村外八ヶ村組合戸吏伺三十二年四月十八日民刑局長回答〕仝九〇號三〇頁

○養母親權行使中養子ノ實父母入籍スルモ其親權ノ行使ヲ妨ケラルヽコトナシ〔高松區監判問合三十二年三月二十日民刑局長回答〕仝八九號三三頁

○戸籍面ヲ別ニスル父母ハ同家內ニ居住スルモ子ニ對シテ親權ヲ行フコトヲ得ス〔大津市戸吏伺三十二年一月十三日民刑局長回答〕仝八八號四五頁（參照八七號四三頁十二行）

○禁治產ノ宣告ハ法律上親權喪失ノ原因ト爲ラサルモ其宣告ヲ受ケタル父ハ普通心神喪

十二

失ノ常況ニ在ルヘキカ故ニ民法第八百七十七條第二項ニ該當スヘシ〔福岡地長問合三十三年十一月十六日民刑局長回答〕仝一〇九號三〇頁

○第五類　後　見

○妻ハ夫ノ同意ヲ得スシテ他人ノ後見人ト爲ルコトヲ得ヘシ（福島縣長沼村戸吏伺三十二年十月五日民刑局長回答）法曹記事九六號六七頁

○後見人ノ行方知レサルカ爲メ一旦其職ヲ失フタル事實明カナル場合ニ於テハ（後見監督人カ民九一五條二、三號ノ手續ヲ爲シタル等）後任ノ後見人就職前行方知レタルトキト雖モ當然其職ヲ回復スルモノニアラス（福島縣長沼村戸吏伺三十二年九月十二日民刑局長回答）仝九五號五一頁

○前項ノ事實ニ依テ任務終了シタルトキノ届出ハ戸第百十七條二項ニ準シ後見監督人ヨリ爲スヘキモノトス（仝上）仝號仝頁

○後見人カ就職後民第九百八條ニ該ルヘキ事由ヲ生シタルトキハ當然其職務ヲ失フヘキヲ以テ免黜ヲ要セス後見監督人ハ第九百十五條二號ノ手續ヲ爲スヘキモノトス（御嵩區判問合三十二年五月二十七日民刑局長回答）仝九一號二一頁

○民第七百九十一條妻カ未成年者ナルトキ其成年ノ夫後見人ト成ルニハ其法文ニ職務ヲ行フトアリテ後見人トナルモノトナシ此場合ニ於テモ九百一條以下ノ規定ニ依リ後見ノ

機關ヲ備フルコトヲ必要トス（宮城縣石巻町戸吏問合三十二年五月十三日民刑局長回答）全九一號二二頁

○未成年者ニ對シ親權ヲ行フ者ナキ場合ニ於テ其親族ノ意思ニ依リテ後見人ヲ置カサルコトヲ得ルモノニ非ラス本人利害關係人又ハ檢事ヨリ親族會ヲ招集スルノ手續ヲ爲シ後見人ヲ選定セシムヘキモノトス（岩手縣大川目村戸吏伺三十二年三月九日民刑局長回答）全八九號二二頁

○後見人カ協議上更迭セントスル場合ニ於テハ後見人ハ後任ヲ選定スル爲メ直チニ親族會ヲ招集スルコトヲ得若シ未タ親族會ノ設ケナキトキハ其招集ヲ無能力者ノ住所地ヲ管轄スル區裁判所ニ請求シ其親族會ニ於テ選定セラレタル後見人ニ於テ更迭屆ヲ爲スヘキモノトス（兵庫縣大庭村戸吏伺三十二年三月二十二日民刑局長回答）全號三六頁

○民第九百一條乃至九百三條ニ依リ後見人ト爲リタル法定後見人ト雖モ戸第百十四條ノ屆出ヲ爲シ且民九百十七條ニ依ル財產目錄ヲ調製スル義務アリ（人吉區判問合三十一年十一月二日民刑局長回答）全八六號九六頁

○戸主未成年者ニシテ後見人ヲ附シアル場合其家族ニ未成年者アリテ親權ヲ行フ者ナキトキハ尚ホ別ニ親族會ヲ組織シテ家族ノ後見人ヲ選任スヘキモノトス（本庄區監判問合三十一年十一月十一日民

刑局長回答）仝行二十六頁

○民法施行前父又ハ母ニ民法ニ依レハ親權喪失ノ宣告ヲ受クヘキ事由アリトスルモ裁判所カ其宣告ヲ爲サヽル限リハ父又ハ母ハ親權ヲ行フヘキモノナルカ故ニ後見人ノ任務ハ民法施行ト同時ニ終了ス（愛知縣擧母町戸吏伺三十一年十一月十四日民刑局長回答）仝號一一八頁

○一家創立シタル私生子ニ對シテハ母ハ親權ナキニ付民九百條ニ依リ後見人ノ選定ヲ要ス（新潟縣加茂町戸吏伺三十二年十月十五日民刑局長回答）仝八五號五〇頁

○民法施行ノ際未成年者ノ後見人タル者カ施行法七十九條ニ依リ後見監督人ヲ選任スル爲メ親族會ノ招集ヲ裁判所ニ請求スルニ付テハ遲滯ナキヲ要シ別ニ期間トテハ之レナシ（福岡縣角田村戸吏伺三十一年十月二十七日民刑局長回答）仝號九二頁

○未成年者ニシテ民法施行前ニ後見人ヲ附シアルニ施行ノ際其家ニ親權者アルトキハ民法施行ト仝時ニ後見人ノ任務ハ終了ス（仝上）仝號九三頁

○家族ノ祖父カ未成年戸主ノ後見人タルトキト雖モ後見監督人ヲ付スルコトヲ要ス（愛媛縣干

（足山村戸吏伺三十一年九月十日民刑局長回答）仝八三號五九頁

○民法施行前未成年者ノ戸主ニ附シタル後見人ハ施行後尚ホ繼續スヘキモノトス（大阪府錦郡村戸吏伺三十一年九月十六日民刑局長回答）仝號七六頁

○民法施行前ヨリ施行後ニ繼續スヘキ未成年者ノ後見人ハ新ニ民法九百十七條ノ規定ヲ遵行スヘキモノトス（奈良縣田原本町戸吏伺三十一年九月十七日民刑局長回答）仝號七八頁

○民法施行ノ際後見人ヲ附シタル未成年ニ親權ヲ行フ者アルモ失踪（目下居所不明未復歸者）ノ場合ニ在テハ其後見人ニ於テ其資格ヲ繼續スヘキモノニテ新ニ選任ノ手續ヲ要セス（千葉縣大網町戸吏伺三十一年八月三十一日民刑局長回答）仝八二號一五七頁

○戸主カ後見人タルトキト雖モ後見監督人ヲ附スルヲ要ス（大阪府豐中村戸吏伺三十三年七月七日民刑局長回答）仝一〇五號三三三頁

○未成年ノ戸主ノ親權ヲ行フ母カ財産ノ管理ヲ辭シタル爲メ後見人ヲ附シタル後其母カ其家ヲ去リタルトキハ其後見人ハ民法第九百二十一條ニ定メタル權利及ヒ義務ヲ有ス

（石川縣穴水村戶吏伺三十三年九月十七日民刑局長回答）仝一〇七號五〇頁

○妻カ未成年者ニシテ其夫モ亦未成年者ナルトキハ夫ハ妻ノ後見人ノ職務ヲ行フコトヲ得サルニ付其家ニ妻ノ父又ハ母アルトキハ妻ハ其親權ニ服スヘク若シナキトキハ戶主後見人トナル夫ニ對シ親權ヲ行フ者ハ妻ノ後見人ノ職務ヲ行フコトヲ得ス（愛媛縣二木生村戶吏伺三十三年九月十七日民刑局長回答）仝一〇七號五一頁

○子アル者其子ヲ本家ニ遺シテ分家シタルトキ其子カ未成年者ナルトキハ本家戶主ハ法定ノ後見人ト爲ル斯ノ如キ法定後見人ハ民第九一一條ニ依リ其事務ニ着手以前ニ於テ親族會ノ招集ヲ裁判所ニ請求シ後見監督人ヲ選任セシムルコトヲ要スルニ付キ若シ後見監督人選任ノ手續ヲ爲サヽルトキハ絕對的其事務（例ヘハ被後見人ノ入籍屆ヲ爲ス場合ノ如キ）ニ着手スヘカラス（岡山縣笹田村戶吏伺三十三年十二月二十日民刑局長回答）仝一一一〇號二六頁

○第六類　戸主權

○法定ノ推定家督相續人等カ家督相續届ヲ爲サヽル前ニ在テモ戸主ノ名義ヲ以テ戸主權ヲ行フヘシ（石川縣島屋村戸吏伺三十二年十月三日民刑局長回答）法曹記事八四號六九頁

○第七類　相續權

○養子男子ヲ擧ケ離緣シタル爲メ其子民第九七四條ニ依リテ養子ト同順位ニ於テ家督相續人トナリタル後再ヒ養子トシテ前位置ニ入籍スルモ其子ノ相續權ヲ害スルコトヲ得ス（愛媛縣菊間村戸吏伺三十三年三月十日民刑局長回答）法曹記事一〇一號三九頁

○家督相續人廢除ノ効果ハ當然其家ヲ相續スヘキ資格ヲ喪失シタルマテニテ全然家督相續ヨリ除斥セラレタルモノニ非ス故ニ選定ニ因リテハ廢除取消手續ヲ要セスシテ家督相續人タルコトヲ得ヘシ（大阪府豐中村戸吏伺三十三年二月十三日民刑局長回答）仝一〇〇號三三頁（參照八七號三九頁十一行）

○二女ニ婿養子ヲ爲シタル後被相續人男子ヲ擧ケタルトキ長女ト妹婿ト男子ノ中ニテハ其男子ニ於テ相續權ヲ有ス（三重縣上野町戸吏伺三十二年十月九日民刑局長回答）仝九六號三三二頁

○入籍ニ因リテ入リタル長二男ハ父カ分家後擧ケタル三四男又ハ庶子ノ出生前後ニ拘ハラス民九七二條ノ規定ニ則リ嫡出子又ハ庶子タル他ノ直系卑屬ナキ場合ヲ除ク外相續權ナシ（仝上）仝號仝頁（參照九一號四三頁十行）（參照九〇號一二五頁十四行）

○婿養子カ失踪ノ宣告ヲ受ケタルヲ以テ再ヒ他ヨリ婿養子婚姻ヲ爲シタル後前養子カ生存ニ因リテ失踪宣告ノ取消アリタル場合ハ民三二條但書ニ依リ後ノ婚姻ハ有効ナルモ相續權ハ先ノ婿養子ニ存ス（福島縣長沼村戸吏伺三十二年十月五日民刑局長回答）仝九六號六七頁

○單身戸主死亡後其家督相續人ヲ選定セサル前他家ニ嫁シタル其直系卑屬カ離婚復籍シタルトキハ其者ニ於テ家督相續ヲ爲スコトヲ得ヘシ（三重縣木村戸吏伺三十二年八月十七日民刑局長回答）仝九四號三五頁。

○女戸主男子ヲ養子シ之ニ相續セシムル目的ノ處其後入夫婚姻ヲ爲スモ妨ケナシ（山形縣豊田村戸吏伺三十二年七月二十九日民刑局長回答）仝九四號四九頁

○前項ノ入夫戸主トナリタルモ妻ノ養子ト入夫トハ繼父子ノ親族關係ヲ生スルカ故ニ他日入夫ノ子女アルニ至ルモ繼子ハ法定ノ推定家督相續人タル身分ヲ失フコトナシ（仝上）仝號仝頁（參照八七號四三頁十四行）

○舊法ニ依リ廢嫡シタル者ハ民法施行法八十七條ニ依リ取消ヲ爲サヽレハ相續權ナシ（大阪府見山村戸吏伺三十二年六月二十三日民刑局長回答）仝九二號二五頁（參照八八號一〇八頁十二行）

○有夫ノ女戸主隠居ヲ爲シタルトキ其者ニ直系卑屬アレハ民九七〇條ニ依リ其卑屬家督相續人トナル（宮城縣石卷町戸吏伺三十二年五月十二日民刑局長回答）仝九一號二二頁

○三人ノ女子ノミアリ二女ニ婿養子ヲ爲シタリトテ長女ハ民九七三條ニ依リ相續權ヲ害セラルヽコトナシ（宮城縣十五濱村戸吏伺三十二年四月十三日民刑局長回答）仝九〇號二四頁

○前項ノ塲合長二女死亡シタルトキハ二女ノ婿養子ニ於テ相續人トナル（仝上）仝號仝頁

○女子ノミ一人アリ之レニ婿養子ヲ爲シタル後男子出生スルモ婿養子前ノ懷胎ナラサルトキハ養子ハ其男子ニ先チテ相續人トナル（仝上）仝號仝頁（參照八八號八二頁四行）

○數人ノ女子ノミアリ之レニ各婿養子ヲ爲シタルニ長女ノ婿死亡シ又ハ二女ノ婿カ長女ノ婿ヨリ早ク入リタルニ拘ハラス二女ノ婿ハ相續權ナシ（民九七三）（三重縣東柘植村戸吏伺三十二年三月十三日民刑局長回答）仝八九號二三頁

○戸主タル長男隠居シテ其父再相續ヲ爲シタル塲合ハ其長男ハ二男ニ先タチ推定家督相

續人トナルヘキモノトス〔東京府大久保村戸吏伺三十二年三月十五日民刑局長回答〕仝八九號二六頁（參照八七號五六頁十四行）

○再婿養子ハ前婿養子ニ男子アルトキハ其前夫ノ子ニ於テ家督相續スヘキモノトス（仝上）仝號二九頁（參照八八號四三頁八行）

○民法施行前ハ胎兒ノ相續權ヲ認メタル法令ナキカ故ニ此塲合ハ養子ハ胎兒ニ先チ相續權ヲ有ス〔北海道美國郡各村戸吏伺三十二年三月二十二日民刑局長回答〕仝號四〇頁

○入籍ニ因リテ入タル者ハ其入籍ノ塲合如何ニ關セス又他ノ直系卑族カ入籍前ヨリアルト入籍後ニ出生シタルトニ拘ハラス之等ニ先タツテ相續權ナシ（民九七二）〔大坂府箕面村戸吏伺三十二年三月三十一日民刑局長回答〕仝八九號四五頁

○從前戸主カ數年不在ノ故ヲ以テ其父再相續ヲ爲シタルトキハ失踪宣告ヲ受ケサル限リハ矢張其不在者カ推定家督相續人トス〔廣島縣二本松町戸吏伺三十二年一月十九日民刑局長回答〕仝八八號四九頁

○入夫カ婚姻ト同時ニ相續ヲ爲サヽルトキハ妻タル女戸主カ死亡スルモ適法ニ選定セラ

ル、ニアラサレハ其家督ヲ相續スルコトヲ得ス〔三重縣野代村戸吏伺三十二年二月九日民刑局長回答〕仝號五五頁（參照八八號五八頁十一行）

○私生子ト雖モ其之レアル者ハ他ニ家督相續人ヲ指定スルヲ得サルモノトス〔和歌山縣切目村戸吏伺三十二年二月九日民刑局長回答〕仝八八號五六頁

○男子アル家ノ婿養子カ離婚ノミヲ爲シ單ニ養子トシテ其家ニ止マルトキハ其養子ハ其家ノ女子ニ先テ相續權ヲ有ス〔石川縣小松町戸吏伺三十二年二月十四日民刑局長回答〕仝號五七頁

○入夫カ戸主トナラス其後ニ至リ女戸主タル妻ノ隱居ニ因リ家督相續戸主トナラントスルトキハ夫ヲ相續人ニ指定シ夫ハ隱居ニ同意ヲ與フルノ外單純承認ヲ爲スヘキモノトス〔石川縣小松町戸吏伺三十二年二月十四日民刑局長回答〕仝號五八號

○民法施行前養子ニアラスシテ家督相續人ヲ定メタル事實ハ之ヲ以テ民施行法第一條ニ所謂施行前ニ生シタル事項ト認ム可カラス故ニ法定ノ推定家督相續人アルニ至リタルトキハ其指定ノ効力ヲ失フモノト謂ハサルヘカラス〔宮城縣十五濱村戸吏伺三十二年二月十七日民刑局長回答〕仝號六○號

○指定相續人カ推定相續人アルニ至リタル爲メ一旦其効力ヲ失ヒタル後ハ推定相續人ナキニ至ルモ効力ヲ回復スルモノニアラス（宮城縣十五濵村戸吏伺三十二年二月十七日民刑局長回答）仝號仝頁

○養子カ養家ヲ廢家シテ實家ニ復籍スルモ實家ニ於テ有セシ身分ヲ回復スルモノニアラス其家督相續人タル順位ハ民九七二條ニ依ルヘキモノトス（奈良縣櫟本町戸吏伺三十一年十二月二十日民刑局長回答）仝八七號四六頁

○養子カ戸主トナリ法定家督相續人アルトキハ戸主隱居ノ塲合ニ於テ當然家督相續人トナルカ故ニ養母ヲ家督相續人ニ立テ妻子携帶復籍スルコトヲ得ス（大野區判問合三十一年十二月二十一日民刑局長回答）仝八七號四七頁

○二男カ長女ノ婿養子入籍前ニ生シ又ハ懷胎シ居リタルトキハ相續順位ハ其二男ハ長女ノ婿養子ニ先ツト雖モ其婿養子緣組後ニ懷胎シタルトキハ長女ノ相續權カ婿養子ニ移ルカ故ニ其二男出生後ト雖モ婿養子ハ二男ニ先チテ相續權ヲ有ス（廣島縣木野山村外三ヶ村戸吏伺三十一年十二月二十日民刑局長回答）仝八七號一〇二頁

○從前非繼承養子トシテ相續權ナキ意思ヲ表示シ入籍シアル養子ハ民法施行後ト雖モ依然相續權ナシ〔神戸市書記伺三十一年十二月二十一日民刑局長回答〕仝八七號一〇五頁

○戸主隱居シテ其父母再相續等爲シタルトキハ其隱居セシ前戸主ハ法定ノ家督相續人トナリタルモノ故廢除セサレハ他家ニ入リ一家創立等爲スコトヲ得ス〔高知縣西津野村戸吏伺三十一年十一月十日民刑局長回答〕仝八六號一一〇頁

○嫡出ノ女子ト庶子ノ男トハ庶子男ヲ以テ相續ノ先順位トス（民九七〇、一項二號）〔鳥取縣溝口村外二村戸吏伺三十一年十一月十五日民刑局長回答〕仝八六號一二一頁

○民法施行前ニ爲シタル養子モ施行後民法ニ定メタル効力ヲ生スルカ故ニ（施行法六八）嗣子トシテ養子ヲ爲シタルト否トヲ問ハス家女ニ先ツテ相續權ヲ有ス〔三重縣鵜倉村戸吏伺三十一年十一月十六日民刑局長回答〕仝號一二八頁

○他家ヨリ自己ノ子ヲ携帶シテ復籍シ其者戸主トナリタルトキハ其携帶子ト雖モ他ニ嫡出子ナキトキハ推定相續人ナレハ其子ハ他家ニ入ルコトヲ得ス〔東京府麻布區戸吏伺三十一年十月十一日民刑局長回答〕
仝八五號二八頁

○民九八二條ノ場合ニ於テ單ニ一名ノ家族アル場合ニ於テモ父若クハ母又ハ親族會ニ於テ選定ヲ爲スコトヲ要ス（兵庫縣小坂村戸吏伺三十一年十月十五日民刑局長回答）仝八五號四九頁

○民九七〇條一項第三號ハ親等ノ仝シキ男子ノミアルトキカ又ハ女子ノミアルトキニ適用スヘキモノトス（鳥取縣溝口村外二村戸吏伺三十一年十一月十五日民刑局長回答）仝八六號一二一頁

○民九七〇條第一項第四號ハ嫡出子又ハ庶子ト私生子トノ間ニ於ケル家督相續順位ノ關係ヲ定メタルモノニシテ即チ仝項第二號ノ例外ニ屬シ嫡出子又ハ庶子ハ女ト雖モ私生子ノ男ニ先チ相續ヲ爲スヘキモノトシタル規定ニ有之嫡出子女ニシテ庶子男ナル場合ハ仝項二號ニ依ル（新潟縣宇賀地村戸吏伺三十一年九月七日民刑局長回答）仝八三號五一頁

○戸主死亡シ遺妻ノ外家族ナキ場合ト雖モ親族會ノ選定ニ因ルニ非サレハ家督相續人ト爲ルコトヲ得ス（福島縣小國村戸吏伺三十一年九月十六日民刑局長回答）仝八三號七二頁

○長男死亡シ二男ハ他家ヘ養子トナリ居リタルモ離緣復籍シタルトキハ其二男ハ推定家督相續人タルノ身分ヲ取得スヘシ三男ハ相續開始前ニ在テハ未タ相續權ヲ取得シタル

モノト云フ可カラス〔京都府中和束村吏戸伺三十二年九月二十一日民刑局長回答〕仝號一一二〇頁

○甲家ニ於テ廢嫡シタル長男ヲ引連レ新法施行前隱居ノ上分家シタル者アルトキハ其廢嫡ハ甲家ニ於ケル廢嫡ナルカ故ニ分家タル乙家ニ於テハ廢除ノ取消ヲ爲サヽルモ當然乙家ノ推定家督相續人タル資格ヲ有ス〔沼津區書記課問合三十三年七月十日民刑局長回答〕仝一〇五號三八頁

○戶主、養子、孫長男、孫次男、孫曾男トアリテ第一ニ孫長男、第二ニ養子、第三ニ戶主死亡シタルトキハ其推定家督相續人ハ孫次男ナリトス〔山形縣尾花澤町戸吏伺三十三年九月十一日民刑局長回答〕仝一〇七號四九頁

○第八類　法定ノ推定家督相續人

○法定ノ推定家督相續人トハ民九七〇、九七二、九七四條ノ規定ニ依リ相續開始ノ塲合ニ於テ當然家督相續人ト爲ルヘキモノニ限ル（名古屋區監判問合三十一年十二月十五日民刑局長回答）法曹記事八七號九一頁

○民法第九百八十四條ノ直系尊屬ハ法定ノ家督相續人ト謂フヲ得ヘキモ（同一〇二〇參看）之ヲ法定ノ推定家督相續人ト看做ス可カラス（仝上）仝號仝頁

○第九類　相續人曠缺

○戶主死亡シ法定又ハ指定ノ家督相續人ナキトキハ民九八二條乃至九八五條ノ規定ニ依リテ相續人ヲ定ムヘキモノナルカ其親族會ヲ招集スル必要アル場合ニ於テハ民九四四條ニ掲ケタル者ヨリ之ヲ裁判所ニ請求スルコトヲ要ス而シテ家督相續人ノ選定又ハ親族會ノ招集ニ付テハ一定ノ期間ナキカ故ニ戶主死亡後數月ヲ經過シタルトキ親族會ニ於テ家督相續人ヲ選定スルコトアルヘシ若シ親族會ニ於テ何人ヲモ相續人ニ選定セサルトキハ裁判所ハ利害關係人又ハ檢事ノ請求ニ因リ相續財産ノ管理人ヲ選任シ（民千五十一條以下參看）民千五十八條ニ定メタル公告ヲ爲スコトヲ要ス而シテ該公告ニ定メタル期間內ニ相續人現出セサルトキハ茲ニ始メテ相續人ナキコト分明ナリト認ムヘキカ故ニ戶籍吏ハ戶第百八十三條ニ依リ絕家ニ關スル戶籍ノ抹消ヲ爲スコトヲ得ヘシト雖モ戶主死亡後家督相續ノ屆出ナキ場合ニ於テ戶籍吏ハ直チニ絕家ノ處分ヲ爲スヘカラス（豐多摩郡大久保村戶吏伺三十二年十月十五日民刑局長回答）法曹記事八五號四五頁

○相續財産ノ有無ヲ調査スルハ專ラ管理人ノ任務ナルカ故ニ相續開始後相續人アルコト分明ナラサルトキハ裁判所ハ相續財産ナシト認ムヘキ場合ニ於テモ利害關係人又ハ檢事ノ請求ニ因リ管理人ヲ選任シ之ヲ公告スルコトヲ要ス而シテ管理人カ相續ノ曠缺ニ關スル規定ニ從ヒテ其任務ヲ終了セサル間ハ相續人アリヤ否ヤ分明ナラストト認ムルヲ

相當トス故ニ單身戸主死亡又ハ失踪ノ宣告ヲ受ケタル場合ニ於テハ民法千五十八條ニ定メタル公告ニ因リ相續人現出セサルニ非サレハ戸籍法第百八十三條ヲ適用スヘカラス（福岡地長問合三十一年十一月十一日民刑局長回答）仝八四號一〇九頁

○第十類　推定家督相續人ノ廢除及ヒ取消

○家督相續開始ノ後ハ被相續人ノ遺言アルニ非ラサレハ廢除ノ取消ヲ爲スコトヲ得ス（參看民九七七、三項四項施行法八七條）〔大阪府見山村戸吏伺三十二年六月二十三日民刑局長回答〕法曹記事九二號二五頁

○家督相續人ノ廢除ヲ爲シタル者ハ舊法ニ依リタルト新法ニ依リタルトニ拘ハラス婚姻其他ニ因リテ他家ニ入ルコトヲ得ヘシ其廢除ノ取消ヲ爲サハ別ニ指定相續人ノ取消ヲ爲サヽルモ指定ハ其効力ヲ失フ（仝上）仝號仝頁

○甲乙ノ男子廢嫡シ長女推定相續人トナリタル後乙男廢除ノ原因止ミタルトキハ被相續人又ハ乙男ヨリ廢除ノ取消ヲ請求スルコトヲ得〔民九七七條〕其訴ニ付テハ人訴三四條ニ依リ長女ヲ以テ相手方トス〔東京府大神村外八ヶ村組合戸吏伺三十二年四月十八日民刑局長回答〕仝九〇號二八頁

○法定ノ家督相續人ノ廢除ヲ爲シ男子ヲ養子ト爲シタル後廢除ヲ取消シタルトキト雖モ養子ハ其儘ニ差置クコトヲ得ヘシ〔東京府大久保村戸吏伺三十二年三月十五日民刑局長回答〕仝八九號六頁

○法定ノ推定家督相續人ハ戸主ノ死亡ニ依リテ直チニ戸主トナルモノ故其相續屆ヲ爲サ

ヽル以前ト雖モ廢除ヲ爲スコトヲ得ス〔福島縣三春町戸吏伺三十一年十二月十五日民刑局長回答〕仝八七號九二頁

○民法施行前ハ相續開始後長男ノ廢除ヲ親族ノ出願ニ因リ爲シ得タリト雖モ施行後ニ至リテハ尙ホ從前ノ振合ニ依リテ廢除ヲ爲スコトヲ得ス〔福島縣山都村外三村組合戸吏伺三十一年十一月七日民刑局長回答〕仝八六號一〇六頁

○第十一類　相續拋棄

○相續拋棄ノ申述ヲ適法ト認ムルトキハ其申述ヲ受理スル裁判ヲ爲スヘキモノトス（竹原區判問合三十一年十二月七日民刑局長回答）法曹記事八七號六五頁

○第十二類　相續財産管理人

○相續人アルコト分明ナラサル場合裁判所カ選任シタル管理人カ財産調査ヲ為シ全ク相續財産ナシト認ムヘキトキト雖モ民千五十七條ノ規定ニ依リ公告スルコトヲ要ス〔大分區監判問合三十一年十二月二十一日民刑局長回答〕法曹記事八七號六六頁

○相續財産ノ有無ハ管理人カ調査ヲ為スニ非サレハ之ヲ知ルヘカラサルカ故ニ相續人アルコト分明ナラサル場合ニ於テ利害關係人カ管理人選任ヲ裁判所ニ請求セサルトキハ請求ノ費用カ國庫ノ損失ニ歸スヘキコトヲ認ムルモ檢事ハ其請求ヲ為スヲ相當トス〔高知地檢正請訓三十一年十二月二十六日民刑局長回答〕仝號六七頁

第十三類　身分回復

○離婚ニ因リ復籍シタル者ハ離縁ニ因リ復籍シタル者（民八七五）ト全シク其實家ニ於テ有セシ身分ヲ回復スルモノト解セザル可カラス（三重縣本村戸吏伺三十二年八月十七日民刑局長回答）法曹記事九四號三五頁（參照八七號五七頁十四行）

○從前長男カ他家ニ入リ分家ヲ爲シ二男カ相續セシ等既ニ實行シ來リタルモノハ取消ヲ爲スニ及ハス（東京府大久保村戸吏伺三十二年三月十五日民刑局長回答）仝八九號二六頁

○養子カ養家ヲ廢家シテ實家ニ復籍スルモ實家ニ於テ有セシ身分ヲ復回スルコトヲ得ス（奈良縣櫟本町戸吏伺三十一年十二月二十日民刑局長回答）仝八七號四六頁

○第十四類　嫡出子ノ身分取得

○妻ノ私生子ヲ養子ト爲シタル後其妻死亡セシヲ以テ後妻ヲ迎ヘ其後其養子ヲ認知スルモ嫡出子タル身分ヲ取得セス但縁組ノ關係ハ認知ニ因リテ消滅セス〔北見國鴛泊村外一村戸長伺三十三年七月十七日民刑局長回答〕法曹記事第一〇五號四〇頁

○十五類　嫡出子否認

○死亡シタル嫡出子ハ父ニ於テ之ヲ否認スルコトヲ得ス人訴第二十七條ノ死亡ノ時云々ハ否認ノ訴ニハ適用スル能ハス子ノ認知ニ關スル場合ニ適用スヘキモノトス（岐阜區監判問合三十二年十一月二十五日民刑局長回答）法曹記事九七號二八頁

○第十六類　私生子認知

○出生兒ハ出生屆出前ニ於テハ認知スルコトヲ得ス棄兒發見ノ屆出アリタルトキハ出生屆アリタルト同一ニ看做スコトヲ得ルニ因リ父ハ直チニ其子ヲ認知スルコトヲ得（長野地問合三十二年四月四日民刑局長回答）法曹記事九〇號三二頁

○民法施行前ノ私生子認知ハ子カ認知シタル父ノ家籍ニ入ルニ非ラサレハ其効ナキニ付民法施行後ハ更ニ民法ノ規定ニ從ヒテ認知ノ手續ヲ爲サヽル可カラス（廣島縣川口村戶吏伺三十二年三月十七日民刑局長回答）仝八九號五二頁

○民法施行前養子女間ニ擧ケタル子ヲ施行後之ヲ認知スルコトヲ得（北海道歌棄郡各村戶吏伺三十二年三月二十九日民刑局長回答）仝號六三頁

○私生子ヲ養子ト爲シタルトキハ一旦離緣セスシテ之ヲ認知スルコトヲ得（仝上）仝號仝頁

○未成年ノ私生子ヲ認知スルニハ母ノ同意ヲ得ルコトヲ要セス（東京府八丈島役所伺三十二年十月十六日民刑局長回答）仝八五號五〇頁

○第十七類　縁組及婚姻

○他人カ指定ニ因テ家督相續人トシテ入籍シタル後其被相續人ノ養父母ト指定相續人ト養子縁組ヲ爲スコトヲ得（京部府千歳村戸吏伺三十二年十月二日民刑局長回答）法曹記事九六號三四頁

○離婚シタル妻カ更ニ前夫ノ養子トシテ入籍スルモ差支ナシ（三重縣山田町戸吏伺三十二年十月十三日民刑局長回答）仝號六三頁

○無籍ノ男子ハ婿養子又ハ入夫ト爲ルノ外通常ノ婚姻ヲ爲スコトヲ得ヘシ（福島縣長沼村戸吏伺三十二年十月十三日民刑局長回答）仝號六七頁

○無籍者ト無籍者トノ婚姻ヲ爲スハ妨ケナシ（仝上）仝號仝頁（參照八八號六四頁八行）

○未成年戸主ノ母ハ戸主ノ同意ヲ得テ戸主ノ姉妹ニ婿養子縁組ヲ爲スコトヲ得（千葉縣鴨川町戸吏伺三十二年七月十七日民刑局長回答）仝九四號三二頁

○養家ヨリ更ニ他家ノ養子トナルニ養親トナルヘキ者ノ一方カ實母ニシテ養子トナルヘキ者ノ實家ノ父ハ失踪中ニテ同意ヲ得ル能ハサルトキハ（民八四五）養父母ノ同意（民

八四四）及ヒ養家實家ノ戸主ノ同意（民七四一）ヲ得ルヲ以テ足ル（秋田縣城目町戸吏伺三十二年八月十七日民刑局長回答）仝九四號三六頁

〇女戸主家督相續爲サシムル目的ニテ男子ヲ養子ト爲シタル後入夫婚姻ヲ爲スコトヲ得（山形縣豐田村戸吏伺三十二年七月二十九日民刑局長回答）仝號四九頁

〇長二女ヲ嫁セシメタル夫ヲ養子ト爲サンニハ夫婦ノ一方ハ實子ナルカ故ニ配偶者ト共ニスルニ非ラスシテ養子縁組ヲ爲スコトヲ得ヘク此場合ニ於テハ妻ハ民七四五條ニ依リ夫ト共ニ養家ニ入ルヘキモノトス（石川縣小松町戸吏伺三十二年五月五日民刑局長回答）仝九一號二四頁

〇婿養子戸主トナリ家女ノ願書ニ縁女ト戸籍ニ記載アルモ其養子ト家女ト婚姻ヲ爲サヽル限リハ養子ハ他ノ女子ト婚姻スルモ妨ケナシ（滋賀縣東押立村戸吏伺三十二年五月十日民刑局長回答）仝號三六頁

〇養子カ實家又ハ他家ニテ擧ケタル子ト養親及其子トハ何等ノ親族關係ナキヲ以テ婚姻ヲ爲スコトヲ得（福岡縣吉井町戸吏伺三十二年四月十三日民刑局長回答）仝九〇號二三頁

〇妻カ婚姻前實家又ハ他家ニテ擧ケタル子ト夫ノ前妻ノ子トハ何等ノ親族關係ナキヲ以

テ婚姻スルコトヲ得ヘシ（仝上）仝九〇號二三頁

○女戸主ハ民七六二條ニ依リ廢家ヲ爲シ又ハ七五四條一項ニ依リ隱居ヲ爲スニアラサレハ婚姻ニ因リテ他家ニ入ルコトヲ得ス若シ戸吏カ誤テ屆出ヲ受理シタルトキハ七五四條二項ニ依リ其女戸主ハ婚姻ノ日ニ於テ隱居ヲ爲シタルモノト看做ス（岡山縣鴨方村戸吏伺三十二年四月十三日民刑局長回答）仝號二六頁

○甲家戸主カ乙家ニ婚姻ニ因リテ入ルノ屆書ヲ所在地ニ於テ受理登記シタル以上ハ婚姻前隱居ヲ爲サヽリシコトヲ認ムト雖本籍地戸吏ハ其儘婚姻ノ登記ヲ爲サヽル可カラス此場合ニ於テハ別段隱居屆ヲ要セス戸第一三三條ノ屆出アルヲ待テ新戸主ノ戸籍ヲ編製スヘキモノトス（愛知縣擧母町戸吏伺三十二年四月十七日民刑局長回答）仝九〇號二七頁（參照八九號一九頁五行）

○戸主ノ姉妹姪孫又ハ母等ニハ夫ヲ迎フルコトヲ得ス（三重縣東柘植村戸吏伺三十二年三月十三日民刑局長回答）仝八九號二四頁（參照八八號四二頁三行）（仝八行）

○從前叔姪婚姻シタル者ハ民七八〇民施六七條ニ依リ當事者、戸主、親族、檢事ヨリ婚姻ノ取消ヲ請求スルコトヲ得ルモ戸吏ハ之レニ關渉ス可カラス（東京府大久保村戸吏伺三十二年三月十五日民刑局長回答）

仝號二五頁）

○從前弟妹ヲ以テ養子トナシタル者アルモ其儘差置クヘキモノトス（民施九條一項三號、六七、六八條）〔東京府大久保村戸長伺三十二年三月十五日民刑局長回答〕仝八九號二六頁

○男子ナク女子ノミアリ家督相續ノ爲メニアラスシテ二三女ニ婿ヲ迎フルコトヲ得（仝上）仝號二八頁

○女子一人ヲ有ス之レニ婿養子ヲ爲シ男子ヲ擧ケテ養子死亡シタルトキハ再婿養子ヲ爲スコトヲ得ヘシ（仝上）仝號二九頁（參照八八號四二頁十五行）

○甲ノ長男死亡シ婦ト孫ノ女子ノミアルトキハ甲養子シテ孫ニ配シ又婦ニ於テ婿養子ヲ爲シテ相續セシムルモ孰レモ隨意ナリ〔長野縣前山村戸長伺三十二年三月二十日民刑局長回答〕仝八九號三三頁（參照八六號一一〇頁五行）

○棄兒ハ一家創立者ナルカ故ニ未成年ナルトキハ後見人ヲ附セサル可カラス養子縁組ヲ爲サントスルトキハ廢家ノ手續及ヒ後見人及ヒ親族會カ承諾ヲ爲シ又ハ同意ヲ爲ス等

普通未成年戸主ノ縁組ニ關スル手續ニ依ルヘキモノトス（東京下谷區戸吏伺三十二年三月二十三日民刑局長回答）仝號三七頁（參照八八號八一頁十二行）

○入夫婚姻ハ女戸主ニ限ルモノトス（群馬縣九合村戸吏伺三十二年一月十日民刑局長回答）仝八八號四一頁

○夫婦共養子ナルトキハ其子ト養親ノ子トハ婚姻ヲ爲スコトヲ得（民七六九但書）（廣島縣美古登村戸吏伺三十二年一月十九日民刑局長回答）仝八八號四八頁

○繼母ト繼子ハ親族關係止ミタル後ト雖モ婚姻ヲ爲スコトヲ得ス（仝上）仝號仝頁

○前妻ノ女ニ後妻カ自己ノ實弟ヲ婿養子ヲ爲スコトヲ得（三重縣大泉原村戸吏伺三十二年一月二十六日民刑局長回答）仝號五〇頁

○離縁、離婚セシ婿養子ヲ再ヒ婿養子ト爲ス塲合ハ新ニ婿養子ヲ爲スト仝一ノ手續ヲ爲スヘク此塲合婿養子ト其子トハ離縁ノ爲メ變更ヲ受ケサルニ因リ再縁ノ爲メ續柄復舊ノ手續ヲ爲スニ及ハス（靜岡縣三川村戸吏伺三十二年一月十三日民刑局長回答）仝號五二頁

○男子〔推定家督相續人〕アル者カ他日幼女ノ女婿ト爲ス目的ニテ幼年男子ヲ養子スルコトヲ得（民八三九但書）〔埼玉縣桶川町戸吏伺三十二年一月二十五日民刑局長回答〕仝號八二頁

○繼母ノ妹ハ自已ノ妻ト爲スコトヲ得（仝上）仝號仝頁

○養子又ハ實子ノ遺妻（家女ニアラス）ニハ婿養子縁組ヲ爲スコトヲ得ス〔神奈川縣比々多村戸吏伺三十一年十二月二十一日民刑局長回答〕仝八七號四八頁

○養子又ハ實子ノ遺妻ニ男子ナキトキハ戸主ハ養子ヲ爲シ養子ト遺妻ト婚姻スルハ妨ケナシ（仝上）仝號仝頁

○戸主ノ後妻ハ戸主ノ實子ノ繼母ナリ又女戸主ノ入夫ハ女戸主ノ實子ノ繼父ナルカ故ニ其實子ヲ養子ト（民八四一條二項ニ依リ）爲スコトヲ得ス〔福岡縣鳥飼村戸吏伺三十一年十二月十二日民刑局長回答〕仝八七號七八頁

○法定ノ推定家督相續人ノ子（卽チ戸主ノ孫）ハ民七四四ノ規定ニ拘ハラス他家ニ入ルコトヲ得〔名古屋區監判問合三十一年十二月十五日民刑局長回答〕仝八七號八九頁

○法定ノ推定家督相續人ハ自已ニ直系卑屬アルモ民八三九條ノ規定ニ拘ハラス男子ヲ養子ト爲スコトヲ得（仝上）仝號仝頁

○年長者ヲ養子ト爲スコトヲ得サル民八三八條ノ規定ハ養父ノミナラス養母ヨリモ年長者ナルトキハ之ヲ爲スコトヲ得サルモノトス（秋田縣西瀉村戸吏伺三十一年十二月十六日民刑局長回答）仝八七號九四頁

○父母ナキ十五年未滿ノ者カ養子トナルニハ後見人及ヒ親族會カ代リテ承諾ヲ爲スヘキモノトス（横濱市戸吏伺三十三年五月二十四日民刑局長回答）仝一〇三號四二頁

○戸主ノ母ノ夫（同籍）ハ其戸主ヲ養子ト爲スコトヲ得（秋田縣金澤西根村戸吏伺三十三年六月十八日民刑局長回答）仝一〇四號三六頁

○配偶者アル者其配偶者ノ實親ト養子縁組ヲ爲ストキハ配偶者ハ其實親ト養子縁組ヲ爲スコトヲ得サルニ付夫婦ノ一方ノミニテ縁組ヲ爲スコトヲ得ルモノト解スルヲ相當トス但妻カ夫ノ實親ニシテ他家ニ在ル者ト縁組ヲ爲サントスルカ如ク民法第七八八條ノ規定ニ矛盾スル場合ハ其縁組ハ許ス可カラス（大舘區監判問合三十三年四月十七日民刑局長回答）仝號四〇頁

○婚姻ノ豫約ヲ以テ幼年ノ女戸主、入夫ヲ爲スコトヲ得ス（新潟縣吉田村戸吏伺三十一年十月三十一日民刑局長回答）仝八六號九二頁

○戸主ノ姉妹ニ夫ヲ迎フルコトヲ得サルニ因リ其姉妹カ夫ト共ニ戸主ノ家ニ在ラント欲スルトキハ姉妹ハ一旦夫ノ家ニ婚嫁シ後チ民七三七條ノ規定ニ從ヒテ入籍ノ手續ヲ爲スノ外ナシ（秋田縣内小友村戸吏伺三十一年十一月十四日民刑局長回答）仝號一一八頁

○夫ノ死亡後其配偶者ハ亡夫ト同戸内ニ於テ亡夫ノ兄又ハ弟ト婚姻スルコトヲ得（八王子區監判問合三十一年十一月十四日民刑局長回答）仝號一二〇頁

○法定ノ家督相續人タル女子ハ父母ノ同意アルモ他家ニ婚嫁スルコトヲ得ス（千葉縣笹川村戸吏伺三十一年十一月十七日民刑局長回答）仝八六號一三二頁

○家督相續ニ因リテ戸主ト爲リタル女カ婚姻ニ因リテ他家ニ入ラントスルトキハ先ツ隱居ヲ爲スコトヲ要ス（和歌山縣三舞村戸吏伺三十一年十一月二十五日民刑局長回答）仝號一四三頁

○實子ト養女トノ婚姻ハ妨ナシ此場合ハ養女ハ實家ノ戸主及ヒ父母ノ同意ヲ要セス（和歌山縣三栖村戸吏伺三十一年十二月二十五日民刑局長回答）仝八六號一四三頁

○法定ノ推定家督相續人タル女子アル者ハ男子ヲ養子ト爲スコトヲ得（東京市麻布區戸吏伺三十一年十月十二日民刑局長回答）仝八五號二七頁

○婚姻未適齡ノ女子ヲ養子トシテ貰受ケ後チ自已ノ男子ト婚姻セシムルハ民第七百六十九條但書ニ依リ差支ナシ（静岡縣無木村戸吏伺三十一年十月十二日民刑局長回答）仝號三〇頁

○緣女ハ他家ヘ婚嫁スルコト妨ケナシ（京都府中和束村戸吏伺三十一年十月二十二日民刑局長回答）仝八五號八〇頁

○未成年戸主ノ母ハ他家ニ婚嫁スルコトヲ得ヘキモ戸主ノ家籍ニ在テ夫ヲ迎フルコトヲ得ス其他家ニ婚嫁スルニ付戸主ノ同意ヲ得ルニ付テハ民法第八八八條第一項ノ規定アレトモ子ト母トノ利益相反スルト否トハ事實問題ニ屬スルヲ以テ一概ニ特別代理人ヲ選任セシムルコトヲ要スルモノト斷定スルコトヲ得ス（酒田區監判問合三十一年十月二十五日民刑局長回答）仝號八三頁

○戸主死亡シ法定相續人ナク其家ニ姉一人ノミアル塲合ニ於テハ其姉ハ親族會ノ選定ニ因リ家督相續人タルヘク若シ親族會ニ於テ選定ヲ爲サス絶家シタルトキハ一家ヲ創立スヘキニ付戸主死亡後直チニ他家ヘ婚嫁スルコトヲ得ス家督相續又ハ一家創立ノ後隱居ヲ爲シ他家ヘ婚嫁スルコトヲ得ヘシ（靜岡縣藤枝村戸吏伺三十二年十月七日民刑局長回答）仝八四號八九頁

○養親ヨリ年長者ハ女婿ト爲ス塲合ニ於テモ之ヲ養子ト爲スコトヲ得ス（千葉縣高瀧村戸吏伺三十一年九月七日民刑局長回答）仝八三號四七頁

○從兄從妹間ハ婚姻ヲ爲スコトヲ得（愛媛縣千足山村戸吏伺三十一年九月十日民刑局長回答）仝八三號五八頁

○養子分家ヲ爲シ後廢家シテ本家タル養家ニ入ラスシテ民第七三七條ニ依リ實家ニ入籍シタルトキモ尙ホ養子タル身分ハ存續シ居ルモ恰モ離縁ニ因リテ實家ニ復籍シタル塲合ト同シク以後婚姻縁組其他ノ事由ニ因リ再ヒ他家ニ入ルコトヲ得（横手區判問合三十三年十二月二十四日民刑局長回答）仝一一〇號三九頁

○第十八類　離縁及離婚

○養子カ養家ニ於テ妻ヲ娶リタル後離縁ノミヲ爲シ離婚ヲ爲サヽルトキハ妻ハ夫ニ隨ヒテ養子ノ實家ニ入リ妻ノミ其家ニ止マルコトヲ得ス若シ同時ニ離縁離婚ヲ爲ストキハ各實家ニ復籍ス（岡山縣矢神村戸吏伺三十三年三月七日民刑局長回答）法曹記事一〇一號五一頁

○協議ヲ以テ養子ヲ離縁セントスルニ當リ配偶者ノ一方カ其意思ヲ表示スルコト能ハサルトキハ縁組ノ例ニ依リ他ノ一方ハ双方ノ名義ヲ以テ離縁スルコトヲ得（宮崎縣福岡村戸吏伺三十二年十一月八日民刑局長回答）仝九七號三

○養家ヨリ更ニ婚姻ニ因リテ他家ニ入リタル後協議上ノ離婚ヲ爲サントスル未成年者ハ實家ニアル父母ノ同意ヲ要セサルモ養家ニアル父母ノ意同ヲ要ス若シ其同意ヲ得ルコト能ハサルトキハ本人ノ親族又ハ本人若クハ養家ニ縁故アル者ヲ會員ト爲シタル親族會ノ同意ヲ要ス（滋賀縣祇王村戸吏伺三十二年七月二十四日民刑局長回答）仝九四號三四頁（參照八八號六一頁七行）

○養親ハ遺言ヲ以テ養子ヲ離縁スルコトヲ得ス（愛知縣知立町戸吏伺三十二年五月六日民刑局長回答）仝九一號二三頁

○十五年未滿ノ者カ離縁ヲ爲ス塲合ニ於テ實家ニ父母共ニアラサルトキハ本人ノ親族又

ハ本人若クハ實家ニ緣故アル者ヲ會員ト爲シタル親族會ニ於テ離緣ノ承諾ヲ爲シ其親族會ハ養親及ヒ證人ト共ニ離緣屆出ヲ爲スヘキモノトス（民八六二ノ二項參看）〔和歌山縣松原村戸吏伺三十二年四月十三日民刑局長回答〕仝九〇號三七頁

○男女二人ノ養子カ養家ニ於テ婚姻ノ後男子カ離緣ニ因リテ女ハ其夫ニ隨ヒ夫ノ實家ニ入リ其後離婚スルトキハ女ハ實家ニ復籍スヘキモノニテ養家ニ復籍セス〔人吉區判問合三十二年三月二日民刑局長回答〕仝八九號二〇頁

○入夫ハ戸主トナリタル後モ離婚ニ因リテ戸主權ヲ喪失シ隱居ヲ爲サスシテ直チニ實家ニ復籍スヘキモノトス〔中ノ條區判問合三十二年三月六日民刑局長回答〕仝號二一頁

○離緣及離婚ノ場合ニ於テ實家カ單身戸主ニテ已ニ死亡シテ絕家ノ手續中且本人實家ニ復籍スルヲ好マス一家創立ノ望アルモ實家カ未タ絕家セサル限リハ法律上實家ニ復籍セサル可カラス〔東京府大久保村戸吏伺三十二年三月十五日民刑局長回答〕仝八九號二六頁

○養子ハ戸主トナリタル上ハ隱居スルニ非ラサレハ離緣ヲ爲スコトヲ得ス〔靜岡縣韮山戸吏伺三十二年三月二十九日民刑局長回答〕仝八九號四三頁（參照八七號三八頁九行）

○養子カ戸主トナリタル後〔養親存セス〕實家ニ入ラントスルトキハ隱居又ハ廢家ノ上入籍スヘキモノトス〔同縣富士川村戸吏伺三十二年三月三十日民刑局長回答〕仝號四四頁

○子カ分家ヲ爲シ父母カ其家ニ入ラサル場合ニ於テ子カ婚姻又ハ離婚等ヲ爲サントスルトキハ父母カ其家ヲ去リタル場合ト見做シ民七百七十二條三項ニ依リ後見人及ヒ親族會ノ同意ヲ得ルコトヲ要スルモノト解スルヲ相當トス〔長野縣上鄉村戸吏伺三十二年一月十四日民刑局長回答〕仝八八號四七頁

○男子アル家ノ姉妹ノ婿養子カ離婚ノミヲ爲シ離緣ヲ爲サヽルトキハ民八三九條ノ規定ニ違背スル結果ヲ現出スルモ致方ナシ〔石川縣小松町戸吏伺三十二年二月十四日民刑局長回答〕仝號五八頁

○夫婦養子ニテ一子ヲ擧ケ其子攜帶妻ノ實家ニ離緣入籍セント欲スルトキハ妻ハ夫ニ隨ヒテ夫ノ實家ニ入ラサルヲ得サルニ因リ一旦夫家ニ入リタル後入籍ノ手續ヲ爲サヽル可カラス子ニ付テモ入籍ノ手續ニ依ラサレハ入ル能ハス〔六日町區判問合三十二年一月十日民刑局長回答〕仝號六六三頁（參照八八號九六頁十四行）

○婿養子カ未タ婚姻ヲ爲サス戸籍上家女ハ緣女トアル者離緣ノトキハ單ニ離緣ノミニテ離婚ヲ爲スニ及ハス（滋賀縣三雲村戸吏伺三十二年一月二十六日民刑局長回答）仝八八號八六頁

○婚家ヨリ更ニ婚姻ニ因リテ他家ニ入リタルトキハ親族關係ハ止ムモ離婚ノ塲合ニ於テ最初ノ婚家ニ復籍スルコトヲ妨ケス（松江市戸吏伺三十一年十二月二十八日民刑局長回答）仝八七號六一頁

○養家ヨリ更ニ養子緣組ニ因リテ他家ニ入リタル者ハ離緣ノ塲合最初ノ緣家ニ復籍スルコトヲ得ルハ勿論ナリ（仝上）仝號仝頁

○家女ト婚姻シタル婿養子ハ協議又ハ裁判上ノ離婚ヲ爲スコトヲ得（新潟縣吉田村戸吏伺三十一年十月三十一日民刑局長回答）仝八六號九〇頁

○養子カ法定ノ推定家督相續人タル家女ト婚姻シ後離緣シタリトテ離婚セサル限リハ家女ハ法定ノ家督相續權ヲ回復セサルニ依リ民法七四五條ニ因リテ養子ノ復籍スヘキ家ニ入ルヘキモノトス（熊本區監判問合三十一年十一月四日民刑局長回答）仝八六號一一七頁

○婚家又ハ養家ヨリ更ニ緣組婚姻ニ因リ他家ニ入リタル者カ離緣離婚ノ塲合ハ實家又ハ

婚家養家ニ復籍スルハ本人ノ意思ニ任ス〔東京市麻布區戸吏伺三十一年十月十二日民刑局長回答〕全八五號二八頁

○養子カ法定ノ推定家督相續人トナリタルモ協議ニ因ル離緣ニ付キ從前ノ通管轄廳ノ許可ヲ受クルニ及ハス又廢除ノ手續ヲ爲スコトヲ要セス〔奈良縣田原本町戸吏伺三十一年十月二十二日民刑局長回答〕全號七三頁

○婚姻ハ配偶者ノ死亡ニ因リテ當然解消スルモノニ付離婚スルコトヲ得ス遺妻カ實家ニ復歸スルニハ親族入籍ノ手續ヲ爲スヘキモノトス〔尾道區監判問合三十一年十月二十五日民刑局長回答〕全號八四頁

○養親カ分家等ヲ爲シ其家ニ在ラサルモ養親ト養子トノ親族關係カ止マサル場合ニ於テハ離緣ニ付テハ民第八六二條二項ヲ準用スヘキモノニアラス養親ノ承諾ヲ必要トス（民七三〇、二項七三二、）〔奈良縣櫟本町戸吏伺三十一年十月二十五日民刑局長回答〕全號八四頁

○夫ノ生死カ三年以上分明ナラサル場合ニ於テ妻カ離緣復籍セントスルトキハ民法第八百十三條第九號ニ依リテ離緣ノ訴ヲ起スコトヲ得〔東京府田無町戸吏伺三十二年十月三日民刑局長回答〕全八四號六四頁

○第十九類　同意承諾

○後見人カ相續ヲ承認スルニハ親族會ノ同意ヲ得ルコトヲ要スルモノナルカ（民九二九）法定相續人ニシテ抛棄スルコトヲ得サル相續（民一〇二〇）ノ承認ニ付テモ亦之ヲ要スヘキモノトス（福島縣長沼村戸吏伺三十二年十月五日民刑局長回答）法曹記事九六號六七頁

○離婚ニ父母ノ同意ヲ要スル民八〇九條七七二條ノ父母ハ實家ノ父母ナリトス（新潟縣中通村戸吏伺三十二年四月四日民刑局長回答）仝九〇號三三頁

○養子カ養家ニ於テ婚姻ヲ爲ス場合其家ニ養父母ト實父母トアルトキハ養父母ノミノ同意ヲ得ルヲ以テ足レリ（秋田區監判問合三十二年二月二十四日民刑局長回答）仝八八號六一頁

○未成年者ノ戸主ノ親權者カ分家又ハ他家相續ヲ爲ス場合ハ自ラ戸主ニ代リテ自已ノ行爲ニ同意シ得ルヲ以テ別ニ親族會ノ同意ヲ要セス單ニ當事者トシテ届出ルヲ以テ足ル但其行爲カ實際子ノ利益ト相反スルトキハ民八八八條一項ニ依リ特別代理人ヲ選任ヲ親族會ニ請求スルコトヲ要ス（六日町區判問合三十二年一月十日民刑局長回答）仝八八號六四頁（參照八七號五二頁十五行

編者曰ク本項ノ縁組ニ同意ヲ要セストノ點ハ民第八四六ヲ無視シタルモノニテ正當ナラス次棄ノ棄兒ニ關スル件ニモ牴觸シ既ニ消滅シタル回答ナラント考ヘラルヽモ幾分疑ナキニアラサルヲ以テ掲ケテ讀者ノ判斷ニ任ス

○未成年者カ婚姻ヲ爲スニ父母ノ同意ヲ得ヘカラサルトキハ後見人及ヒ親族會ノ同意ヲ得ルコトヲ要スルモ養子縁組ニ關シテハ其家ニ父母アラサルトキハ同意ヲ得ルコトヲ要セス（民七七二、八四四）〔廣島縣油木村戸吏伺三十二年一月十二日民刑局長回答〕仝號七〇頁

○家族カ婚姻縁組ヲ爲スニ戸主不在ナルトキハ民第七五一條ニ依リテ親權者又ハ後見人若シ是等ノ者ナキトキハ親族會ノ同意ヲ要ス（仝上）仝號仝頁

○棄兒ヲ養子ト爲ス場合棄兒ニ代リテ縁組ノ承諾ヲ爲ス者ハ棄兒ノ後見人及ヒ親族會ナリトス〔埼玉縣桶川町戸吏伺三十二年一月二十五日民刑局長回答〕（參照民八四三、八四六、七七二）仝號八一頁（參照八九號三七頁十四行）

○戸主又ハ父母カ婚姻又ハ養子縁組等ヲ爲スニ同意スル場合ハ父母又ハ戸主等ノ附記ヲ爲スヘキモノトス〔千葉縣東涙見村戸吏伺三十二年十月二十七日民刑局長回答〕仝八五號一〇四頁

○甲家ノ未成年女其家ニ在ル母ノ同意ヲ得テ乙家ニ婚嫁シ後母モ乙家ニ入籍セリ此場合未成年女カ協議離婚ヲ爲スニハ母ハ現ニ同一ノ乙家ニ在リテ甲家ヲ去リタル者ナルヲ以テ其母ノ同意ヲ得ルモ民法七百七十二條ノ規定ニ適合セサルニ依リ仝條ノ三項ニ從

ヒ其後見人及ヒ親族會ノ同意ヲ得ルコトヲ要スルモノトス（甘木區判問合三十三年九月二十七日民刑局長回答）〔全一〇七號五三頁〕

○第二十類　意思能力ナキ未成年者

○意志能力ヲ有セサル未成年ハ法定代理人ニ依リテ他家相續ヲ為シ得ヘシ（參照民八八六ノ五、九二九）（三十三年二月一日民刑局長ヨリ廣島縣三原村戸吏ヘ通牒）法曹記事一〇〇號三一頁

○意思能力ヲ有セサル未成年者ハ他家相續分家又ハ廢絶家再興ヲ為スコトヲ得ス何トナレハ戸主及ヒ親權者又ハ後見人ハ家族ノ以上ノ行為ニ付キ未成年者ヲ代表スヘキ規定ナク單ニ未成年者ノ行為ニ同意ヲ與フルニ止マルコト民七四三條ニ規定スル所ナルカ故ナレハナリ（廣島縣三原町戸吏伺三十二年十月二日民刑局長回答）全九六號三三頁（參照八九號二五頁二行

○意思能力ヲ有セサル未成年者ハ法定代理人ニ依リテ隱居又ハ廢家ヲ為スコトヲ得（一宮區判問合三十二年一月十三日民刑局長回答）全八八號四六頁（參照八七號一〇七頁十三行）

○意思能力ナキ未成年者ハ本人ノ意思ニ出テ、同意ヲ求ムルコトヲ得サルカ故ニ民法七百三十七條ノ入籍行為ハ之ヲ為スコトヲ得ス（福島縣三春町戸吏伺三十一年十二月十五日民刑局長回答）全八七號九二頁

編者曰ク本項回答ハ前項回答ニ依リ消滅セシモノナラン

○第二十一類　隱居

○有夫ノ女戸主カ民七五五條ニ依リ隱居ヲ爲ス場合ニ於テモ第七百五十二條第二號ノ條件ヲ具備スルヲ要ス〔宮城縣石巻町戸吏伺三十二年五月十三日民刑局長回答〕法曹記事九一號二二頁

○父カ隱居セントスルニ法定ノ家督相續人未成年者ナルトキ其相續ノ承認ニ付テハ相互間利益相反スヘキ場合ニ於テハ民八八八ニ依リ特別代理人ヲ選任セサル可カラス〔福岡地問合三十二年一月三十一日民刑局長回答〕仝八八號九七頁

○長男屯田兵應募ノ爲メ隱居ヲ爲サントスル場合ハ戸主カ已ムコトヲ得サル事由ニ因リテ爾來家政ヲ執ルコト能ハサルニ至リタリト認ム可カラス〔新發田區監判問合三十二年九月十日民刑局長回答〕仝八三號五六頁

○第二十二類　遺言

○遺言ヲ以テハ養子離縁ヲ為スコトヲ得ス（愛知縣知立町戸吏伺三十三年五月六日民刑局長回答）法曹記事九一號二三頁

○第二十三類　失踪

○失踪者復歸シテ其失踪宣言ヲ取消シタルトキ其妻其家ヲ去ヲス且他人ト婚姻中ニアラサルトキハ失踪者タリシ者トノ婚姻ハ繼續スルモノト看做スヲ相當トス（東京府大久保村長伺三十二年三月十五日民刑局長回答）法曹記事八九號二七頁

○單身戸主家出シテ復歸セス七年ヲ經過スル迄ハ其儘差置クヘキモノトス又七年ヲ經過スルモ失踪宣言ノ請求者ナキトキハ幾年モ其儘差置クヘキモノトス（仝上）仝號二九頁

○民法施行法一八條二項ハ施行前民法三〇條ノ期間ヲ經過シタル者ニ付テハ施行後更ニ右ノ期間ヲ經過セサルモ失踪宣言ヲ爲スヘキ旨ヲ定メタルニ止マリ此場合ニモ公示催告ヲ要ス（札幌區判事問合三十一年九月十四日民刑局長回答）仝八三號六七頁

○第二十四類　離　籍

○夫ニ離籍ノ理由ナキ限リハ妻ノミヲ離籍スルコトヲ得ス（鳥取縣成美村戸吏伺三十二年四月一日民刑局長回答）法曹記事九〇號二一頁

○法定ノ推定相續人ト雖モ離籍ヲ爲スコトヲ得離籍ニ依リ一家創立ノ後ハ再ヒ民七三七條ニ依リ復籍スルコトヲ得（福岡縣吉井町戸吏伺三十一年十二月十四日民刑局長回答）仝八七號三七頁（參照八六號一二六頁十二行）

○第二十五類　廢絶家

○民法施行前ニ廢家ノ上他家ノ養子トナル目的ヲ以テ管轄官廳ノ許可ヲ得タルモ施行後トナリテハ民法ノ規定ニ依リ養子ヲ爲スコトヲ得サル者ノ養子ト爲ルコトヲ得ス既ニ廢家ノ手續ヲ完了シタルトキハ廢絶家再興又ハ一家創立ヲ爲スノ外ナシ（兵庫縣大庭村戸吏伺三十二年三月二十二日民刑局長回答）法曹記事八九號三六頁

○家督相續ニ因リテ戸主ト爲リタル者ハ婚姻ノ爲メニ其家ヲ廢スヘカラス（和歌山縣三郷村戸吏伺三十一年十一月二十五日民刑局長回答）全八六號一四三頁

○第二十六類　復籍拒絕

○戸主カ同意ヲ爲サヽルトキハ入籍ヲ爲スコトヲ得サルニ拘ハラス戸吏之ヲ誤テ受理シ後チ復籍セントスルトキハ婚姻又ハ養子縁組ニアラサルカ故ニ戸主ハ復籍ヲ拒ムコトヲ得ス〔和歌山縣敷屋村戸吏伺三十二年三月九日民刑局長回答〕法曹記事八九號四七頁

○離婚離縁ノ登記ヲ爲シ實家ヘ復籍ノ手續ヲ爲シタル後ハ復籍拒絕ヲ爲スコトヲ得サルモノトス〔島根縣矢上村戸吏伺三十二年十月十日民刑局長回答〕仝八四號一〇〇頁

○家族カ民法第七百四十三條ノ規定ニ違反シテ他家相續分家等ヲ爲シタル場合ハ戸主ハ復籍拒籍ヲ爲スコトヲ得ス〔豐多摩郡大久保村戸吏伺三十一年九月二十四日民刑局長回答〕仝八三號一四一頁

○第二十七類　分　家

○戸主ノ尊屬親ト雖モ民七百四十三條ニ依リ分家ヲ爲スコトヲ得〔熊本縣田迎村戸吏伺三十二年十月十二日民刑局長回答〕法曹記事八五號三七頁

○民七六二第二項但書第九百四十八條ニ依リ本家分家ト稱スルハ直系血族姻族ニアラスシテ往古ヨリノ本家分家モ包含ス〔靜岡縣富塚村戸吏伺三十二年十月十五日民刑局長回答〕仝號五五頁

○甲分家シ乙家督ヲ相續スルモ乙ヨリ云ヘハ甲ノ實家ハ矢張本家ニシテ本分家ノ關係ハ代替ニ因リテ消滅スルモノニアラス〔福井縣本郷村戸吏伺三十三年八月十一日民刑局長回答〕仝第一〇六號二一頁

○第二十八類　法定代理人及法人ノ代表者

○法定代理人トハ法律ノ規定ニ依リ無能力者ノ法律行爲ニ付キ同意ヲ與フヘキモノニシテ未成年者ニ付キ親權ヲ行フ父母禁治產者又ハ親權ヲ行フ者ナキ未成年者ニ付後見人等ヲ謂フ〔秋田縣種梅村戸吏伺三十二年十月一日民刑局長回答〕法曹記事八四號五八頁

○寺院ノ住職カ其私有財產ニ關シ寺院ト法律行爲ヲ爲ス場合特別代理人ヲ指定スルノ規定ナキニ付キ之ヲ指定スルコトヲ得サルノ結果法律行爲ヲ爲スコトヲ得ス〔福知山區書課問合三十三年十二月七日民刑局長回答〕仝一一〇號四三頁

○第二十九類　損害賠償

○金錢ヲ目的トスル債務不履行ノ場合ニ於テ約定利率カ法定利率ヲ超ヘ又ハ等シキトキト雖モ損害賠償トシテ請求スヘキモノトス（豆田區監判問合三十一年十月十五日民刑局長回答）法曹記事八五號五四頁

○第三十類　年齢計算方

○年齢ヲ計算スルニハ明治六年二月第三十六號布告ニ依ルヘキモノニ付民法第百三十八條以下ヲ適用スヘキモノニアラス故ニ民法第三條ノ年齢ハ例ヘハ明治十年一月十日生ノ者ハ二十九年十二月ヲ以テ成年ニ達シタルモノトス〔山口區監判問合三十一年十月二十二日民刑局長回答及仝月二十五日仝局長ヨリ岐阜縣戸吏ヘ通牒〕法曹記事八五號八〇頁及八一頁五行

○第三十一條　遺留財産處分

○民法施行前絶家ト爲リタル者ノ遺留不動産ニ對シ其抵當權者ヨリ競賣法ニ依リ競賣ノ申立ヲ爲サンニハ施行法九十二條ニ依リ民第千五十二條以下ノ規定ヲ適用シ管理人ノ選任ヲ爲シタル後ニ非ラサレハ爲スコトヲ得ス又親族ニテ保管シ五ヶ年經過シタル事由ヲ以テ民法施行後處分セントスルトキモ新法ノ規定ニ依ル（福岡地長問合三十三年三月二十八日民刑局長回答）法曹記事八九號四一頁

○民法施行前絶家トナリタル遺留財産ハ施行法第九十二條ニ依リ民第千五十一條以下ノ規定ヲ適用シ遺留財産ノ處分ヲ爲スヘキモノナルカ故ニ第千五十二條ニ依リテ選任セラレタル相續財産管理人ヨリ登記ノ更正及ヒ遺留財産賣却登記ノ申請ヲ爲スヘシ然レトモ舊法ノ時ニ於テ既ニ賣却ノ認可ヲ得タル場合ハ管理人ハ別ニ民千五十八條ノ手續ヲ爲スコトヲ要セス又第千五十七條第一項ノ期間經過前ト雖モ遺留財産ヲ賣却シテ其賣却認可申請ノ原因タリシ債務ヲ辨濟スルコトヲ得ヘシ（上野區監判問合三十三年十二月十四日民刑局長回答）仝一一〇號四七頁

○絶家ノ遺留財産ハ絶家再興者ニ於テ之ヲ相續スヘキニアラサルカ故ニ不動産登記法第百五條第一號ニ依リ所有權保存ノ登記ヲ申請スルコトヲ得ス若シ事實カ民法施行以前

ニ在リテ遺留財産ヲ保管スル親族ノ協議ニ基キ遺留財産ノ所有權ヲ絶家再興者ニ移轉シタルモノナルニ於テハ先ツ遺留財産ノ保管者タル親族ヨリ所有權保存ノ登記ヲ申請シタル後遺留財産ノ保管者タル親族及ヒ絶家再興者ヨリ所有權移轉ノ登記ヲ申請スルコトヲ得ヘシ若シ又民法施行前ニ在リテ親族ノ協議ニ基キ遺留財産ノ處分ヲ爲サヽリシ塲合ナルニ於テハ民法施行法九十二條ニ依リ民第千五十一條以下ノ規定ヲ適用スヘキモノトス〔秋田區監判問合三十三年十二月十七日民刑局長回答〕仝一一〇號四八頁

○民法第三百七十四條

○本條ノ特別登記ハ權利ノ變更ノ登記手續ニ依リ抵當權變更ノ登記ヲ爲スモノトス（佐賀地長問合三十三年三月十三日民刑局長回答）法曹記事一〇〇號四六頁

○抵當權ノ設定當時當事者間ニ於テ利息ハ三年ノ後元本ト共ニ返濟スヘシトノ契約ヲ爲シタル場合ト雖モ尚最後ノ二年分卽チ元本返濟期ヨリ溯リテ二年分ノ利息以外ニ抵當權ヲ行フコトヲ得ス（御坊區判問合三十二年七月十九日民刑局長回答）仝九四號三五頁

○民法第四百十九條

○當事者カ利息制限法ニ規定セル制限超過ノ利率ヲ約スルモ法律ハ其制限法ノ範圍外ニ約定利率ヲ認メサルヲ以テ債務ノ不履行ニ因ル損害賠償ノ額ヲ定ムルニハ制限利息ニ減殺シタル利率ニ依ル（横手區判問合三十三年三月十九日民刑局長回答）法曹記事一〇一號二六頁

○民法第七百三十條

○本條三項ノ養子ノ配偶者トハ必スシモ他家ヨリ入リタル者ニ限ラス同項ノ規定ハ養子カ養家ニ於テ其家ニ生レタル養親ノ親族ニ非ラサル女ト婚姻ヲ爲シタル場合ニ於テ離縁ニ因リ其女カ養子タル夫ニ隨ヒテ他家ニ入ル場合ニモ適用スルコトヲ得ヘシ（東京府大久保村戸吏伺三十二年三月十五日民刑局長回答）法曹記事八九號二七頁

○本條三項ノ規定ハ法律上養子緣組ノ爲メ養子カ嫡出子タル身分ヲ有スルモノト爲シタルニ因リテ生スヘキ親族關係ノ消滅スヘキ場合ヲ示シタルニ過キサルカ故ニ純然タル血族關係ニ何等ノ影響ヲ及ホスコトナシ（仝上）仝號仝頁

○養子カ更ニ緣組ニ因リテ他家ニ入ルハ養家ヲ去ル者ト異ナリ本條ヲ適用セス（仝上）仝號二七頁

○民法第七百三十四條

○本條二項ニ所謂父母共ニ家ヲ去リタル場合トハ父母カ離婚セスシテ共ニ去リタル場合ヲ指シタルモノニテ離婚シテ共ニ家ヲ去リタル場合ヲ含マス（愛媛縣菊間村戸吏伺三十三年三月十日民刑局長回答）法曹記事一〇一號三八頁

百

○民法第七百三十八條

○本條ノ同意ヲ得ルコトヲ要スル人ハ其他家ニ入リタルトキニ於テ定マル即チ養子ニ入レハ其後家女ト婚姻スルモ配偶者ノ同意ヲ得ルニ及ハス婚姻ニテ入レハ配偶者ノ同意ノミニテ足ル婿養子ニテ入レハ養親ト配偶者ノ同意ヲ要ス〔米子區監判問合三十一年十二月二十二日民刑局長回答〕法曹記事八七號五〇頁

〇民法第七百四十條

〇離婚ノ女カ戸籍面記載ノ原籍ニ實家存在セスシテ廢絶ノ有無ヲモ知ルコト能ハス復籍スル能ハサル者ハ一家創立セサル可カラス（熊本縣川口村戸吏伺三十一年十二月十七日民刑局長回答）法曹記事八七號四四頁

○民法第七百四十一條

○婚家又ハ養家ノ戸主ハ他家ニ入ラントスル者カ現ニ在籍スル戸主ノミヲ指ス（奈良縣北倭村戸吏伺三十三年四月九日民刑局長回答）法曹記事一〇二號三五頁

○民法第七百四十三條

○家族カ本條ノ規定ニ違犯シ戸主ノ同意ヲ得スシテ他家相續、分家、廢絶家再興等ヲ爲シタル場合ニ於テハ戸主ハ復籍拒絶ヲ爲スコトヲ得ス（豐多摩郡大久保村三十一年九月二十四日民刑局長回答）法曹記事八三號一四一頁

○民法第七百四十四條

○養子ト雖モ法定ノ推定家督相續人タル者ハ廢除ノ後ニ非サレハ更ニ緣組ニ因リテ他家ニ入リ又ハ分家ヲ爲スコトヲ得ス（大阪府豐中村戸吏伺三十三年二月十三日民刑局長回答）法曹記事一〇〇號三三頁

○本家戸主六十歳以上ニシテ單身ナルカ故ニ相續ノ必要アルモ豫メ分家ノ長男ヲ養子ノ名義ニテ家族ニ入籍スルコトヲ得ス（鳥取縣大高村戸吏伺三十一年十二月十四日民刑局長回答）仝八七號四一頁

○法定ノ推定家督相續人ノ長男ハ本條ニ從ハス他家入籍又ハ分家等自由ナリトス（鳥取縣米子町戸吏伺三十一年十二月一日民刑局長回答）仝八六號九四頁

○本條第二項ハ法定ノ推定家督相續人タルヘキ者カ戸主ノ同意ヲ得スシテ自家ニ妻ヲ娶リ又ハ養子ヲ迎ヘタル場合ニ於テ戸主ハ其法定ノ推定家督相續人ヲ離籍スルヲ妨ケサル旨ヲ規定シタルモノナリ（鳥取縣溝口村外二村戸吏伺三十一年十一月十五日民刑局長回答）仝八六號一二一頁

○本條ハ任意ニ其家ヲ去ルヘカラサル規定ニテ離籍ノ場合ニハ適用スヘカラス（靜岡縣笠西村戸吏伺三十一年十月二十二日民刑局長回答）仝號一二六頁

○養子カ法定ノ推定家督相續人タルトキト雖モ其離縁ノ場合ニハ本條ヲ適用スルコトヲ得ス（神戸市戸吏伺三十一年九月十九日民刑局長回答）仝八三號一〇二頁

○民法第七百四十九條

○家族ハ戸主ノ意ニ反セスシテ別居スルコトヲ得ルモ別居ニ付テハ寄留ニ關スル手續ヲ爲ス外屆出登記戸籍ノ記載ヲ爲スコトヲ要セス（長野縣小諸村戸吏伺三十一年十二月十七日民刑局長回答）法曹記事八七號九九頁

○民法第七百五十二條

○本條ノ完全ノ能力ヲ有ストハ成年者ニシテ禁治産、准禁治産又ハ妻ニ非ラサルコトヲ要ス〔新潟縣加茂町戸吏伺三十二年十月十五日民刑局長回答〕法曹記事八五號五一頁

○民法第七百五十三條

○但書ノ塲合ハ相續人指定ノ手續ヲ爲スコトヲ要ス（大垣區監判問合三十三年四月九日民刑局長回答）法曹記事一〇二號三二頁

○本條ノ已ムコトヲ得サル事由トハ養子ノ離緣ヲ爲サントスルカ如キハ其已ムコトヲ得サル事由ト認ム可カラス（大野區判問合三十一年十二月二十一日民刑局長回答）仝八七號四七頁

○民法第七百五十四條

○本條二項ノ規定ハ戸籍吏カ誤テ婚姻屆ヲ受理セシトキニ關スルモノニ付之ヲ以テ戸主ハ隱居ヲ爲サスシテ婚姻ニ因リテ他家ニ入ルコトヲ得ルモノト謂フヘカラス（靜岡縣韮山戸主伺三十二年三月二十九日民刑局長回答）法曹記事八九號四三頁

○民法第七百六十二條

○分家又ハ廢絶家ヲ再興シタル者ハ本條第一項ニ依リ任意ニ其家ヲ廢スルコトヲ得ヘシ

（福岡地問合三十一年十二月十六日民刑局長回答）法曹記事第八七號九七頁（參照一〇三號三三頁十四行）

○民法第七百六十四條

○本條ノ絶家ハ戸主死亡後親族會ニ於テ相續人ヲ選定セス（民九八二乃至九八五）且ツ裁判所カ民法千五十八條ノ公告ヲ爲シタルモ期間内ニ權利ヲ主張スル者ナカリシ場合ニ於テ絶家シタルモノトス（滋賀縣青柳村戸吏伺三十二年十二月五日民刑局長回答）法曹記事八七號七一頁

○民法第七百七十條

○本條ノ直系姻族ハ配偶者ノ直系血族ノミヲ包含シ其傍系血族ヲ包含セス（愛媛縣千足山村戸吏伺三十一年九月十日民刑局長回答）法曹記事八三號五九頁

○民法第七百七十二條

○子カ分家シテ父母カ其家ニ入ラサル場合子カ婚姻離婚等ヲ爲ス場合ハ父母カ其家ヲ去リタル場合ト見做シ本條二項ニ依リ後見人及親族會ノ同意ヲ得ルコトヲ要スルモノト解スルヲ相當トス〔長野縣上鄕村戸吏伺三十二年一月十四日民刑局長回答〕法曹記事八八號四七頁

○民法第七百七十五條

○本條ノ證人ハ直系傍系ヲ問ハス親族ニ於テ證人トナルモ差支ナシ（愛媛縣中川村戸吏伺三十一年九月六日民刑局長回答）法曹記事八三號四五頁

○民法第七百七十六條

○民法第七百四十一條第一項第七百五十條第一項ノ規定ニ依リ戸主ノ同意ヲ得ヘキ者カ之ヲ得スシテ届出ヲ爲サントスルトキハ届書ニ其旨ヲ記載セシムルヲ相當トス（島根縣矢上村戸籍吏伺三十一年十月十日民刑局長回答）法曹記事八四號九八頁

○民法第七百七十八條

○本條第二號ノ但書ハ戸籍吏カ七百七十五條二項ニ揭ケタル條件ヲ缺クコトヲ知ラスシテ婚姻ノ屆出ヲ受理シタル場合ヲ云フ（靜岡縣青島村戸吏伺三十一年九月二十八日民刑局長回答）法曹記事八三號一四五頁

○民法第八百二十四條

○戸第七十二條ノ規定アルカ爲メ其出生屆ヲ以テ本條ノ嫡出承認ノ効力ヲ生スルモノト看做ス可カラス〔六日町區判問合三十二年〕〔一月十日民刑局長回答〕法曹記事八八號六五頁

○民法第八百二十七條

○本條中母ニ於テ私生子ノ認知ヲ爲スコトヲ得ル場合ハ例ヘハ母カ出生子ヲ棄テ、後ニ至リ認知ヲ爲スカ如キ場合ヲ謂フ〔高知縣大崎村戸吏伺三十二年九月十二日民刑局長回答〕法曹記事八三號六〇頁

○民法第八百三十七條

○本條ハ養父母共ニ成年ナルコトヲ要ス（新潟縣加茂町戸吏伺三十二年十月十二日民刑局長回答）法曹記事八五號三八頁

○民法第八百四十二條

○養子縁組ヲ爲スニ養母ト爲ルヘキ者ハ届出ニ依リテ戸籍ニ失踪ノ記載爲シアルトキハ養父ニ於テハ双方ノ名義ヲ以テスルコトヲ得ヘシ其失踪届ヲ爲サストキモ不在者タルトキ亦同シ〔岩手縣大津保村戸吏伺三十三年三月七日民刑局長回答〕法曹記事一〇一號五〇頁

○民法第八百八十八條

○本條ノ利益相反スル行爲トハ人事ニ關スル行爲ヲモ包含スト雖モ果シテ利益相反スルト否トハ事實問題ニ屬スルニ付キ未成年ノ戸主ト實母トノミアル家ニ實母ノ私生子ヲ入籍セシムル場合ニ於テモ一概ニ特別代理人ヲ選任スヘキモノト謂フコトヲ得ス（埼玉縣桶川町戸吏伺三十二年一月二十五日民刑局長回答）法曹記事八八號八二頁

○民法第九百五條

○本條ハ九百四十九條ニ依リ本人、法定代理人等カ招集スル場合（例ヘハ後見人カ任務ヲ辭シタルトキ）ト裁判所カ招集スル場合卽チ最初ノ招集ノ場合トヲ併セテ掲ケタルモノトス（徳山區判問合三十一年十月二十七日民刑局長回答）法曹記事八五號一〇六頁

○民法第九百二十九條

○本條ノ第十二條第一項云々ニハ未成年者カ家督相續スル普通ノ場合モ包含ス（岐阜縣山田村戸吏伺三十二年四月十七日民刑局長回答）法曹記事九〇號四〇頁

○民法第九百四十六條

○親族會員カ後見人ニ選定セラレタルトキハ辭任ノ申請ヲ爲サスシテ前ノ資格ハ自然消滅ス〔竹原區判問合三十三年三月五日民刑局長回答〕法曹記事一〇一號三四頁

○民法第九百五十一條

○本條ノ訴ハ民訴法ノ規定ニ依ルヘキモノニテ非第九六、九八條ニ依リ區裁判所ニ於テ管轄スルモノニアラス〔上野區監判問合三十二年四月四日民刑局長回答〕法曹記事九〇號二二頁

○本條ノ不服ハ申立ヲ以テスルニアラス訴訟ヲ以テ爲スヘキモノトス〔御嵩區判問合三十二年三月四日民刑局長回答〕仝八九號二一頁

○民法第九百五十四條

○本條二項ハ婚姻解消後ニハ適用スヘキモノニアラス（東京府大久保村戸吏伺三十二年三月十五日民刑局長回答）法曹記事八九號二八頁

○民法第九百七十三條

○女子ノミ三人アリ二女ニ婿養子ナシタリトテ長女ノ相續權ハ本條ニ依リテ害セラルヽコトナシ〔宮城縣十五濱村戶吏伺三十二年四月十三日民刑局長回答〕法曹記事九〇號二四頁

○民法第九百七十四條

○本條ニ家督相續人タルヘキ者云々トアルハ相續人タル順位ニアル一人ヲ指スモノトス

（愛媛縣菊間村戸吏伺三十三年三月十日民刑局長回答）法曹記事一〇一號四〇頁

○民法第九百八十二條

○本條ノ選定順位兄弟ハ均シク第二ノ順位ニ在ルカ故ニ兄ヲ捨テヽ弟ヲ採ルモ次條ノ順序變更ニアラス〔鳥取縣下北條村戸吏伺三十二年十月十五日民刑局長回答〕法曹記事八五號五五頁

○民法第九百八十八條

(一)隱居者カ本條ニ依リ不動産ノ留保ヲ為スモ其留保ハ登記スヘキモノニアラス（西條區監判問合三十二年六月二十九日民刑局長回答）法曹記事九二號三七頁

○民法第千四十一條

○本條相續財產分離ノ請求ハ民訴法ノ規定ニ從ヒ訴ヲ以テ爲スヘキモノトス故ニ其管轄モ構成法及民訴法ノ一般ノ規定ニ依リテ定マルモノトス（福井地檢正請訓三十二年三月二十三日民刑局長回答）法曹記事八九號三九頁

○民法第千六十九條

○本條第四號但書ノ場合ニ於テモ遺言者ノ捺印ヲ要ス若シ遺言者カ病危篤ニ至リ捺印スルコト能ハサル場合ハ千七十六條ニ依リ遺言ヲ爲スノ外ナカルヘシ（安濃津區公證人請訓三十三年二月十六日民刑局長回答）法曹記事一〇〇號五〇頁

○民法第千百十三條

○公證人カ相續財産ノ目錄ヲ調製シタルトキハ之ヲ遺言者ニ交付シ二通ヲ作リ一通ヲ役場ニ保存スルコトヲ要セス又右目錄ニハ相續人又ハ遺言執行者ノ署名捺印ヲ要セス又財産ノ所在カ他人ト仝居ノ場所ナリト雖モ仝居者ノ立會ヲ要セス又目錄用紙ハ公正證書ト仝一ノ用紙ヲ用ユ手數料ハ相對ニテ相當ノ額ヲ定メ然ルヘシ旅費日當ハ公證人規則六十七條ヲ適用スヘキモノトス〔敦賀區管内公證人請訓三十二年三月二日民刑局長回答〕法曹記事八九號六七頁

○第貳編　戸籍法

○第一類　出生

○前婚解消後二百九十日再婚後百十日ニシテ出生シタル子ト雖モ再婚ノ夫ハ嫡出子トシテ届出ツルコトヲ得ヘシ（岐阜縣高山町戸吏伺三十三年四月十六日民刑局長回答）法曹記事一〇二號三七頁

○婚姻解消後三百日以内ニ生レタル子ト雖モ其女ノ私生子トシテ届出ツルコトヲ得ヘシ（仝上）仝號仝頁

○夫婦他家ノ養子トナリ懐胎ノ後離縁離婚シテ各其實家ニ歸リタル後出生シタル子ノ出生届ハ戸第七十一條第一項ニ依リテ爲ス此場合ニ於ケル戸籍記載方ハ戸主及家族トノ續柄ハ記載セサルヲ相當トス（愛媛縣薬間村戸吏伺三十三年三月十日民刑局長回答）仝一〇一號三八頁

○離婚セラレタル者カ未タ一家創立ノ手續ヲ爲サヽル前子ノ出生アリタル場合ノ出生届ハ一家創立ノ手續ヲ爲シタル後ニ新本籍地ニ於テ之ヲ爲スヲ相當トス（福島縣喜多方町戸吏伺三十二年十一月二十二日民刑局長回答）仝九八號五五頁

○數年夫家出シテ行衛知レス未タ失踪宣告ヲ受ケサル内妻私生子ヲ擧ケタルトキハ夫ノ

子トシテ届出ツヘキモノトス〔千葉縣鴨川町戸吏伺三十二年七月十七日民刑局長回答〕仝九五號三二頁

○前項ノ届書ハ父誰所在不明ニ付届出人誰ト署名シ差支ナシ（仝上）仝號仝頁

○甲家ノ養子カ乙家ヨリ娶リタル妻トノ間ニ擧ケタル子ノ出生届ヲ怠リ居ル内離縁離婚シテ各實家ニ復籍シ後其養子ハ再ヒ妻ノ家ニ婿養子トシテ入籍シ前妻ト婚姻中ナルモ甲家ニ於テ擧ケタル子ハ甲家ノ元養親タル者ニ於テ出生届ヲ爲シ其甲家ニ入ルヘキモノトス〔宮山縣東山見村戸吏伺三十二年五月一日民刑局長回答〕仝九一號四二頁

○養子養家ニ於テ子女ヲ擧ケ離縁復籍シ妻ヲ娶リ子女ヲ擧ケタルトキハ長男女トシテ届出ツヘキモノトス〔岡山縣鴨方村戸吏伺三十二年四月十三日民刑局長回答〕仝九〇號二五頁

○事實ハ離婚シ居ルモ表面婚姻中ナルトキ妻カ子ヲ擧ケ其子ノ嫡出子タルコトヲ否認セントスル塲合ニ於テモ其夫ヲ以テ届出義務者トス〔京都府中和束村戸吏伺三十二年三月二十四日民刑局長回答〕仝八九號五八頁

○私生子出生届ニ戸主ノ同意ヲ證明セサルトキハ戸第六十八條六項ノ事項ヲ届書ニ記載

セシムルヲ相當トス〔滋賀縣三雲村戸吏伺三十二年一月二十六日民刑局長回答〕仝八八號八四頁

○戸主ニ於テ家族ノ私生子出生届ヲ爲ス場合ト雖モ戸主ノ同意ヲ證明セサルトキハ前項ニ仝シ（仝上）仝號仝頁

○戸主ノ同意セシ家族ノ庶子私生子ノ届出アリタルトキハ出生届ノミニテ入籍シ別段入籍届ヲ要セス〔松江市戸吏伺三十一年十二月二十八日民刑局長回答〕仝八七號六二頁

○棄兒發見ノ届出アリタルトキハ本籍人身分登記簿〔登記例第二十二ノ第二號ハ衍〕出生ノ部ニ登記ヲ爲シ別ニ一家創立ノ手續ヲ要セス其登記ニ基キ郡市區町村ヲ記シ地番ヲ附セサル戸籍ヲ編製スヘキモノトス〔飯塚區判問合三十一年十二月五日民刑局長回答〕仝八七號七〇頁

○懷胎後離婚シ妻ノ出生子ヲ父ヨリ届出ツル場合ニ於テ離婚ノ旨ヲ記載スルニ及ハス〔廣島縣菅野村戸吏伺三十一年十二月八日民刑局長回答〕仝號七五頁

○流産死産ハ胎兒ヲ認知シ又ハ家督相續人ト爲シタル場合ヲ除ク外身分登記ヲ爲スヲ要セサルニ付當事者ハ其届出ノ義務ナシ（仝上）仝號仝頁

○父ヨリ爲ス庶子出生ノ届出ハ出生前ニ胎兒ヲ認知シタル場合ニ限ル（新潟縣加茂町戸吏伺三十一年十二月十五日民刑局長回答）仝八七號八六頁

○双子ハ前キニ生レタルヲ長男トシ後ニ生レタルヲ二男トシテ届出ツヘキモノトス（香川縣相生村戸吏伺三十一年十一月十日民刑局長回答）仝八六號一一四頁

○戸籍法施行前ノ届漏出生子ニ付テハ戸第七十一條ノ届出義務者ヨリ出生届ヲ爲スヘキモノトス（秋田縣鵜川村戸吏伺三十二年十月十五日民刑局長回答）仝八五號四八頁

○父母カ未成年ナルトキ子ノ出生届ハ戸第四十六條ヲ適用スヘキモノトス（新潟縣加茂町戸吏伺三十一年十月十五日民局刑長回答）仝號五一頁

○胎兒カ死體ニテ分娩シタル場合從前ノ縣令等ニ依リテ爲スヘキ死体分娩届ニ付テハ町村長トシテ從前ト同一ノ取扱ヲ爲スヘシ（奈良縣田原元町戸吏伺三十一年十月二十二日民刑局長回答）仝號七三頁

○子カ出生届前ニ死亡シタルトキハ夫ハ其子ヲ否認セントスル場合ト雖モ出生届ヲ爲ス

コトヲ要スルモノナリ而シテ死亡ニ付テハ届出ノ義務ヲ負フ者ヨリ為サヽルヲ得ス出生届ヲ怠リタル夫ハ其子ノ死亡ニ因リテ法律上ノ制裁ヲ免カルヽコトヲ得ス（奈良縣田原本町戸吏伺三十一年十月二十二日民刑局長回答）全號七八頁

○双子出生ノ場合届出前父母死亡等ノ為メ出生ノ前後ヲ知ル能ハストテ其旨ヲ記載シテ届出テタルトキハ重要ノ事項ヲ記載セサルモノナルニ付キ之ヲ受理スヘカラス（山形縣弥砥町戸吏伺三十一年十月二十六日民刑局長回答）全八五號九二頁

○婚姻届出前擧ケタル子ヲ婚姻届出後ニ於テ入籍ノ手續ヲ為スニ付テハ母ヨリ私生子出生届ヲ為シ母ノ現在ノ家（即チ父ノ家）ニ入レ父之ヲ認知シテ嫡出子ト為スコトヲ得（越ヶ谷區判問合三十一年十月二十七日民刑局長回答）全號一〇一頁

○一家内同名ノ出生届アルモ差支ナシ（香川縣岡田村戸吏伺三十一年十月四日民刑局長回答）全八四號七三頁

○婚姻後ノ出生子ハ如何ニ日淺キニ拘ハラス父ニ於テ嫡出子トシテ届出ツルコトヲ得（茨城縣高岡村戸吏伺三十一年九月六日民刑局長回答）全八三號四三頁

○出生屆ニ關スル規定中父母ノ氏名云々トアルハ父母トノ續柄ヲモ記載セシムル趣意ト解釋セサル可カラス〔兵庫縣神戶市戶吏伺三十一年九月十九日民刑局長回答〕仝八三號一〇〇頁

○家族カ遠隔ノ地ヘ出稼中庶子又ハ私生子ヲ擧ケ其家ニ入ルヽ爲メ戶主ノ同意ヲ得ルニ屆出期間內之ヲ得ルコト能ハサルカ如キ場合ニ於テハ戶第六十八條第六號ノ記載ヲ爲スヘク而シテ其後戶主ノ同意アリタルトキ同第百四十六條ニ依リ入籍ノ手續ヲ爲スヘシ〔福井區監判問合三十一年九月二十一日民刑局長回答〕仝號一二三頁

○出生又ハ棄兒發見屆出前出生子又ハ棄兒カ死亡シタルトキ命令前ナルトキハ出生屆ニ其旨記載セシムルヲ相當トス〔豐多摩郡大久保村戶吏伺三十一年九月二十四日民刑局長回答〕仝八三號一四〇頁

○棄兒ノ處分ハ戶籍吏ニ於テ爲スヘキモノニアラス棄兒ニ付キ引受人又ハ育兒院ナキ場合アラハ戶籍吏ハ其旨ヲ調書ニ記載スヘシ〔鳥取縣山上村戶吏伺三十一年九月二十八日民刑局長回答〕仝號一四九頁

○子ノ出生アリ之レカ出生屆ヲ爲スニ該リ其父ハ戶主ノ長男ニシテ家宅ニ放火シ戶主タル父ヲ燒死セシメタル嫌疑ニテ拘引セラレタル後地方裁判所ニ於テ有罪ノ宣告ヲ受ケ控訴中ト云ヘル有樣ナルヲ以テ家督相續屆ヲ爲サスアリ此場合其出生屆ニ記載スヘキ

出生子ノ入ルヘキ家ノ戸主ノ氏名族稱職業及ヒ本籍地ハ其處刑ノ判決確定シ法律上ノ家督相續人カ相續回復ノ手續ヲ爲ス迄ハ其出生子ノ父ヲ戸主トシテ記載セシムヘキモノトス（岡山縣管生村戸吏伺三十三年十二月十二日民刑局長回答）仝一一〇號二四頁

○第二類　棄兒引受人變換登記

○棄兒引受人變換ノ届出ハ新舊引受人連署ニテ之ヲ爲シ身分登記ハ本籍人身分登記簿出生ノ部ニ爲スヘキモノトス（登記例ノ部ニ登記例アリ參照スヘシ）（福岡地問合三十二年九月六日民刑局長回答）
法曹記事九五號四五頁（參照八八號八二頁九行）

○第三類　嫡出子否認

○戸第七十二條ニ夫ハ妻ノ子ヲ否認セントスル場合ト雖モ出生屆ヲ爲スコトヲ要スル旨ノ規定アルカ爲メ其出生屆ヲ以テ嫡出承認ノ效力ヲ生スルモノト見做ス可カラス（六日町區判問合三十二年一月十日民刑局長回答）法曹記事八八號六五頁

○死亡シタル嫡出子ハ父ニ於テ之ヲ否認スルコトヲ得ス人訴第二十七條ノ死亡ノ時云々ハ否認ノ訴ニハ適用スル能ハス子ノ認知ニ關スル場合ニ適用スヘキモノトス（岐阜區監判問合三十二年十一月二十五日民刑局長回答）仝九七號二八頁

○第四類　嫡出子身分取得

○父母ノ婚姻ニ依リ庶子カ嫡出子タル身分ヲ取得スル場合ニ於テハ別段ノ届出ヲ要セス婚姻届ニ掲ケタル戸第百二條六號ノ記載ニ基キ婚姻登記中ニ子ノ名ヲ署シ其頭ニ父母ノ婚姻ニ因リ嫡出子タル身分ヲ取得スト記載シ戸籍中庶子ノ事項欄ニ其事由ヲ記載スヘキモノトス記載例第八ニ届出トアルハ父母ノ婚姻ノ届出ト見做スヘシ（松江市戸吏伺三十一年十二月二十八日民刑局長回答）法曹記事八七號六二頁

○庶子ヨリ又ハ婚姻後父母ヨリ嫡出子タル身分取得ノ届出ヲ爲スヘキモノニアラサルカ故ニ其届出アリタルトキハ受理スヘキモノニアラス（名古屋區監判問合三十一年十二月十五日民刑局長回答）仝八七號八八頁

○民法施行前ト雖モ庶子（明治六年二十一號布告但書ニ依リテ父ノ子トナリタルトキ）ハ父母ノ婚姻ニ因リテ嫡出子タル身分ヲ取得スヘシ（名古屋區監判問合三十一年十二月十五日民刑局長回答）仝八七號八九頁

○婚姻ニ因リ嫡出子タル身分ヲ取得スル庶子アルモノガ入夫婚姻ナル場合ニ於テ父ノ家ニアル庶子ハ單ニ父母ノ婚姻届出ニ記載セラレタルノミニシテ母ノ家ニ入籍ノ手續ヲ

爲シ差支ナシ〔山梨縣寶村戸吏伺三十二年十月六日民刑局長回答〕仝八四號八二頁

○從來ノ戸籍ヘ嫡出子タル身分取得ノ旨記載ナキモ民法施行前父母ノ婚姻ニ因リ戸第百二條六號ニ該當スル事實カ戸籍面ニ於テ明瞭セシ分ハ其婚姻ノ日ヨリ其身分取得セシモノトシ然ルヘシ〔東京淺草區戸吏伺三十一年十月十一日民刑局長回答〕仝號一一一頁

○私通シテ一男ヲ擧ケ後適法ノ婚姻ヲ爲シ其後離婚シタリ右婚姻解消後其私生子ヲ認知スルモ庶子ノ身分ヲ取得スルノミニテ嫡出子ノ身分ヲ取得セス〔廣島區監判問合三十一年八月三十一日民刑局長回答〕仝八二號一五四頁

○第五類　私生子認知

○私生子カ婚姻縁組ニ因リテ他家ニ入リ又ハ分家等ニ因リテ戸主トナリタル場合ニ於テハ某家戸主ヨリ認知セラルヽモ離婚離縁隱居等ノ手續ヲ爲スニ非ラサレハ其家ヲ去ルコトヲ得サルニ付認知届ノミニテハ父家ニ入ルヲ得ス若シ入籍ニ依リテ他家ニ入リタル場合ナルトキハ認知届ニ因リテ直チニ父家ニ入ルヲ得（秋田區監判問合三十三年一月八日民刑局長回答）法曹記事九九號四一頁（參照九六號三五頁十一行）

○外國人カ甲戸籍吏管内ノ私生子ヲ認知シテ非本籍地タル乙地ニ届出タルトキハ被認知者ヨリ國籍喪失届ヲ爲スヲ要ス此場合其喪失届モ乙地ニ爲シタルモノナルトキハ其届ハ戸第三十五條ニ依リ認知届ハ三十四條ニ依リ取扱フ可キモノトス（兵庫市戸吏伺三十二年十一月二十一日民刑局長回答）仝九八號五六頁

○夫數年逃亡中他ノ男子ト私通ニ依テ擧ケタル子ハ私通男ニ於テ之ヲ認知スルコトヲ得但不在中ノ夫カ復歸ノ上民第八三四條ニ依リ反對ノ事實ヲ主張スルトキハ認知者ハ八百二十條ノ推定ヲ排斥スル爲メ認知ノ正當ナルコトヲ立證セサル可カラス（山口縣豐井村戸吏伺三十二年十一月二十九日民刑局長回答）仝九七號二九頁

○私生子ハ母ノ承諾ナキモ父ノ認知ニ因リ父ノ家ニ入ルコトヲ得其子カ民法施行前ノ私生子ナルモ施行法六三條ハ此場合ニ適用スヘキ規定ニアラス〔鹿屋區判問合三十二年十一月十一日民刑局長回答〕仝號仝頁

○認知セラルヘキ私生子カ母ノ家ニ在リテ夫ヲ迎ヘ居ル場合ニ於テハ届出地及ヒ母ノ本籍地戸吏ハ認知ノ身分登記ヲ為シ妻タル私生子ノ戸籍事項欄ニ認知ノ事項、父ノ氏名欄ニ其氏名ヲ記載シ父母トノ續柄欄内ノ記載ヲ訂正ス此場合ハ私生子ノ入除籍ヲ為スヘカラス反之其私生子カ妻ヲ迎ヘ居ル場合ニ於テハ前同樣ノ登記及ヒ戸籍ノ記載ヲ為シ私生子及ヒ妻ヲ父ノ家ニ入籍セシメタル上除籍ノ手續ヲ為スヘキモノトス〔大阪府豐中村戸吏伺三十二年十月九日民刑局長回答〕仝九六號五三頁

○姪ノ私生子ヲ認知シテ庶子ト為スコトヲ得〔千葉縣浦安村戸吏伺三十二年十月二日民刑局長回答〕仝號六〇頁

○同時ニ數人ノ子ヲ認知スルトキト雖モ各別ニ届出シメ各別ニ身分登記ヲ為スヘキモノトス〔熊本縣河内村戸吏伺三十二年七月十七日民刑局長回答〕仝九四號五二頁

○妻ノ實家ニアル妻ノ私生子ヲ夫カ認知スルトキ其夫カ家族タル場合ト雖モ單ニ父ノ認

知届ノミニテ入籍ノ登記ヲ為スヘキモノトス（堺區監判問合三十二年四月十三日民刑局長回答）仝九〇號三七頁

○仝上ノ場合私生子ノ母ノ本籍ヲ登記スルニハ現在認知當時ノ本籍トス（滋賀縣大津市戸吏伺三十二年一月二十日民刑局長回答）仝八八號八〇頁

○認知者カ家族ニシテ其家ノ戸主ノ同意ヲ得タル旨記載ナキトキハ認知登記ヲ為シ戸籍面私生子本項欄内ニ（年月日本籍地氏名認知届出年月日受附）トノミ記載スヘキモノトス（滋賀縣三雲村戸吏伺三十二年一月二十六日民刑局長回答）仝號八四頁（參照八七號六一頁十一行）

○認知者カ家族ニシテ戸主ノ同意ノ證明書ヲ添ヘタルトキハ認知届ノミヲ父家ニ入ルヘキモノトス（松江市戸吏伺三十一年十二月二十八日民刑局長回答）仝八七號六一頁（參照八七號九六頁九行）

○胎兒認知ニ付テハ認知者ノ本籍地ニ於テ認知ノ身分登記ヲ為ス外何等ノ手續ヲ為スニ及ハス（新潟縣加茂町戸吏三十一年十二月十五日民刑局長回答）仝號八六頁（參照八七號九五頁六行）

○私生子認知ハ認知者及ヒ被認知者ノ兩本籍地ニ於テ身分登記ヲ為スヘキモノナルニ因リ甲地ノ者カ乙地ノ者ヲ認知シタルトキハ甲地戸吏ハ戸第三十三條二項ニ依リ届書副

本ヲ乙地戸吏ニ送付シ且認知者カ戸主ナルトキ又ハ家族ナルモ戸主ノ同意アルトキハ甲地戸吏ハ直チニ入籍シ乙地戸吏ハ除籍ノ手續ヲ爲スヘキモノトス（福岡地方問合三十一年十二月十六日民刑局長回答）仝八七號九五頁

○死亡シタル子ノ認知ニ付テハ認知者ノ本籍地及ヒ被認知者ノ直系卑屬ノ本籍地ニ於テ身分登記ヲ爲スヘキモノナルニ因リ屆書副本ノ送付及ヒ入籍除籍等ノ手續前項ト同一ノ取扱ヲ爲スヘキモノトス（仝上）仝號九六頁

○被認知者カ戸主ナリシト雖モ民七六二條ニ依リ廢家ヲ爲シタル後認知セラレタルトキハ別段入籍屆ヲ要セス直チニ認知者ノ家籍ニ入ル之レニ反シ前ニ認知セラレ其後廢家シテ父ノ家ニ入ラトスルニハ別段ノ入籍屆ヲ要ス（仝上）仝八七號九七頁

○認知ニ因リテ子カ父家ニ入ル塲合ハ其子カ法定ノ推定家督相續人ナルトキト雖モ廢除ノ手續ヲ要セス（神戸市書記伺三十一年十二月二十一日民刑局長回答）仝八七號一〇六頁

○一家創立シタル私生子ハ戸主タル父カ認知スルモ其認知ニ因リテ廢家及ヒ入籍ノ手續ヲ爲スヿヲ得ス廢家入籍ニ付テハ別ニ屆書ヲ要ス（秋田區監判問合三十一年十月十二日民刑局長回答）仝八五號三四頁

○認知セラレタル私生子カ他家ノ戸主ナルトキハ其子ハ當然父ノ家ニ入ラス廢家ノ上父ノ家ニ入ルコトヲ得ヘシト雖モ父カ認知シタル事實ヲ以テ民法第七百六十二條ノ正當ナル事由ト爲スコトヲ得サルヘシ（東京淺草區戸吏伺三十一年十月十一日民刑局長回答）仝八四號一一一頁

○私生子ノ出生ト認知ト仝時ニ成立スル場合ト雖モ先ツ一旦母ヨリ私生子出生届ヲ爲シ然ル後父ヨリ認知セサル可ラス（秋田縣金澤西根村戸吏伺三十一年九月十九日民刑局長回答）仝八三號九八頁

○私生子ノ母カ其家ヲ去リタル後其實家ニ在ル私生子ヲ父カ認知スル場合ニ於テハ戸第八十條一項各號事項ノ外二項ニ準據シ母カ家族タリシ家卽チ其去リタル家ノ戸主ノ氏名等ヲ記載セシムルヲ相當トス（兵庫縣神戸市戸吏伺三十一年九月十九日民刑局長回答）仝號一〇〇頁

○第六類　養子縁組

○養子カ轉輾シテ縁組屆ヲ爲ス場合戸第八十五條二項ニ付テハ現ニ在籍スル婚家ノ戸主又ハ養親ノミノ氏名職業及ヒ本籍地ヲ記載スヘキモノトス（奈良縣北倭村戸吏伺三十三年四月九日民刑局長回答）法曹記事一〇二號三五頁

○胎兒認知後モ他ヨリ養子ヲ爲スコトヲ得ヘシ（大阪府天美村戸吏伺三十三年四月十七日民刑局長回答）仝號三八頁

○婿養子縁組ノ場合同時ニ差出ス婚姻屆モ養子ノ本籍戸籍吏ニ副本ノ送付ヲ要ス（岡山縣淺口外一村戸吏伺三十三年二月十一日民刑局長回答）仝九九號三九頁

○婿養子カ更ニ配偶者ト共ニ他家ノ養子トナルニハ妻ハ夫ト共ニ縁組屆ニ署名捺印セサル可カラス（岐阜縣坂下村戸吏伺三十二年十月五日民刑局長回答）仝九六號五六頁

○父母カ未成年者ニシテ其子十五歳未滿ノ者ノ養子縁組屆ハ戸第八十六條ニ依リ父母代リテ爲スヘキモノニテ戸第四十六條ヲ適用スヘキモノニアラス（大阪市南區戸吏伺三十二年十月十二日民刑局長回答）仝號六二頁

○婿養子ヲ迎フルニ家女幼少ニシテ婚姻ヲ爲ス能ハス從前緣女ト戶籍ニ記載セシ類ハ新法ニ於テハ何等記載スヘキモノニアラス（東京府大久保村戶吏伺三十二年三月十五日民刑局長回答）全八九號二七頁

○戶八六條ニ該當スル養子緣組ノ場合ニ身分登記ニハ養子ニ代リテ承諾シタル旨ノ記載ヲ要セス（滋賀縣三雲村戶吏伺三十二年一月二十六日民刑局長回答）全八八號八五頁

○戶主ノ同意ヲ得ル能ハサル旨ヲ添言シテ緣組屆ヲ爲シタルトキ戶吏カ民八四九、二項ニ依リ注意シタルニ拘ハラス當事者カ屆出ヲ爲サントスルトキハ受理セサル可カラス（新潟縣今井村戶吏伺三十二年二月十八日民刑局長回答）全八八號一一〇頁

○養子緣組屆ハ事實上ハ决行ノ上爲スヘキモノアルモ戶籍吏受理ヌルニアラサレハ入ルヘキ家ノ戶主又ハ家族ト爲ラサルカ故ニ入ルヘキ家ノ氏ヲ稱シテ屆出ツルコトヲ得ス（福島縣三春町戶吏伺三十一年十二月十五日民刑局長回答）全八七號九二頁

○配偶者ト共ニ緣組ヲ爲ス場合（民八四一）ニ於テハ配偶者モ亦緣組ノ當事者ニシテ養親ト爲リ又ハ養子ト爲ルモノナリ隨テ之レニ關スル屆出ハ一事件ニシテ各別ニ登記スヘカラス又此場合ハ共ニ養子トシテ養親ノ家ニ入ルカ故ニ別ニ入籍ノ手續ヲ要セス（飯塚區判

〔問合三十一年十二月二十日民刑局長回答〕仝八七號一〇〇頁

○壻養子縁組ヲ爲ストキハ養子縁組屆及ヒ婚姻屆ヲ爲スコトヲ要シ登記モ亦各別ニ之ヲ爲サヽル可カラス〔廣島縣木野山村外三ヶ村戸吏伺三十一年十二月二十日民刑局長回答〕仝八七號一〇一頁

○壻養子縁組トハ養子縁組ト同時ニ自已ノ子ト婚姻セシムル場合ナリ（仝上）仝號一〇三頁

○縁組離縁ハ當事者カ未成年者ナルトキト雖モ戸第四十六條ニ依ラス當事者自ラノ屆出ヲ要ス但戸第八十六條ノ場合ハ此限ニアラス〔岩手縣津輕石村戸吏伺三十一年十月二十八日民刑局長回答〕仝八六號八九頁

○嫡出子ハ養子ト爲スコトヲ得ス〔和歌山縣三舞村戸吏伺三十一年十一月二十五日民刑局長回答〕仝號一四二頁

○後日自已ノ子ト婚姻セシムル目的ヲ以テ養子ヲ爲ストキハ壻養子ト爲サスシテ單ニ養子ト爲シ後日婚姻ヲ爲ス場合ニ於テ婚姻屆ヲ爲スヘキモノトス〔靜岡縣無木村戸吏伺三十二年十月十二日民刑局長回答〕仝八五號二〇頁

○戶第八十五條第百二條等ノ實父母ノ氏名職業本籍地等ハ父母カ其家ヲ去リ又ハ他ヘ婚嫁シタル場合ニ於テハ其父母ノ新本籍地ノ氏名職業等ヲ記載スヘキモノトス（新潟縣加茂町戶吏同三十一年十月十八日民刑局長回答）全八五號五八頁

○養子ヲ男女ノ區別ニ依リ其屆書ニ養子若クハ養女ト記載スルコトヲ得ス（福岡縣角田村戶吏同三十一年十月二十七日民刑局長回答）全號九三頁

○養子緣組登記ヲ了シ副本ヲ養子ノ本籍地戶籍吏ニ送付シタルニ法定ノ推定家督相續人タルカ故ニ廢除ノ上ナラデハ除籍シ難シトシテ屆書ヲ返還シ來ルトキハ既ニ養親ノ戶籍吏ニ於テ受理登記シタル上ハ其効力ヲ生シタルヲ以テ之ヲ無効ト爲スヘキ規定ナキ以上ハ實家ノ戶籍ヨリ養子ヲ除籍スルヲ相當ナリトスルニ依リ更ニ副本ヲ回送スヘシ（芝區戶吏同三十一年十月二十七日民刑局長回答）全號一〇二頁

○從前緣女ト戶籍ニ記載アル如キ緣組ヲ爲サントスルニモ通常ノ養子緣組屆ニ因リ登記ヲ爲シ戶籍ニハ後ニ婚姻ヲ爲スヘキ者トノ關係ヲ記載スルヲ要セス婚姻ヲ爲シタル後ハ養子トシテ入家シタル者ノミニ付家族トノ續柄欄ニ何男某妻又ハ何女某夫ト記載ス

ヘキモノトス〔靜岡縣五和村戸吏伺三十一年十月二十八日民刑局長回答〕仝號一一二頁

○養子緣組ノ場合ニ於テ當事者ノ本籍カ戸籍吏ノ管轄ニ歸シ又ハ管轄ヲ離ルヽ場合ニ於テハ戸第二十條ニ依リ双方ノ戸籍吏ニ於テ身分登記ヲ爲スコトヲ要ス〔高知縣弘岡上ノ村戸吏伺三十一年九月十二日民刑局長回答〕仝八三號五八頁

○隱居者ノ緣組ハ從來郡長ノ許可ヲ要セシモ戸籍法施行後ハ之ヲ要セス〔長野縣豐井村戸吏伺三十一年九月二十日民刑局長回答〕仝號一〇七頁

○成年者ハ戸主ニアラサルモ養子女ヲ貰受クルコトヲ得（仝上）仝上

○養子緣組届ニハ戸第二百十八條ヲ適用シテ代署セシムルコトヲ許サス〔佐賀縣大川村戸吏伺三十一年九月二十四日民刑局長回答〕仝號一四二頁

○第七類　婚　姻

○戸第百二條二項父母ノ氏名、職業及ヒ本籍地ハ其父母死亡シタルモノナルトキハ死亡當時ノ本籍地ヲ記載スヘキモノトス但死亡當時ノ町村名カ屆出ノ時改稱ニ係ルモノハ其改稱名ヲ記載スヘキモノトス〔奈良縣北倭村戸吏伺三十三年四月九日民刑局長回答〕法曹記事一〇二號三五頁

○婿養子ノ場合ノ婚姻屆モ養子ノ本籍戸吏ヘ送付スヘキモノトス〔岡山縣淺口村外一村戸吏伺三十三年一月十一日民刑局長回答〕仝九九號三九頁

○入夫婚姻ヲ爲シタルトキト雖モ相續屆ハ一ヶ月以内ニ爲シテ差支ナシ相續屆アル迄ハ女戸主ノ事項欄ニ相當ノ記載ヲ爲スノ外戸籍ニハ何等ノ記載ヲ爲サヽルモノトス〔岡山縣前田村戸吏伺三十三年七月十七日民刑局長回答〕仝九四號五四頁

○非本籍地ニ於テ婚姻ノ登記ヲ爲シタル後屆書ヲ夫妻各本籍地戸籍吏ニ送付セシ處屆書中誤謬ノ廉アリトテ夫ノ本籍戸吏ヨリ返戻シタルニ因リ身分登記ノ變更ヲ爲シ其變更ノ申請書ト共ニ屆書ヲ再送シタレハ己ニ其夫ハ其間ニ他管ニ轉籍ノ旨ニテ再ヒ返戻シタル時ハ其轉籍戸吏ニ之ヲ送付シ仝戸吏ハ之レニ因リテ身分登記ヲ爲スヘク妻ノ本籍地戸吏ハ右轉籍地戸吏ノ發送シタル入籍通知ニ因リ除籍ノ手續ヲ爲スヘキモノトス但

其届書送付ト入籍通知ニハ非本籍地戸吏カ登記ヲ為シタル後轉籍シタルコトヲ附記スルヲ相當トス（札幌區監判問合三十二年六月二十日民刑局長回答）全九二號三九頁

○庶子ノ父母カ婚姻ヲ為シタルトキハ庶子ハ民八三六ノ一項ニ依リ嫡出子タル身分ヲ取得スヘキカ故ニ戸一〇二條六號ノ届出ニ基キ其嫡出子身分取得ノ登記ヲモ之ヲ為シ別ニ入籍届ヲ要セスシテ母家ニアル庶子ハ母ト共ニ父ノ家籍ニ入ルヘキモノトス（勝山區判問合三十二年六月二十三日民刑局長回答）全九二號四一頁

○戸主カ隱居ヲ為サスシテ婚姻ニ因リ他家ニ入ルヘキ届出ヲ受理シタルトキハ婚姻ノ登記ノミニテ隱居ノ登記ヲ為スヘキモノニアラス（岡山縣堺村戸吏伺三十二年五月十五日民刑局長回答）全九一號三四頁

○戸第百二條六號ハ夫ノ家ニアル庶子ハ勿論妻カ携帶シテ入籍スル庶子ヲモ包含ス（和歌山縣松原村戸吏伺三十二年四月十三日民刑局長回答）全九〇號三八頁

○婚姻届ハ口頭又ハ署名シタル書面ヲ以テスルコトヲ要スルカ故ニ署名スルコト能ハサル者ハ口頭ヲ以テ為サヽル可カラス但口頭届ヲ為ス場合戸第五十四條ニ定メタル署名捺印ヲ為スコト能ハサルトキハ第二一八條ノ規定ニ依ルヘキモノトス（新潟縣濁川村戸吏伺三十二年一月十九日

伺三局長民刑回答〕全八八號七五頁

○入夫婚姻ノ場合入夫カ戸主トナルトキハ妻ハ隱居屆ヲ要セス〔埼玉縣桶川町戸吏伺三十二年一月二十五日民刑局長回答〕全號八一頁

○後妻ノ年齢カ長子ノ年齢ヨリモ若キモ婚姻屆ハ受理セサル可カラス〔愛知縣西郷村戸吏伺三十二年一月三十一日民刑局長回答〕全號九五頁

○戸主ノ同意ヲ得ル能ハサル旨ヲ添書シテ婚姻屆ヲ為シタルトキ戸吏カ民第七七六條ニ依リ注意シタルモ當事者カ屆出ヲ為サント欲スルトキハ受理セサル可カラス〔新潟縣今非村戸吏伺三十二年二月十八日民刑局長回答〕全號一一〇頁

○婚姻屆ニ記載スヘキ父母ノ氏名〔戸一〇二條一項二號〕ハ實父母ナリ故ニ若シ離婚等ノ場合ハ實際父母ノ在ル現本籍地ヲ記載ス・ヘキモノトス〔松江市戸吏伺三十一年十二月二十八日民刑局長回答〕全八七號六二頁

○婚姻ハ實際上ハ決行ノ後屆出ツル者アリト雖モ戸籍吏其屆出ヲ受理スルニ非ラサレハ入ルヘキ家ノ戸主又ハ家族ト為ラサルカ故ニ入ルヘキ家ノ氏ヲ稱シテ屆出ツルコトヲ

得ス（福島縣三春町戸吏伺三十一年十二月十五日民刑局長回答）仝八七號九二頁

○入夫婚姻ハ女戸主ノ塲合ニ限ルモノトス（廣島縣木野山村戸吏伺三十二年十二月二十日民刑局長回答）仝八七號一〇二頁

○陸海軍人ノ婚姻ニ付テハ其筋ノ許可ヲ受クヘキモノニ付戸第五十七條ニ依リ届書ニ許可書ノ謄本ヲ添ヘサルトキハ受理スルコトヲ得スト雖モ既ニ之ヲ受理登記シタル以上ハ其登記ハ有効トセサル可カラス（神戸市書記伺三十一年十二月二十一日民刑局長回答）仝八七號一〇七頁

○婚姻又ハ離婚ノ届出ハ民法第七七五條二項及ヒ八百十條ニ依リ未成年ト雖モ當事者本人ヨリ爲スコトヲ要スヘキモノニテ戸第四十六條ニ從フヘキモノニアラス（岩手縣東磐石村戸吏伺三十一年十月二十八日民刑局長回答）仝八六號八九頁

○直系血族又ハ三親等内ノ傍系血族（從兄弟ノ姉妹ハ四親等ノ傍系血族トス）間ノ婚姻ハ民法施行前ニ在リテモ許サレサリシモノナルカ故ニ施行前實際結婚シタル者アリテ戸籍法施行後之ヲ届出ル者アルトキハ戸籍吏ハ之ヲ受理ス可カラス（長野縣松本村戸吏伺三十一年十月十二日民刑局長回答）仝八五號三六頁

○婚姻又ハ緣組ノ塲合入籍地戸籍吏ヨリ送付シタル屆書副本ニ依リテ除籍地戸籍吏ニ於テモ登記簿ニスヘキモノトス（青森縣稻垣村戸吏伺三十二年十月一日民刑局長回答）仝八四號五二頁

○戸第百二條二號父母ノ氏名云々トアルハ父母トノ續柄ヲモ記載セシムル趣意ナリト解セサル可カラス何トナレハ第百七十六條第五號ニ規定スル處ノ續柄記載スルニ由ナケレハナリ（柳井津區判問合三十一年十月七日民刑局長回答）仝號八六頁

○戸主ノ同意ヲ得スシテ屆出ヲ爲サントスルトキハ其旨ヲ屆書ニ記載セシムルヲ相當トス但身分登記ニ付テハ別段ノ手續ヲ要セス（民七四一條一項七五〇條一項七六四條但書）（島根縣矢上村戸吏伺三十二年十月十日民刑局長回答）仝號九八頁

○婚姻屆ハ各自署名捺印シタル屆書ヲ差出ス塲合ハ何人ヲシテ提出セシムルモ妨ケナシ（島根縣矢上村戸吏伺三十二年十月十日民刑局長回答）仝上

○婚姻ノ塲合ニ於テ當事者ノ本籍カ戸籍吏ノ管轄ニ歸シ又ハ管轄ヲ離ルヽ塲合ニ於テハ戸第二十條ニ依リ双方ノ戸籍吏ニ於テ身分登記ヲ爲スコトヲ要ス（高知縣弘岡上ノ村戸吏伺三十一年九月十二日民刑局長回答）仝八三號五八頁

○再婚ノ場合前婚ノ解消又ハ取消後民法ノ期間ヲ經過シ居ルヤ否ヤヲ取調ヘントスルトキハ女子ノ本籍地ヘ戸籍ノ抄本ヲ請求シ又ハ照會其他右ノ事實ヲ知ルニ足ルヘキ相當ノ方法ヲ取ルヲ要ス（長野縣豊井村戸吏伺三十二年九月二十日民刑局長回答）全八三號一〇七頁

○婚姻届ニハ戸第二百十八條ヲ適用シテ代署セシムルコトヲ許サス（佐賀縣大川村戸吏伺三十一年九月二十四日民刑局長回答）全八三號一四二頁

○養子カ養家ニ於テ妻ヲ娶リ養女カ養家ニ於テ夫ヲ迎フル場合ノ婚姻届及ヒ身分登記ニハ養父母ノ氏名ヲ記載スルニ及ハス（大阪府豊中村戸吏伺三十三年七月七日民刑局長回答）全一〇五號三七頁

○歸休兵ハ陸軍服役條例第百十四條ニ依リ豫備役ニ編入セラレサル限ハ婚姻ヲ爲スコトヲ得サル筈ナルモ丙村戸籍吏カ其者ノ婚姻届ヲ受理シ身分登記ヲ爲シタル上ハ婚姻ノ効力ヲ生シタルニ付甲村戸籍吏ニ於テモ送付ヲ受ケタル届書ノ副本ニ因リ身分登記及ヒ戸籍ノ記載ヲ爲サヽル可カラス（玉津區判問合三十三年十一月十六日民刑局長回答）全一一〇九號二九頁

第八類　離緣離婚

○養子カ養家ニ於テ妻ヲ娶リタル後離緣ト同時ニ離婚届ヲ爲シタルトキハ各實家ニ復籍スヘキカ故ニ各届書ノ一通ハ養子並ニ妻ノ實家ノ戶籍吏ニ送附スヘキモノトス（岡山縣矢神村戶吏伺三十三年三月七日民刑局長回答）法曹記事一〇一號五一頁（看照九八號三六頁十二行）

○養子カ養家ニ於テ他ヨリ妻ヲ娶リタル後養子カ離緣シテ實家ニ歸ラントスルトキ離婚セントスル塲合ハ離婚届ヲ爲スコトヲ要ス（兵庫縣越知谷村戶吏伺三十二年十二月二十八日民刑局長回答）仝九八號三六頁

○婿養子ノ離緣ハ民法施行前ノ緣組モ離緣届及ヒ離婚届ヲ要ス（岡山縣新庄村戶吏伺三十三年十月十一日民刑局長回答）仝九六號六一頁

○離緣届ハ届出人ノ一人ノ所在地ニ於テモ之ヲ爲スコトヲ得ヘシ（名古屋區監判問合三十二年八月二日民刑局長回答）仝九五號四八頁

○戶第九六條ニ該當スル離緣ノ塲合ノ身分登記ニハ養子ニ代リテ協議ヲ爲シタル旨ヲ記載スルヲ要セス（滋賀縣三雲村戶吏伺三十二年一月二十六日民刑局長回答）仝八八號八五頁

○養子離縁ノ場合ニ於テ妻カ養子ト共ニ養家ヲ去ルトキハ届書ニ其旨及ヒ妻ノ名、妻ノ父母ノ氏名、續柄、妻ノ實家ノ戸主ノ氏名、續柄、本籍地、出生ノ年月日等ヲ記載セシムルヲ相當トス（松江市戸吏伺三十一年十二月二十八日民刑局長回答）全八七號六一頁

○戸第百九條二號ノ父母トハ實父母ヲ云フ養家ヨリ更ニ他家ニ婚嫁シタル場合其者ノ離婚屆ニハ養父母ノ氏名等ヲ記載スルニ及ハス（山梨縣西桂村戸吏伺三十一年十二月十四日民刑局長回答）全八七號八四頁

○離縁離婚ハ實際上ハ決行ノ上届出ツル者アルモ之ヲ戸籍吏ニ於テ受理スルニアラサレハ復籍スヘキ家ノ家族ト爲ラサルカ故ニ復籍スヘキ家ノ氏ヲ稱シテ屆出ツルコトヲ得ス（福島縣三春町戸吏伺三十一年十二月十五日民刑局長回答）全八七號九二頁

○夫カ離縁ニ因リ養家ヲ去ルトキ妻カ之レニ從ヒテ養子ノ實家ニ入ルトキハ別ニ入籍届ヲ要セス（飯塚區判問合三十一年十二月二十日民刑局長回答）全八七號一〇〇頁

○養子離縁ノ場合養母カ其家ヲ去リタル場合ハ當事者トシテハ養父ノミ記載シ養母ハ其家ヲ去リタル旨ヲ記載スルヲ相當トス（高知縣前濵村戸吏伺三十一年十二月二十六日民刑局長回答）全八七號一一二頁

○離婚屆ノ當事者氏名本籍地職業ヲ記載スルニハ妻ニ付テハ夫ノ本籍及ヒ氏ヲ記載スヘキモノトス但其登記ニ付テハ妻ニ肩書ヲ爲サス實家ノ父ノ肩書ニ其父ノ本籍地ヲ記載スヘキモノトス（香川縣中笠居村戸吏伺三十二年十月二十五日民刑局長回答）仝八五號八六頁

○婿養子、離緣ト同時ニ離婚ヲ爲サントスルトキハ二樣ノ屆出ヲ要ス（靜岡縣五和村戸吏伺三十一年十月二十八日民刑局長回答）仝號一一一頁

○離緣離婚屆ハ屆出人ノ本籍地又ハ所在地ニ之ヲ爲スヘキモノトス（青森縣稻垣村戸吏伺三十一年十月一日民刑局長回答）仝八四號五三頁

○戸第百九條離婚ノ屆書ニハ當事者ノ生年月日ヲ記載スヘキ明文ナキモ仝第四十四條三號ニ依リ屆出人トシテ出生年月日ヲ屆書ニ記載スヘキ筈ニ付登記簿ニモ之ヲ記載スルヲ相當トス（奈良縣河合村戸吏伺三十二年九月十六日民刑局長回答）仝八三號七二頁

○法定ノ推定家督相續人タル養子ハ相續開始後ハ開始ト同時ニ家督相續戸主トナリタルモノ故之ヲ離緣スルコトヲ得ス（新潟縣加茂町戸吏伺三十二年九月十七日民刑局長回答）仝號八四頁

○離縁離婚ノ届出ヲ受ケ又ハ届出ノ送付ヲ受ケタル戸籍吏ハ同法第二十條第三十三條第三十四條第百八十八條及ヒ第百八十九條ノ手續ヲ爲スヘキモノトス（長野縣豐井村戸吏伺三十一年九月二十日民刑局長回答）全八三號一〇七頁

○離婚離縁届ニ戸第二百十八條ニ依リ代署セシムルコトヲ許サス（佐賀縣大川村戸吏伺三十一年九月二十四日民刑局長回答）全八三號一四二頁

○第九類　後見

○後見人カ任務ヲ辭シタル塲合ハ後任ノ後見人ヨリ更迭ノ屆出ヲ爲スノミニテ此塲合ニ於テハ任務終了屆ヲ要セス（新潟縣新發田本村戸吏伺三十三年四月九日民刑局長回答）法曹記事一〇二號三四頁

○後見人アル女戸主ニ成年ノ男子入夫シタルトキハ民七九一條ニ依リ入夫後見人ノ職務ヲ行フカ故ニ前ノ後見人ハ其任務終了ス（愛媛縣菊間村戸吏伺三十三年三月十日民刑局長回答）仝一〇一號三九頁

○後見人ノ行方知レサル爲メ其職ヲ失ヒタルトキハ任務終了屆ハ戸第百十七條二項ニ準シ後見監督人ヨリ屆出ツヘキモノトス（福島縣長沼村戸吏伺三十二年九月十二日民刑局長回答）仝九五號五一頁

○登記シタル後見人ノ氏名住所ニ異動アルモ其登記ヲ爲シ又ハ其事項ヲ戸籍ニ記載スヘキモノニアラス（岡山地長問合三十二年五月九日民刑局長回答）仝九一號三一頁（參照八八號九四頁十四行）

○被後見人カ他家ノ養子ト爲リタルニ因リ後見人任務終了屆ヲ爲スニハ被後見人ノ新本籍地戸籍吏ニ爲スヘキモノトス（岡山縣萬壽村戸吏伺三十三年五月十六日民刑局長回答）仝一〇三號四一頁

○法定後見人卽チ民九百一條乃至九百三條ニ依リ後見人トナリタル者ト雖モ戸第百十四

條ノ届出ヲ爲シ且ツ財産目錄ヲ調製スル義務アリ（人吉區判問合三十一年十一月二日民刑局長回答）仝八六號九六頁

○未成年家族ノ後見ヲ戸主ニ於テ民第九百三條ニ依リ爲シ居ル場合其未成年者カ絶家再興ヲ爲スニ同意ヲ與ヘ再興セシメタルトキハ其再興ト同時ニ後見ハ當然消滅ニ付戸第百十七條ニ依リ任務終了ノ届出ヲ爲スヘキモノトス（仝上）仝上

○民法施行前家族ニ後見人ヲ附スル届出ヲ爲シタルモ法律上其効力ナキニ付キ其後見人トシテ指定セラレタル者ハ民法施行法七十四條ニ依リテ後見人ノ任務ヲ行フコトヲ得ス此場合ニ於テハ民九百三條ニ依リ未成年ノ家族ノ後見人ト爲ル戸主ヨリ其就職ノ届出ヲ爲スヘキモノトス（新潟縣七谷村戸吏伺三十二年十一月十日民刑局長回答）仝八六號一一四頁

○後見監督人ヲ選任シタルトキハ戸籍吏ニ何等ノ届出ヲ爲スニ及ハス（福岡縣角田村戸吏伺三十一年十月二十七日民刑局長回答）仝八五號九三頁

○親權ヲ行フ者アル未成年者ノ後見人ノ任務ハ民法施行ノ日ヨリ當然終了スルニ付其後見人ヨリ新法ノ規定ニ依リ任務終了ノ届出ヲ爲スヘキモノトス（茨城縣高岡村戸吏伺三十二年九月六日民刑局長回答）仝八三號四一頁

○民法施行前ヨリ既定ノ後見人ハ之ヲ現今ノ戸籍簿ニ改載スルニ及ハス交迭又ハ任務終了シタル場合ニ限リ記載スルコトヲ要ス〔石川縣鳥屋村戸吏伺三十一年八月二十日民刑局長回答〕仝八二號一一五頁

○後見届ヲ爲シタル後其選定ニ法律上ノ手續ノ錯誤等〔假ヘハ親族會招集ノ手續ニ違法アリタルカ如キ〕ニ依リ其錯誤ヲ除却シテ更ニ同一人ヲ選定シ其届出ヲ爲シタルトキハ戸籍吏ハ之ヲ受理シテ其登記ヲ爲シ且其旨ヲ前登記ノ欄外ニ附記シ置クヘキモノトス〔幸手區判問合三十三年十月二日民刑局長回答〕仝一〇五號三一頁

○戸主カ家族ノ後見人タル場合隱居セハ自然其資格ヲ失ヒ新戸主カ其任務ヲ行フヘキモノ故此場合ニ於テハ更迭届ヲ要スヘキモノトス〔大阪府豐中村戸吏伺三十三年七月七日民刑局長回答〕仝一〇五號三四頁

○戸主カ家族ノ後見人タル場合被後見人カ他家ニ入リタルトキハ其任務終了ス隨テ其届出ヲ要ス（仝上）仝上

○第十類　隱　居

○戸第百二十一條ノ家督相續人ノ承認ノ證書云々ハ民第七五七條ノ規定ニ因リ家督相續人モ屆出義務者タルハ勿論ナレトモ尙ホ承認ヲ要スルモノトス〔那覇區判問合三十二年三月二十八日民刑局長回答〕法曹記事八九號六〇頁

○女戸主カ夫ヲ迎ヘ其夫カ戸主ト爲ル塲合ニ於テハ婚姻屆ト家督相續屆トヲ爲スヘキモノニシテ女戸主ノ隱居ノ屆ヲ爲スニ及ハス〔東京府伊豆大島地役人代理戸吏問合三十一年十一月三十日民刑局長回答〕仝八六號一四七頁

○第十一　失踪

○單身戸主家出シテ行衛不明復歸セス七年ヲ經過スル迄ハ其儘差置クヘキモノトス又七年ヲ經過シテモ失踪宣告ノ請求者ナキトキハ幾年モ其儘差置クヘキモノトス（東京府大久保村戸吏伺三十二年三月十五日民刑局長回答）法曹記事八九號二九頁

○失踪ノ宣告ニ付テハ別段確定期間ノ定メナキヲ以テ屆出期間ハ宣告ノ日ヨリ起算スヘキモノトス（奈良縣小川村戸吏伺三十二年三月二十日民刑局長回答）仝號五五頁

○不在者（仝戸）七年間生死不分明ナルモ利害關係人ナクシテ失踪宣告ヲ請求スル者ナキトキハ戸籍ハ幾百年モ其儘差置カサル可カラス（益田區判問合三十二年三月二十日民刑局長回答）仝八八號七九頁

○甲村ノ失踪者ノ宣告ヲ乙村ノ者カ請求シ戸第四十二條ノ規定ニ依リ屆出人タル者ノ本籍卽チ乙村ニ屆出タルトキハ其乙村戸吏ハ戸第三十五條ノ手續ヲ爲スヘク失踪者ノ本籍地戸籍吏ハ乙村戸吏ノ送付シタル屆書正本ニ依リテ登記スヘキモノトス（宮城縣大河原町戸吏伺三十一年十二月十二日民刑局長回答）仝八七號七九頁

○民法施行前ノ失踪者ハ戸籍ニ記載シタル失踪ノ事項ハ其儘ニ差置キ復歸シタル場合ニ

於テハ既ニ除籍セラレタル者ナルトキハ就籍ノ手續ヲ爲サシメ未タ除籍セサル者ナルトキハ舊法ノ振合ニ依リ取扱フヘキモノトス（新潟縣吉田村戸吏伺三十一年十月三十一日民刑局長回答）仝八六號九三頁

○從前戸籍ニ記載アル失踪者カ復歸シ又ハ其所在分明トナリタル塲合ニ於テハ戸籍ノ整理上從前ノ振合ニ依リ屆出ヲ爲サシムルヲ相當トスレトモ强テ舊法ニ依リ屆出ヲ爲サシムル趣旨ニ非ス（高知縣西津野村戸吏伺三十二年十一月十日民刑局長回答）仝八六號一一一頁

○行衛不明ト爲リテ失踪者トナリタル者アリト雖モ其期間到來セサル前ニ於テハ從前ノ如ク戸籍吏ニ屆出ツルニ及ハス（東京府伊豆大島地役人代理戸吏伺三十一年十一月三十日民刑局長回答）仝號一四七頁

○失踪ノ屆出ハ宣告ヲ請求シタル利害關係人ノ本籍地又ハ所在地ニ屆出爲サシムル精神ナリ（秋田區監判問合三十一年十月十二日民刑局長回答）仝八五號三四頁

○民法施行前戸籍ニ記載シタル失踪事項ハ民法ノ失踪ノ宣告ト異ナルヲ以テ失踪ノ宣告ヲ受サル間ハ失踪者ト認ムルコトヲ得ス（島根縣矢上村戸吏伺三十二年十月十日民刑局長回答）仝八四號一〇〇頁

○第十二類　死亡

○戸第一三二條三項ノ屆出義務者ヨリ死亡者ノ非本籍地ノ戸籍吏ニ屆出タル屆書ノ送附ヲ受ケテ身分登記ヲ了シタル本籍戸籍吏カ仝條一項二項ノ報告ヲ受ケタルトキハ別ニ登記ノ手續ヲ爲スコトヲ要セス登記ノ欄外ニ報告アリタルコト及ヒ其年月日ヲ記載スヘキモノトス（岡山縣秦村戸吏伺三十三年二月二十八日民刑局長回答）法曹記事一〇〇號三七頁

○本籍不分明者ノ死亡屆出後本籍分明トナリタル場合ハ戸百三十二條二項以下ノ規定ヲ準用スヘキモノトス（福島縣喜多方町戸吏伺三十二年十一月二十二日民刑局長回答）仝九八號五五頁

○離籍セラレタル者カ一家創立ノ手續ヲ爲サヽル前死亡シタル場合ノ如キハ離籍前ノ本籍地ニ於テ死亡ノ登記及ヒ除籍ノ手續ヲ爲スヘキモノトス（仝上）仝號仝頁

○死亡屆ニハ傳染病豫防法ニ依リ醫師ヨリ轉歸屆ヲ爲シタル場合ト雖モ診斷書等ヲ添附セシムルヲ相當トス（岩手縣栗橋村戸吏伺三十二年十一月二十九日民刑局長回答）仝九七號三九頁

○戸主死亡セハ其推定家督相續人相續開始ニ因テ戸主トナルモ死亡者カ戸主ナル旨ヲ屆書ニ記載シテ同居ノ相續人又ハ其他ノ家族ヨリ屆出ヲ爲スヘキモノトス（神奈川縣萩野村戸吏伺三十二年

（七月十七日民刑局長回答）仝九四號五三頁

○航海中死亡者アリタル場合ノ航海日誌カ外國文ナル爲メ其謄本モ亦外國文ナルトキハ譯本ヲ添附セシムルコトヲ得ヘシ（東京區監判・問合三十二年七月六日民刑局長回答）仝九三號四〇頁

○航海日誌ノ謄本ニ戸第百三十條一項ノ要件ニ不備ノ點アルトキハ戸籍吏ハ本人ノ戸籍ニ基キ不備ノ點ヲ訂正シテ身分登記ヲ爲スヘク若シ謄本ノ送付ヲ受ケタル戸吏カ本人ノ非本籍地ナルトキハ不備ノ儘登記シ本籍地戸吏ニ於テ前段ノ手續ヲ爲シタル後其旨ヲ非本籍ノ戸吏ニ通知シ非戸吏ハ其通知ニ依リ前ノ登記ヲ訂正スルヲ相當トス（仝上）仝號仝頁

○刑ヲ執行シタルトキ監獄長カ爲ス死亡ノ報告ハ有籍無籍者ヲ問ハサルモノトス（京都府上豐富村戸吏伺三十二年四月十三日民刑局長回答）仝九〇號四〇頁

○戸第一二九條二項ニ依リ所在地戸吏カ報告ヲ受ケタルトキ被登記者カ本籍人ニアラサル場合ハ三十六條二項三十五條ニ依リ報告書ノ謄本ヲ作リ其正本ヲ本籍戸吏ニ送付スヘキモノトス（濱松區監判問合三十二年一月十九日民刑局長回答）仝八八號七六頁

○本籍氏名不詳者ノ死亡登記ヲ爲シタル後其本籍氏名カ本籍地戸吏ニ於テ取調判明セシ場合ノ如キトキハ死亡ノ登記ヲ爲セシ戸吏又ハ警察官ニ通知シ警察官ヨリ戸第一三二ノ二項ノ報告アルヲ以テ登記ノ手續ヲ爲スハ便宜ノ方法ニテ妨ケナシ（神戸市戸吏伺三十二年二月十四日民刑局長回答）全號一〇三頁

○離婚ノ登記届ニ誤謬アリテ甲吏ノ送付セシモノヲ乙吏返戻中乙吏管内ニ復籍スヘキ離婚ノ女カ死亡シタルトキハ甲吏ハ戸四十條ノ通知ヲ爲スコトヲ得サルニ依リ誤謬ノ儘再送スヘク乙吏ハ其儘離婚ノ登記ヲ爲サヽルヲ得ス而シテ其女ノ死亡ニ付テハ生家戸主ハ戸主タル第一義務者トシテ届出テントセハ入除籍ノ手續完了スルヲ俟タサルヘカラス其間期間經過スヘキニ付第二號ノ同居者トシテ生家ノ戸吏ニ届出ツルヲ相當トス其生家ノ戸吏ハ入除籍ノ手續ヲ爲シタル後戸籍ニ死亡ノ記載ヲ爲スヘキモノトス（石川縣島屋村戸吏伺三十二年二月十五日民刑局長回答）全號一〇六頁

○單身戸主ノ死亡届ハ戸一二六ノ三號ノ義務者ヨリ爲スヘキモノトス又若シ其戸主カ自已ノ土地ニ在ル家屋ニ於テ死亡シタルトキハ實際其土地家屋ヲ管理スル者卽チ隣佑等ヨリ爲スヘキモノトス（松江市戸吏伺三十一年十二月二十八日民刑局長回答）全八七號六二頁

○航海日誌ニ死亡ニ關スル記載ヲ爲スニハ醫師ノ診斷書ヲ得ラルヽト否トニ拘ラス立會證人ヲ要ス（神戸市書記伺三十一年十二月二十一日民刑局長回答）仝八七號一〇六頁

○日本人カ外國船ヘ乘組航海中死亡シタルトキハ戸第百二十六條ノ義務者ヨリ屆出ヲ爲スヘク其義務者カ外國ニアル場合ハ五十九條乃至六十一條ニ依ルコトヲ得ヘシ（仝上）仝號一〇五頁

○死亡屆出漏ハ期間經過後ト雖モ屆出ヲ爲サシメ其屆出ニ因リ身分登記及ヒ除籍ノ手續ヲ爲スヘキモノトス（新潟縣吉田村戸吏伺三十一年十月三十一日民刑局長回答）仝八六號九一頁

○行倒又ハ旅舍茶店航海日誌ヲ備ヘサル船內等ニテ死亡シタルトヲ問ハス本籍不分明且何人タルヲ識認スル能ハサルトキモ戸第百二十六條一項三號ノ義務者ヨリ屆出ヲ爲スコトアルヘキニ付キ其屆出ニ因リテモ登記ヲ爲スヘキモノトス但警察官ヨリ戸第百三十二條ノ報告ヲ爲スヘキ場合ハ行旅死亡人取扱規則一條後段倒死變死ノ場合ノミニ限リタルニアラス（今治區判問合三十一年十一月十一日民刑局長回答）仝號一一五頁

○死亡診斷書ハ非本籍地ヨリ本籍地ヘ正本ヲ送付スル場合モ其屆書ニ之ヲ添フルコトヲ要ス但事實診斷書ヲ得ルコト能ハサル場合ニ於テハ死亡屆ニ之ヲ添付セサルモ妨ナシ（靜岡縣天方村戸吏伺三十二年十月十五日民刑局長回答）仝八五號五二頁

○單身戸主ノ死亡ノ場合ハ實際土地家屋ノ管理ヲ爲ス隣佑等ヨリ屆出ヲ爲スヘキモノトス（丸龜區監判問合三十一年十月十五日民刑局長回答）仝號五二頁

○本籍ヲ有セサル者（屆出ノ闕漏其他ノ事由ニテ）死亡シタル場合ニ於テハ同居者、家主、地主又ハ土地若クハ家屋ノ管理人等ヲ以テ屆出義務者トス登記ノ手續ハ戸籍法第二十一條第二十六條ニ依ル（山形縣荒砥町戸吏伺三十一年十月二十六日民刑局長回答）仝號九一頁

○戸籍吏ハ診斷書撿案書ノ書式ヲ定メテ屆出人ヲシテ之レニ據ラシムルコトヲ得ス（福岡縣角田村戸吏伺三十一年十月二十七日民刑局長回答）仝號九九頁

○軍人兵役中死亡シタル旨ノ通知アリタルトキハ戸籍一二六條ノ屆出義務者ヨリ屆出ヘク診斷書又ハ撿案書ヲ得ルコト能ハサルトキハ之ヲ添ヘサルモ差支ナシ（熊谷區監判問合三十一年九月三十日民刑局長回答）仝八四號四九頁

○死亡者埋葬認許證ハ町村長ノ資格ヲ以テ下付スヘキモノニ付キ戸籍吏トシテ適法ノ死亡屆ヲ受理シタルトキハ其屆出ニ基キ之ヲ下付シ市町村長トシテ其下付ノ爲メ別段ニ死亡屆ヲ差出サシムルニ及ハス（奈良縣櫻井町戸吏伺三十一年十月一日民刑局長回答）仝八四號四九頁

○戸第百二十六條ノ屆出義務者ナキ死亡者ハ實際土地家屋ヲ管理スル隣祐ヨリ屆出シムヘシ（石川縣島濱村戸吏伺三十一年十月三日民刑局長回答）仝號七〇頁

○日本ニ滯在スル朝鮮人死亡ノ屆出アリタルトキハ非本籍人身分登記簿ニ其登記ヲ爲スヘキモノトス（福岡地長問合三十一年九月九日民刑局長回答）仝八三號五三頁

○醫師ノ撿案書ハ實際之ヲ得ルコト能ハサル場合ニ於テハ之ヲ添付セサルモ死亡屆ヲ受理スルコトヲ妨ケス（岩手縣侍濱村戸吏伺三十一年九月十日民刑局長回答）仝號仝頁

○本籍ノ分明ナラサル者寄留屆ヲ出スニ由ナク之ヲ爲サス寄留同様ノ事實存在シ死亡シタルトキハ戸籍法第五十條ニ依リ死亡屆ニ本籍地知レサル旨ヲ記載セシメ屆出サセ然ルヘシ（千葉縣太岡町戸吏伺三十一年九月十六日民刑局長回答）仝號六七頁

○寄留者ニシテ死亡屆ヲ本籍地ニ爲シ寄留地ニ屆出サルトキハ寄留地ノ市町村長ハ寄留ニ關スル規定ニ基キ之レカ屆出ヲ爲サシムルコトヲ得ヘシ〔神戸市戸吏伺三十一年九月十七日民刑局長回答〕仝八三號七五頁

○變死者ノ死亡ノ時ヲ知ルコト能ハサルトキハ戸第五十條ニ依リ其旨ヲ屆書ニ記載セシメ登記簿及ヒ戸籍ニモ同一ノ記載ヲ爲スヘシ〔長野縣大町戸吏伺三十一年九月十七日民刑局長回答〕仝八三號八一頁

○出生子カ命名前卽チ出生屆前ニ死亡シタルトキハ其死亡屆ニ其命名前ナル旨ヲ記載セシムルヲ相當トス〔豐多摩郡大久保村戸吏伺三十一年九月二十四日民刑局長回答〕仝八三號一四〇頁

○診斷書ハ實際屆出期間內ニ得ルコト能ハサルトキハ之ヲ添付セサルモ死亡屆ヲ受理シ差支ナシ村頭等ノ證明書ヲ以テ診斷書ニ代用スルコトヲ得ス〔沖繩縣八重山間切戸吏伺三十一年九月三十日民刑局長回答〕仝八三號一五九頁

○本籍姓名不詳男行倒死亡ノ旨巡査ノ報告ニ付非本籍人身分登記簿ヘ登記シタル後死亡者ノ本籍姓名等仝巡査ヨリ報告アリタルヲ以テ原登記ノ欄外ニ其登記ヲ爲シ其本籍等

趣
分明セシ旨ノ報告書ノ謄本ヲ作リ其正本ヲ本籍地戸籍吏ヘ送付シタルニ在籍セサル趣ヲ以テ返戻シ來リタルトキハ在籍者ニ非サル旨通知アリタルコトヲ身分登記ノ欄外ニ記入シ書類ハ其儘留置クヘク此他別段ノ手續ヲ爲スニ及ハス（岡山縣王島町戸吏伺三十三年十二月十八日民刑局長回答）仝一一〇號三七頁

○第十三類　家督相續

○單身戸主ノ死亡ニ因リ親族會ニ於テ他家ノ家族タル未成年者ヲ家督相續人ニ選定シ其相續ノ承認ニ因リ戸主トナリタル場合ニ於テハ親族會ニ於テ選任シタル後見人ヨリ家督相續ノ届出ヲ爲スヘキモノトス（岩手縣淨法寺村戸吏伺三十二年十一月二日民刑局長回答）法曹記事九七號三八頁

○家督相續届ハ胎兒ノ母カ爲スヘキ場合ニ於テモ被相續人ノ本籍地戸籍吏ニ爲スヘキモノトス（大阪府西浦村戸吏伺三十二年十一月九日民刑局長回答）仝號四一頁

○戸主死亡シ其推定家督相續人相續届ヲ爲サヽル前死亡シタルトキ其推定家督相續人又ハ選定相續人等ノ相續届ニ付テノ身分登記及ヒ戸籍記載方ハ其相續届ヲ爲サスシテ死亡シタル者ヲ前戸主ト爲シ普通ノ手續ニ依リ記載スヘキモノトス（磐井區監判問合三十二年十一月九日民刑局長回答）仝號四二頁

○乙村ノ分家戸主カ甲村ノ本家ノ家督相續人ニ選定セラレ承認ヲ爲シタルトキハ廢家届及ヒ家督相續届ヲ爲スヘク別ニ入籍届ヲ爲スヲ要セス（新潟縣七谷村戸吏伺三十二年十月九日民刑局長回答）仝九六號四九頁

○家族ヲ有スル戸主カ適法ニ廢家シテ他家ノ家督相續ヲ爲ストキハ其家族ハ戸主ノ相續屆ニ戸主ニ從ヒ入ルヘキ旨ヲ附記セシメ家督相續ト共ニ身分登記ヲ爲シ而シテ戸籍ノ記載ヲ爲スヘキモノトス（名古屋區監判問合三十二年八月二日民刑局長回答）仝九五號四七頁

○家督相續人カ胎兒ナル場合死體ニテ生シタル爲メ次位ノ者カ家督相續ヲ爲スニハ相續開始ハ戸主ノ死亡ニ因リ相續開始シタル時ニ於ケル順位ニ依リテ定マル此場合ニ於テハ戸一三六條ノ申請ニ因リ登記ヲ取消シ前戸主ノ戸籍事項欄ニ其旨ヲ記載シタル後一七九條ニ依リ新ニ家督相續ヲ爲シタル者ノ戸籍ヲ編製スヘキモノトス其戸籍記載方ハ通常ノ例ニ依ル（福島縣喜多方町戸吏伺三十二年七月十四日民刑局長回答）仝九四號三二頁

○入夫婚姻ノ場合モ相續屆ハ三十日以內ニテ差支ナシ而シテ相續屆アル迄ハ女戸主ノ事項欄ニ相當ノ記載ヲ爲スノ外戸籍ニハ何等ノ記載ヲ爲サヽルモノトス（岡山縣竹前田村戸吏伺三十二年七月十七日民刑局長回答）仝九四號五四頁（參照八七號九二頁三行）

○長男遺言ニ因リ相續ノ廢除ヲ受ケタルモ裁判確定前ハ長男ニ於テ相續スヘキ權利アルヲ以テ相續屆ヲ爲シタリ其廢除ノ裁判確定シタルトキハ家督相續人ハ家督相續回復ノ訴ヲ爲シ其確定裁判ニ基キ相續ノ屆出及ヒ前ノ相續登記取消ノ申請ヲ爲スコトヲ要ス

（戸一一三四）〔岩手縣廣田村戸吏伺三十二年五月十五日民刑局長回答〕全九一號三三頁

○未成年者ノ家督相續屆ハ戸四六條ニ依リ親權者タル父又ハ母ヨリ爲スコトヲ要ス此場合ニ於テ父又ハ母カ相續ノ承認ニ對シ同意ヲ與ヘタルコトノ證明ヲ要セス〔岐阜縣山田村戸吏伺三十二年四月十七日民刑局長回答〕全九〇號四〇頁

○選定ニ因リ他管ノ他家ヲ相續スルトキハ原籍戸籍吏ニ於テモ身分登記ヲ爲シタル上除籍ノ手續ヲナスヘキモノトス〔香川縣古高松村戸吏伺三十二年三月二十二日民刑局長回答〕全九〇號四五頁

○長男數年失踪中戸主ノ父死亡シタリ而シテ其後長男失踪宣告ヲ受ケタルトキ次男カ相續スル場合ハ前戸主ハ長男ニシテ失踪ノ宣告ヲ受ケタル旨及ヒ選定ニ因リテ戸主トナリタルコト並ニ家督相續ノ日卽チ承認ノ年月日ヲ記載スヘキモノニテ次男ハ推定相續人トシテ相續屆ヲ爲シ得ヘキモノニアラス〔兵庫縣三江村戸吏伺三十二年三月十七日民刑局長回答〕全八九號五三頁

○戸主トナリタル日トハ指定選定セラレタル者ハ民千十七條ノ期間內ニ承認又ハ拋棄ヲ爲スヲ要ス承認シタルトキハ其日トス故ニ此場合ハ其日ヨリ一ケ月內ニ屆出ヲ要ス法定家督相續人ハ相續開始ニ因リテ戸主ト爲ルカ故ニ其事實ヲ知リタル日ヨリ一ケ月內

ニ屆出ヲ要ス（那覇區判問合三十二年三月二十八日民刑局長回答）仝八九號六〇頁（參照八七號七八頁四行）（仝號八二頁三行）

○未成年者ノ子カ家督相續ヲ爲ストキハ其未成年者タル母ノ後見人民第九三四條二項ニ依リ相續屆ヲ爲スヘキモノトス（岩手縣葛卷村戸吏伺三十二年一月二十七日民刑局長回答）仝八八號五一頁

○民法ノ規定ニ依ラス尊屬親又ハ戸主ノ妻カ家督相續屆ヲ爲シタルヲ受理登記シタル以上ハ後日之ヲ覺知スルモ戸十七條ノ規定アルカ故ニ取消スヘキモノニアラス家督相續回復ノ請求ニ付キ裁判アル迄其登記ハ其儘存シ置クヘキモノトス（宮崎區監判問合三十二年一月十日民刑局長回答）仝八八號六三頁

○未成年者カ家督相續屆ヲ爲ス場合親權者ナキトキハ後見人ノ選定ヲ爲シ其後見人ヨリ屆出ツヘキモノトス（靜岡縣濱松町戸吏伺三十二年二月十四日民刑局長回答）仝號一〇四頁（參照八六號七三頁二行）

○法定ノ推定家督相續人カ家出シテ所在不明中戸主死亡シタルトキハ其不在者カ自ラ戸主トナリタル事實ヲ知リタル日ヨリ三十日內ニ相續屆出ツル外他ニ屆出義務者ナシ（富山區判問合三十一年十月十八日民刑局長回答）仝八五號五八頁

○家督相續人ノ選定ニ付テハ期間ノ定メナキニ依リ相續ノ届出アラハ何時ニテモ受理セサル可カラス但十三年第三號布告ニ基キ親族ニテ家名預リトナリタルモノハ該布告規定ノ期間内ニ届出ザルトキハ士族ノ族稱ハ喪失トス（岩村田區監判問合三十一年九月十四日民刑局長回答）仝八三號六五頁

○選定相續モ其選定セラレタル者ヨリ家督相續ノ届出ヲ為スヘキモノトス（東京府大井村戸吏伺三十一年九月二十一日民刑局長回答）仝八三號一二五頁

○相續人選定ハ届出ルニ及ハス又身分登記ヲ為スヘキモノニアラス（仝上）仝上

○胎兒ノ庶子カ家督相續人ナルトキハ嫡母アルモ其懷胎者ヨリ届出ツヘキモノトス但胎兒ノ家督相續ハ戸主死亡ノ場合ニ限ルヘキモノトス（豐多摩郡大久保村戸吏伺三十一年九月二十四日民刑局長回答）仝八三號一四一頁

○第十四類　家督相續人ノ指定

○家督相續人ノ指定ニ付テハ指定者ノ本籍地ニ於テ身分登記ヲ爲ス外何等ノ手續ヲ爲スニ及ハス指定相續人ハ相續ノ開始後其承認ヲ爲スニ因リ指定者ノ家ニ入ルモノニシテ其日ヨリ一ケ月内ニ家督相續ノ届出ヲ爲スコトヲ要シ入籍手續ハ入籍届ヲ要セス家督相續届出ニ基キテ之ヲ爲スヘキモノトス（松江市戸吏伺三十一年十二月二十八日民刑局長回答）法曹記事八七號六二頁

○他家ノ家族ヲ相續人ニ指定スルニハ其家ノ戸主ノ同意ヲ要セス（埼玉縣田宮村戸吏伺三十二年十月二十七日民刑局長回答）仝八五號一〇三頁

○被指定者カ指定者ノ家ヲ相續スルニハ民七四三條ニ依リ戸主ノ同意ヲ要ス（仝上）仝上

○家督相續人指定ノ届出ニハ被指定ノ承認證ヲ要セス（富山縣新屋村戸吏伺三十二年九月十九日民刑局長回答）仝八三號九三頁

○家督相續人ノ指定登記例ニ依レハ指定者ト被指定者トノ續柄ヲ記載スヘキカ如シト雖モ戸第百十四條ニハ届書ニ其續柄ヲ記載スヘキ明文ナキニ依リ之ヲ記載シテ届出テタルトキハ身分登記ニモ之ヲ記載シ記載セサル届出ニ付テハ登記ニモ記載セスシテ可ナ

リ（豊多摩郡大久保村戸吏伺三十二年九月二十四日民刑局長回答）全八三號一三八頁

○第十五類　推定家督相續人ノ廢除

○戸第百三十八條遺言執行者ハ代理人タル資格ヲ以テ相續人廢除ノ屆出ヲ爲スヘキ者ナルカ故ニ戸第四十二條ニ依リ被相續人ノ本籍地ニ其廢除屆ハ爲スヘキモノトス（秋田區監判問合三十一年十月十二日民刑局長回答）法曹記事八五號三五頁

○相續人廢除、取消等ニ付テハ區裁判所ノ許可ヲ受クヘキモノニアラス人事訴訟手續法三十三條、三十四條ニ依リ訴ヲ提起スヘキモノトス（新潟縣板津村戸吏伺三十一年九月十四日民刑局長回答）仝八三號六四頁

○第十六類　入　籍

○夫又ハ戸主カ（戸主ハ適法ニ廢家シテ）（民七四五、七六三）他家ニ入ルニ際シ其妻又ハ家族カ之レニ隨テ其家ニ入ル場合ノ入籍届ハ夫又ハ戸主ノミヨリ届出ヲ為スモノトス（愛媛縣菊間村戸吏伺三十三年三月十日民刑局長回答）法曹記事一〇一號三九頁

○未成年ノ女カ夫ノ死亡ニ因リテ實家ニ入籍セントスルニハ後見人ノ同意ヲ要ス（民七三七ノ二項）（岡山縣淺口村外一村戸吏伺三十三年一月十一日民刑局長回答）仝九九號四〇頁

○新ニ一戸ヲ立テタル他管轄ノ單身戸主カ異管轄内ニ廢家ノ上入籍セントシテ廢家届ト入籍届ト差出シタルトキハ廢家ノ登記ハ非本籍登記簿ニ為スヘキモノトス（大阪府石川村戸籍吏伺三十二年十二月八日民刑局長回答）仝九七號四一頁

○入籍届等同時ニ數人ヲ入籍スル場合ト雖モ各別ニ届出ヲ為サシメ各別ニ身分登記ヲ為スヘキモノトス（熊本縣河内村戸吏伺三十二年七月十七日民刑局長回答）仝九四號五二頁

「届出人ノ件」

○私生子認知ノ當時戸主ノ同意ナキ為メ父家ニ入ルコトヲ得サリシ庶子ガ他日父家ニ入ラントスルトキハ戸第百四六條ノ届出ヲ要スヘク其届出ハ民法第七百三十五條第一項

及ヒ第七百三十七條ノ場合ニ於テハ被認知者ヨリ庶子ヨリ爲スヘク第七百三十八條ノ場合ニ於テハ認知者タル父ヨリ爲スヘシ但第四十六條ヲ適用スヘキハ勿論ナリ（新潟縣加茂町戸吏伺三十一年十二月十五日民刑局長回答）仝八七號八八頁

○夫死亡ノ爲メ婚姻ノ解消トナリタル場合生存配偶者カ其家ヲ去ルニハ民七百三十七條ニ依リ入籍スヘキモノトス（大津市戸吏伺三十一年十一月十五日民刑局長回答）仝八六號一二四頁

○民第七百三十八條ノ規定ニ依リ届出ヲ爲ス場合戸第百四十六條ニハ規定ナキモ入籍スヘキ者ノ氏名、出生ノ年月日及ヒ本籍地ヲ届書ニ記載セシムルヲ相當トス（高山區監判問合三十一年九月十六日民刑局長回答）仝八三號六九頁

○第十七類　離籍及ヒ復籍拒絶

○離籍ノ登記ヲ爲シタルモ一家創立屆ナキ間ハ戸籍ニハ單ニ明治年月日離籍屆出仝日受附ト記載シ置クノミニテ除籍スヘキモノニアラス〔米子區監判問合三十二年十一月二十七日民刑局長回答〕法曹記事九七號五〇頁

○未成年戸主ノ後見人カ家族ノ離籍屆ヲ爲ス場合ニハ管轄區裁判所ノ許可ヲ受クルヲ要セス〔岡山縣久米村戸吏伺三十二年五月二十九日民刑局長回答〕仝九一號二二頁

○離籍屆ニハ別ニ催告ニ應セサル書面又ハ隣保ノ保證書等ヲ添フルヲ要セス〔廣島縣中津原村外三村組合戸吏伺三十二年三月九日民刑局長回答〕仝八八號一〇〇頁

○實家ノ戸主ハ民法施行前婚姻ヲ爲シタル者ニ付キ其當時自己ノ同意ヲ得サリシコトヲ理由トシテ民法ノ規定ニ依リ復籍拒絶ヲ爲スコトヲ得ス〔廣島縣豊野村戸吏同三十二年十二月八日民刑局長回答〕仝八七號七五頁

○第十八類　分　家

○分家届ニ因リ分家者ノ家族トシテ其家ニ入ル者ノ原籍地、原籍戸主等ハ（戸一七六條七號）之ヲ分家届ニ記載セシムルヲ相當トス（岡山地長問合三十二年五月九日民刑局長回答）法曹記事九一號三三頁

○妻ハ夫ニ隨ヒ當然分家ニ入ルモ養子ハ新ニ入籍手續ヲ爲スニ非サレハ分家シタル養親ノ家ニ入ラス（仝上）仝號仝頁

○父母兄弟姉妹又ハ子孫等カ分家ノ家族トナラントト欲スルモ特ニ入籍届ヲ爲スニアラザンハ分家戸主ニ隨テ其家ニ入ルコトヲ得ス（福井縣片上村戸吏伺三十二年一月十二日民刑局長回答）仝八八號四四頁（參照八八號六八頁十五行）（仝八七號五四頁三行）

○未成年ノ分家届ハ親權者又ハ後見人ヨリ爲スヘキモノトス親族會ハ同意ヲ與ヘ又ハ届出ヲ爲スヘキモノニアラス（滋賀縣大津町戸吏伺三十一年十一月十日民刑局長回答）仝八六號一一二頁

○分家ヲ爲スニハ從前ノ如ク管轄官廳ノ許可ヲ受クルニ及ハス（奈良縣田原本町戸吏伺三十一年十月二十二日民刑局長回答）仝八五號七三頁

○分家ノ屆出ハ分家ヲ爲ス者ノ本籍地（卽チ分家ヲ爲ス地）又ハ所在地ノ戸籍吏ニ之ヲ爲スヘキモノトス〔大洲區判問合三十一年十月四日民刑局長回答〕仝八四號七七頁

○分家屆ニ關スル規定中父母ノ氏名云々トアルハ父母トノ續柄ヲモ記載セシムル趣意ナリト解釋スヘキモノトス〔神戸市戸吏同三十一年九月十九日民刑局長同答〕仝八三號一〇〇頁

○隱居者ハ從來郡長ノ許可ヲ得サレハ分家スルコトヲ得サリシモ民法施行後ハ許可ヲ要セス〔長野縣豐中村戸吏同三十一年九月二十日民刑局長回答〕仝號一〇七頁

○離婚シタル妻カ復籍スヘキ地ノ戸籍吏ヨリ未タ入籍通知到達セサル前其夫分家セント欲スルトキハ其妻ハ戸籍上存在スルモ一旦離婚ノ登記ヲ爲シタル上ハ妻ト稱スルヲ得サルニ付本家ノ籍ニ其儘差置クヘキモノトス〔福井縣福井市戸吏同三十三年十二月二十日民刑局長回答〕仝一一〇號二七頁

○第十九類　廢家絶家

○甲管轄ニ新ニ一家ヲ立テタル單身戸主カ乙管轄ニ入籍屆ト廢家屆ヲ差出シタルトキハ廢家ハ非本籍人登記簿ニ登記スヘキモノトス（大阪府石川村戸吏伺三十二年十一月八日民刑局長回答）法曹記事九七號四〇頁

○廢家屆ニ添付スヘキ家督相續ニ因リテ戸主トナリタルニ非サル證明書ハ戸籍吏カ認證シタル戸籍謄本ニテ可ナリ（滋賀縣三雲村戸吏伺三十二年一月二十六日民刑局長回答）仝八八號八六頁

○分家又ハ廢絶家ヲ再興シタル者ハ任意ニ其家ヲ廢スルコトヲ得ヘシ（福岡地問合三十一年十二月十六日民刑局長回答）仝八七號九七頁

○分家ヲ爲シタル者ハ廢家ノ場合ニ於テ本家ニ復籍セスシテ直チニ他家ニ入ルコトヲ得（民七六二、一項、七三七）其本家ニ復籍スルト他家ニ入ルトヲ問ハス廢家屆及入籍屆ヲ爲スコトヲ要ス（靜岡縣西益津村戸吏伺三十一年十二月二十一日民刑局長回答）仝八七號一〇四頁

○廢家シテ他家ニ婚嫁スルトキハ婚姻屆ノ外廢家屆ヲモ爲スコトヲ要ス（靜岡縣見付町戸吏伺三十一年十月十八日民刑局長回答）仝八五號五九頁

○廢家屆ニハ廢家シタル者カ入ルヘキ家ノ戸主ノ同意ヲ得ルコトヲ要セス（島根縣矢上村戸吏伺三十一年十月十日民刑局長回答）仝八四號九八頁

○廢家屆ニ添フル證明書ハ戸籍ノ謄本抄本等ニ限ラス其事實ヲ知リタル者ノ作製シタル證書ヲ以テ足ル又本籍地ニ屆出ツル場合ハ戸籍ニ明瞭ナルモ證明書添付ヲ省略スルコトヲ得ス（仝上）仝號一〇二頁

○第二十類　一家創立

○離籍セラレタル者カ他管ニ一家創立屆ヲ爲シタルトキハ屆書ノ副本ヲ離籍地ノ戸籍吏ニ送付スヘキモノトス又離籍地戸吏モ一家創立ノ身分登記ヲ爲サヽル可カラス而シテ戸籍ハ離籍ノ登記ニ付テハ年月日離籍屆出仝日受附ト記載シ置クヘキノミニ付創立屆ニ基キ年月日一家創立屆出何日受附除籍ト記載シ除籍スヘキモノトス（米子區監判問合三十二年十一月二十七日民刑局長回答）法曹記事九七號五〇頁

○復籍スヘキ實家ノ廢絶ニ因リテ一家ヲ創立スル家族ハ通常絶家ノ氏ヲ稱スヘシト雖モ他ノ氏ヲ選定スルコトヲ妨ケス（滋賀縣青柳村戸吏伺三十二年十二月五日民刑局長回答）仝八七號七二頁（參照八四號七四頁八行）

○離縁者カ一家創立ノ塲合ハ其一家創立屆ヲ爲シ戸吏カ戸第百八十條第百八十八條第百八十九條ノ手續ヲ爲ス迄ノ間ハ其者ノ本籍ハ尙ホ縁家ニ在ルモノト看做スコトヲ得（石川縣島屋村戸吏伺三十二年十月三日民刑局長回答）仝八四號六九頁

○離籍ニ因ル一家創立ノ屆出ハ屆出人ノ本籍地（卽チ一家創立地）又ハ所在地ニ於テ爲スヘキモノトス（大洲區判問合三十一年十月四日民刑局長回答）仝號七七頁

○私生子カ一家創立ノ場合ハ出生届ニ其旨記載アルノミニテ別ニ届出ヲ要セス一戸主ノ戸籍ヲ編製スヘキモノトス（島根縣北濱村戸吏伺三十一年九月五日民刑局長回答）仝八三號四三頁

○民法第七百四十三條ノ場合ニ於テ一家創立ノ届出ヲ爲サヽルトキハ戸籍吏ハ戸第六十四條ノ手續ヲ爲スヘキモノトス（高知縣弘岡上ノ村戸吏伺三十一年九月十二日民刑局長回答）仝八三號五七頁

○一家創立者ノ妻ノ父母ノ氏名父母トノ續柄等ハ届書ニ記載セシムルヲ相當トス（福岡縣吉井町戸吏伺三十一年九月三十日民刑局長回答）仝八三號一五五頁

○第二十一類　廢絶家再興

○十五年未滿ノ養子ニシテ法定ノ推定家督相續人ト爲ラサル者ハ親權ヲ行フ者又ハ後見人ノ同意ヲ得テ實家ヲ再興スルコトヲ得（民七四三）其届出ハ其親權ヲ行フ者又ハ後見人ヨリ爲スヘキモノトス又法定ノ推定相續人ト爲リタルトキハ離縁ヲ爲スニ非ラサレハ再興スルコトヲ得ス（民七四〇但書、七四四）（和歌山縣松原村戸吏伺三十二年四月十三日民刑局長回答）法曹記事九〇號三八頁

○夫婦ノ一方カ死亡シタルニ因リ配偶者カ其家ヲ去ラントスルトキ實家カ廢絶家タル場合ハ之ヲ再興スルカ又ハ他家ニ入リ或ハ分家ヲ爲スヘキモノニテ一家創立スヘキモノニアラス（東京府大久保村戸吏伺三十二年三月十五日民刑局長回答）仝八九號二八頁

○廢絶家再興ノ登記ヲ爲シタルトキハ其廢絶家ノ爲メ除籍シタル戸籍ニ何等ノ記載ヲ要セス（堺市戸吏伺三十二年三月十七日民刑局長回答）仝八九號五一頁

○廢絶家再興ノ場合廢絶家ノ原因年月日不明ナルトキハ戸五十條ノ本文ニ從ヒ届出ルトキハ之ヲ受理スヘキモノトス（滋賀縣三雲村戸吏伺三十二年一月二十六日民刑局長回答）仝八八號八六頁

○元士族ノ廢絶家ヲ再興スルモ士族ト爲ルコトヲ得ス又再興者カ士族ナルトキモ平民ト爲ルヘキモノトス（福岡地長間合三十一年十一月二日民刑局長回答）仝八六號九八頁

○未成年者ノ廢絶家再興ハ親權者又ハ後見人ヨリ届出ヲ爲スヘキモノトス親族會ハ同意ヲ與ヘ又ハ届出ヲ爲スヘキモノニアラス（滋賀縣大津町戸吏伺三十一年十一月十日民刑局長回答）仝八六號一一二頁

○廢絶家再興ニ付テハ從前ノ如ク管轄官廳ノ許可ヲ受クルニ及ハス（奈良縣田原本町戸吏伺三十一年十月二十二日民刑局長回答）仝八五號七三頁

○廢絶家再興届ニ付テハ法律ニ規定ナキモ再興者及ヒ其者ニ從ヒテ其家ニ入ルヘキ者ノ父母ノ氏名及ヒ父母トノ續柄ヲ記載セシムルヲ相當トス（兵庫縣御影町戸吏伺三十一年九月二十一日民刑局長回答）仝八三號一一四頁

○廢絶家再興ハ親族ニ非サルモ本家、分家、同家ノ關係ヲ有スル者ハ之ヲ爲スコトヲ得（岡山縣西花浦村戸吏伺三十三年八月十六日民刑局長回答）仝一〇六號一九頁

○第二十二類　國籍得喪

○外國人カ私生子認知屆ヲ爲シタルトキハ被認知者ヨリ國籍喪失屆ヲ爲スヲ要ス而シテ此二屆カ共ニ被認知者ノ非本籍戶籍吏ニ爲シタルモノナルトキハ認知屆ハ戶第三十四條ニ依リ國籍喪失屆ハ第三十五條ニ依リ取扱フヘキモノトス（兵庫市戶吏伺三十二年十二月二十一日民刑局長回答）法曹記事九八號五六頁（參照八三號一三七頁五行）

○外國人ニ婚嫁シタル日本ノ女ハ日本ノ國籍ヲ喪失シ日本人ノ養子トナリタル外國人ハ日本ノ國籍ヲ取得スルモノナルカ故ニ婚姻ノ塲合ニ於テハ戶第百六十條ノ屆出ニ依リ國籍喪失ノ登記ヲ爲シ養子緣組ノ塲合ニ於テハ養子緣組ノ屆出ニ因リ國籍取得ノ登記ヲ爲スヘシ（神戶市書記伺三十一年十二月二十一日民刑局長回答）全八七號一〇六頁

○第二十三類　氏名及ヒ族稱ノ變更

○本家ノ氏ノ復舊ハ當然分家ノ氏ニ變更ヲ生スルモノニアラス〔福島縣長沼村戸吏伺三十二年九月十三日民刑局長回答〕法曹記事九五號五一頁

○家族ニシテ華族ニ列セラレタル者アルトキハ其者ハ分家ヲ爲シ華族戸主トナルヘキモノニシテ分家ノ家族ハ華族令六條ニ依リ禮遇ヲ受ク然レトモ其者カ家督相續人ニシテ分家ヲ爲スコトヲ得ス且戸主隱居シテ其者ヲ戸主ト爲スコトヲ得サル場合ニ於テ其者ハ戸主ノ籍内ニ止マリテ華族ノ榮典ヲ享有スルコトヲ得ヘシ此場合ニ於テハ其婦ニ限リ華族令第五條ニ依リ禮遇ヲ受クヘキモノトス家族ニシテ士族ニ列セラルヽコトナシ〔京都府八幡町戸吏伺三十二年四月二十日民刑局長回答〕全九〇號四四頁

○元士族ノ廢絶家ヲ再興スルモ士族トナルコトヲ得ス再興者カ士族ノ家族ナルトキモ平民トナルモノトス〔福岡地長問合三十一年十一月二日民刑局長回答〕全八六號九八頁

○士族カ平民ノ養子トナリタルトキハ縁組届出ノ日ヨリ平民トナルヘキモノトス〔大津市戸吏伺三十一年十一月十五日民刑局長回答〕全號二二四頁

○舊來甲部ト云フ氏ヲ戸籍上不識神戸ニ變更シタルヲ其儘神戸ト稱シ來リシニ今日之ヲ舊ノ甲部氏ト爲サントスルニハ戸第百六十四條ノ手續ヲ要ス（青森地長問合三十一年十月十五日民刑局長回答）仝八五號五七頁

○前項戸籍カ神戸ト變更シ居ルコトヲ知ラス甲部ト稱シ來リシニ全ク戸籍面ハ誤記ニ因リテ神戸トナリ居ルコトヲ發見シ之ヲ訂正スルニハ戸第百六十七條ノ手續ヲ爲スヘキモノトス（仝上）仝上

○戸第百六十四條ノ管轄官廳トハ從前ト異ナルコトナシ（奈良縣田原本町戸吏伺三十一年十月二十二日民刑局長回答）仝號七三頁

○明治十三年第三號布告ニ規定セシ期間内ニ届出ヲ爲サヽルトキハ士族ノ族稱ハ喪失スヘキモノトス（岩村田區監判問合三十一年九月十四日民刑局長回答）仝八三號六五頁

○處刑ニヨリテ族稱ヲ失ヒタル場合ニ於テハ裁判所ハ戸籍吏ニ報告スヘキヲ以テ右報告ヲ得タルトキハ身分登記簿ニ記載スルハ勿論其受刑者單身戸主ニシテ他ニ襲族者ナキトキハ戸籍簿族稱ノ欄士族トアルヲ平民ト引直シ其家ハ自然士族ノ資格ヲ失フモノト

ス（東京市淺草區戶吏伺三十二年八月十二日民刑局長回答）仝八二號九六頁

○戶主カ處刑ニ因リテ士族ノ稱號ヲ失ヒタルトキハ其結果其家族モ亦平民トナルヘキモノトス（仝上）仝號九八頁

○若シ新ニ士族ニ編入セラレタル事實アラハ族稱ノ變更ナルニ付屆出ヲ要ス（西條區監判問合三十一年八月二十日民刑局長回答）仝八二號一一六頁

○重罪ノ刑ニ處セラレ公權ヲ剝奪セラレ士族ノ貴號ヲ失ヒタル者復權ノ裁令ヲ蒙ルモ士族ノ家族中ニ平民トシテ在籍スル者ハ更ニ他ノ士族ノ家ニ入ルニアラサレハ依然平民タルヘキモノトス（廣島市戶吏伺三十三年十二月十二日民刑局長回答）仝一一〇號二三頁

○第二十四類　身分登記ノ變更

○身分登記變更ハ届出人届出事件ノ本人及ヒ利害關係人ヨリ申請スルコトヲ得但法定代理人カ未成年者ニ代リテ届出ヲ爲スコトヲ要シタル場合ハ變更申請モ届出人ヨリ之ヲ爲サントスルニハ代理人ニ依ルヘキモノトス（米子區監判問合三十二年十一月二十七日民刑局長回答）法曹記事九七號五〇頁

○身分登記ヲ爲サヽル他ノ戸籍吏ニ送付スル變更申請書ニハ裁判ノ謄本ヲ添附スルニ及ハス（山田區監判問合三十二年十月十日民刑局長回答）仝九六號四七頁

○身分登記變更ハ其登記簿ト原登記ノ欄外ト二ヶ所ニ登記スヘキモノトス（靜岡縣江尻町戸吏伺三十一年十月二十五日民刑局長回答）仝八五號八二頁

○戸籍法實施前届出アル身分ニシテ實施後身分ニ變更ヲ生シタル場合ニ於テハ戸籍法ノ規定ニ因リ身分ニ關スル届出ヲ爲サシメ新ナル身分登記ヲ爲スヘタシテ登記ノ變更ヲ爲スヘキモノニアラス（高山區監判問合三十一年九月十六日民刑局長回答）仝八三號六九頁

○身分登記ノ變更トハ登記カ之ヲ爲シタル當時ノ事實ト齟齬スルコトヲ發見シタル場合

ニ於テ其登記ヲ變更シテ其事實ニ符合セシムルコトヲ云フ登記後ニ生シタル新事實ニ因リ身分ニ變更ヲ來シタル場合ニ於テハ新ナル身分登記ヲ爲スヘクシテ登記ノ變更ヲ爲スヘキモノニ非ス但身分登記ノ變更ニ付テハ登記ノ不完全ナルコトカ届出ノ欠缺ニ基キタルト戸籍吏ノ疏漏ニ因リタルトヲ問ハス總テ區裁判所ノ許可ヲ要スヘシ（岐阜區監判問合三十一年九月十七日民刑局長回答）仝號八一頁

○第二十五類　戸籍吏ノ權能及ヒ權限

○助役收入役書記ノ三人アリ村長他行中書記ニ於テ助役ノ男子ト收入役ノ女子ヲ養子婚姻トシテ同時ニ貰受ケ屆出ヲ爲シタル場合ニ於テハ助役ノ子ト書記トノ縁組ハ收入役ニ於テ身分登記及ヒ戸籍ノ記載ヲ爲シ收入役ノ子ト書記トノ縁組ハ助役ニ於テ爲シ而シテ右養子カ書記ノ家ニ入リタル後婚姻ヲ爲ストキハ助役ニ於テ爲シ助役差支アルトキハ收入役ニ於テ爲スコトヲ得ヘシ（廣島縣油木村戸吏伺三十二年一月十二日民刑局長回答）法曹記事八八號七〇頁

○戸籍吏ハ屆出事項ニ付キ疑ハシキ廉アル等ヲ理由トシテ屆出ヲ拒絶スル能ハスト雖モ相續屆等ハ相續順位等戸籍ニ照應スル等ノ取調ヲ爲シタル後明カニ屆出ノ適法ナラサルコト（長男アルニ二男ヨリ相續屆ヲ爲シタル類）ヲ了知シタルトキハ其屆出ヲ受理セサルヲ相當トス（靜岡縣濱松町戸吏伺三十二年二月十四日民刑局長回答）仝號一〇四頁

○戸籍吏ハ職務上戸第百三十二條第一項第二項ノ報告ヲ警察官ニ促スヘキモノニアラス（奈良縣田原本町戸吏伺三十一年十月二十二日民刑局長回答）仝八五號七八頁

○戸籍法取扱手續第十條ハ戸籍吏欠勤等ノ場合ノ外戸籍法第三條ノ場合ニモ適用スヘキモノトス（奈良縣櫻井町戸吏伺三十一年十月一日民刑局長回答）仝八四號五〇頁

○戸籍吏及ヒ助役トモニ差支アルトキハ他ノ行政事務ヲ代理スヘキ者其職務ヲ代理ス（仝上）仝上

○戸籍吏ノ代理トシテ書面ノ往復等ヲ爲ス場合ニ於テハ何町村戸籍吏代理職氏名ト記シ其職印又ハ認印ヲ用フヘシ（仝上）仝上

○戸籍吏タル町村長差支アルトキハ町村制七十條三項ニ依リ助役其職務ヲ代理ス（島根縣矢上村戸吏伺三十一年十月十日民刑局長回答）仝號一〇〇頁

○村長助役缺員ニ付郡書記村長ノ職務ヲ管掌スル場合ハ其郡書記ヲ以テ戸籍吏ニ充ツヘキモノトス（富山縣弓庄村長職務管掌郡書記伺三十一年九月八日民刑局長回答）仝八三號五一頁

○第二十六類　事務監督

○戶籍吏カ過失ニ依テ戶籍簿ノ幾部ヲ毀滅破損シタル場合等ハ監督官ハ戶籍吏ニ對シ構成法百三十六條ノ訓令又ハ諭告ヲ爲スヘシ懲戒ハ事務ノ監督ノ範圍ヲ超ユヘキヲ以テ事件重クシテ懲戒ノ必要アリト認ムルトキハ事實ヲ具シテ大臣ヘ報告スヘシ（奈良區監判問合三十一年十一月二十九日民刑局長回答）法曹記事八六號一四五頁

○監督官ハ寄留ニ關シテハ屆書ノ送付ヲ受ケスト雖モ相當ノ方法ニ依リテ其事務ヲ監督スルモノトス（大津區監判問合三十一年九月二十二日民刑局長回答）仝八三號一三六頁

○第二十七類　受附帳

○正當ノ理由アリテ受理セサル屆等ハ受附帳ニ記入スルニ及ハス（豆田區監判問合三十一年十二月十一日民刑局長回答）法曹記事八五號七二頁

○第二十八類　身分登記簿

○組合町村ニ在テハ各町村毎ニ身分登記簿ヲ調製スヘキモノトス（徳島縣下木頭外一村組合戸吏伺三十一年十二月七日民刑局長回答）法曹記事八七號七四頁

○契印ヲ請フ爲メ戸籍吏ヨリ監督區裁判所ニ差出シタル身分登記簿ハ裁判所ノ費用ヲ以テ戸籍吏ニ還付スヘキモノトス（石川縣見付村戸吏伺三十一年十二月二十八日民刑局長回答）仝八七號一一三頁

○合綴シタル身分登記簿ノ副本ノ一部ヲ用ヒ盡シタルモ之ヲ分離シテ地方裁判所ヘ納付スルニ及ハス（八代區監判問合三十一年十一月二十一日民刑局長回答）仝八六號一四一頁

○身分登記登簿中一事件ノ登記ヲ爲サヽルモノト雖モ戸四十一條第一項ノ手續ヲ爲シ副本ハ地方裁判所ニ納付スヘキモノトス（千葉縣中魚沼村戸吏伺三十一年十月十九日民刑局長回答）仝八五號六二頁

○登記目錄ヲ以テ身分登記簿ニ代用シタル場合ト雖モ副本ヲ作リ之ヲ地方裁判所ニ納付スルコトヲ要ス（福岡縣角田村戸吏伺三十一年十月二十七日民刑局長回答）仝號九八頁

○身分登記簿ノ副本ニモ正本同樣末文ニ認印スヘキモノトス（仝上）仝號九九頁

○戸第十一條第二項及第三項ハ同法第四十一條第二項ニ依リ最終登記ヲ為ス前用ヒ盡シタル登記簿ニモ適用スヘキモノトス〔柳井津區判問合三十一年十月七日民刑局長回答〕仝八四號八七頁

○登記目錄ヲ身分登記簿ニ代用スル場合ニ於テモ其登記ハ總テ新法ノ規定ニ依ルヘキモノトス〔島根縣矢上村戸吏伺三十二年十月十日民刑局長回答〕仝號九九頁

○合綴シタル登記簿ニハ其各種類ノ口取ヲ為シ置キ其部分ニ依テ登記スヘキモノトス〔中之條區判問合三十一年十月十一日民刑局長回答〕仝八四號一一三頁

○從前ノ登記目錄ヲ以テ身分登記簿ニ代用スル間ハ非本籍人身分登記簿モ登記目錄ヲ作ルト同一ノ手續ニ依リテ之ヲ作ルコトヲ得ルモノニシテ監督官ノ契印ヲ受クルコトヲ要セス〔青森縣五所川原町戸吏伺三十一年九月十九日民刑局長回答〕仝八三號九一頁

○從前ノ登記目錄ヲ代用スルトキニ於テモ登記番號ハ新ニスヘキモノトス〔鳥取縣山上村戸吏伺三十一年九月二十八日民刑局長回答〕仝八三號一四七頁

○登記目録ヲ身分登記簿ニ代用シタルトキハ新法施行後ノ登記ノミノ副本ヲ地方裁判所ニ納付スヘキモノトス（仝上）仝號一四九頁

○非本籍人身分登記簿モ本籍人ニ準シ出生以下二十種ヲ作製スヘキモノトス（北豊島郡千住町戸吏伺三十一年九月三十日民刑局長回答）仝八三號一五二頁

○登記簿正本火災ニ罹リ副本ニ基キ再製スル身分登記簿ニハ副本全部ヲ移記シ而シテ各種登記簿ノ終結ノ旨及ヒ戸籍吏職氏名記載ノ次行ニ右登記簿（第何號乃至第何號）明治何年月日火災ニ罹リ滅失ニ付キ明治年月日副本ニ依リ再製ノ旨及ヒ戸籍吏職氏名ヲ署シ職印ヲ押捺シ置キ然ルヘシ而シテ再製ノ時ニ於テ前戸籍吏ニ異動アリタルト否トニ拘ハラス各登記ノ文末ニハ認印ヲ要セス（鳥取地長問合三十三年九月十七日民刑局長回答）仝一〇七號五二頁

○第二十九類　身分登記例

○身分登記簿ニ不足ヲ生シ更ニ契印ヲ受ケタルトキハ第一冊ニ空行ヲ存スルモ第二冊ニ跨ラサル様登記スヘキモノトス〔岡山縣箭田村戸吏伺三十二年十二月二十八日民刑局長回答〕法曹記事九八號三三五頁

○寄留中ノ戸主甲ノ弟乙（非本籍人）ノ死亡ヲ家主ヨリ寄留地ニ届出タル場合ノ登記例仝號五〇頁

第何號

何縣郡村番地戸主族稱名弟

何郡村番地寄留

氏　名

年月日生

死亡ノ時　明治年月日午前（後）何時分

死亡ノ場所　何郡村何番地

何郡村番地戸主族稱職業

届出人　家主　氏　名

年月日生

右死亡明治年月日届出仝日受附㊞

○戸主ノ死亡ヲ其配偶者ヨリ本籍吏ニ届出タル場合ノ登記例(仝上)仝號仝頁

第何號

何郡村番地戸主

男　氏　名

年月日

死亡ノ時　明治年月月午前(後)何時分

死亡ノ場所。　何郡村番地

届出人　名妻族稱職業　氏　名

年月日生

右死亡明治年月日届出仝日受附㊞

○戸主未成年ニシテ其家族ノ死亡ヲ父ヨリ本籍地ニ届出タル場合ノ登記例(仝上)仝號仝頁

第何號

何郡村番地戸主族稱名續柄

氏　名

死亡ノ時　　仝上　　　　　　年月日生
死亡ノ場所　仝上
戸主氏名（年月日生未成年者）父職業
届出人　名（死亡者ノ）續柄　氏　名
年月日
右死亡明治年月日届出仝日受附㊞

〇本籍人タル戸主ノ死亡ヲ寄留中ノ同居者ヨリ本籍地ニ届出テタル場合ノ登記例（仝上）

仝號仝頁
第何號
何郡村番地戸主
何縣郡村番地寄留
男　氏　名
年月日生
死亡ノ時　仝上
死亡ノ場所　仝上

屆出人　何縣郡村番地戶主族稱續柄職業
同居者　氏　名
年月日生

右死亡明治年月日屆出仝日受附㊞

○登記簿最末用紙最末行迄登記シタルトキハ終結ノ記載ハ欄外ニ爲スヘキモノトス（武雄區判問合三十二年十一月八日民刑局長回答）仝九七號四〇頁

○棄兒發見ノ登記ハ本籍人身分登記簿ニ左ノ振合ニ依リ爲スモノトス（埼玉縣保谷村戶吏伺三十二年十月十九日民刑局長回答）仝九六號四六頁

第何號

男（女）　氏　名
推定年月生

發見ノ時　明治年月日午前（後）時分
發見ノ場所　何郡村番地（道路）
引渡ノ時　明治年月日
何郡村番地職業

引受人　氏　名
何郡村番地戸主族稱職業
發見者　氏　名
年月日生

右棄兒發見明治年月日届出仝日受附㊞

○婿養子カ其妻ト共ニ更ニ他家ノ養子トナルヘキ場合ノ登記例（岐阜縣坂下村戸吏伺三十二年十月五日民刑局長回答）仝
九六號五六頁

第何號

惠那郡坂下村川上百四十八番戸戸主平民農
養母　大野みね
弘化參年拾壹月貳拾參日生
惠那郡坂下村川上百參拾參番戸戸主平民農
小縣熊吉婿養子
父亡（死亡當時ノ本籍地職業ヲ記載スヘシ）原　萬兵衞（續柄）
母　惠那郡坂下村川上五番戸ノ二農　こふじ

前養父　小縣熊吉
前養母　ゆき
養子　平民農　小縣與次郎
明治五年參月貳拾五日生
父　小縣熊吉
（續柄）
母　ゆき
養女　養子與次郎妻　ぬい
明治元年拾壹月拾日生

（證人以下ノ登記例ハ登記例第一號ノ四ノ振合ニ依ル）

○嫡出子否認及ヒ出生登記變更ノ申請アリタルトキノ登記例（福島縣長沼村戸吏伺三十二年十月五日民刑局長回答）法曹記事九六號六七頁

附錄第一號ノ二嫡出子否認ノ部第一號ノ振合ニ依リ身分登記ヲ爲シ且變更ノ申請ニ依リ出生登記中父ノ氏名ヲ朱抹シ續柄ヲ私生子男（女）ト訂正シ附錄第一號出生ノ部第二號欄外登記例ノ振合ニ依リ登記ノ欄外ニ其旨ヲ記載シタル後子ノ戸籍事項欄ニハ附錄第三號第七ノ振合ニ依リ記載ヲ爲シ父ノ氏名ヲ朱抹シ續柄ヲ訂正スヘキモノ

トス

○棄兒引受人變換ノ身分登記例左ノ通（福岡地問合三十二年九月六日民刑局長回答）法曹記事九五號四五頁

第　號

何郡町戸主
男　氏　名
推定何年月日生

引受人
何郡町番地戸主族稱職業
氏　名
何年月日生

右（名）明治年月日引受人ト爲ル

前引受人
何郡町番地戸主族稱職業
氏　名
何年月日生

右棄兒引受人變換何年月日屆出仝日受附㊞

○母ト子ト本籍ヲ異ニスル者ノ私生子認知身分登記ハ記載例中右母云々トアル前ニ右何

縣市町村番地戸主平民（士族）某弟（甥、姪）ト記載スルヲ相當トス（新潟縣新發田本村戸吏伺三十二年九月六日民刑局長回答）仝九五號四九頁

○他ノ戸籍吏ヨリ送付ノ届書ニ錯誤アリテ返戻シタル結果更ニ訂正等ヲ爲シテ再送シ來ルトキ其發送幷ニ受附年月日ハ二度目ノ年月日ヲ記載スヘキモノトス（新潟縣鬼伏村戸吏伺三十二年九月二十七日民刑局長回答）仝九五號五二頁

○一旦返戻シタル届書カ翌年ニ至リ再送シ來ルトキハ其翌年ノ身分登記簿ニ登記スヘキモノトス（愛知縣富成村戸吏伺三十二年三月二十日民刑局長回答）仝八九號五六頁

○養子ノ妻カ養子ト共ニ養家ヲ去ルトキノ記載例ハ養子ノ次ニ左ノ通記載スルヲ相當トス（新潟縣濁川村戸吏伺三十二年三月二十日民刑局長回答）仝號五七頁（參照八七號六一頁九行）

養子ト共ニ養家ヲ去ル
父　氏名
母　名　何女
養子名妻　名
年月日生

○家族カ戸主ノ同意セサル私生子認知ノ届出アリタルトキノ身分登記ハ登記例第一號ノ

三第一號ノ例ニ依リ「庶子」ノ上ニ「戸主ノ家ニ入ルコトヲ得ス」ト記載シテ認知者及ヒ被認知者ノ本籍地ニ於テ之ヲ爲スヘシ（新潟縣加茂町戸吏伺三十一年十二月十五日民刑局長回答）仝八七號八八頁

○身分登記ヲ爲スニハ廿、卅等ノ文字ヲ用ヒサルヲ相當トス（高知縣東川村戸吏伺三十一年十二月二十七日民刑局長回答）仝八七號一一三頁

「戸籍記載例參看」

○廢家ノ上他家ヘ婿養子トナリタル者離緣離婿及ヒ廢家再興ニ付テノ身分登記例（香川縣美合村戸吏伺三十三年五月五日民刑局長回答）仝一〇三號三一頁

（養子離緣ノ部）

第何號

明治貳拾八年五月七日緣組

甲郡甲村七番戸戸主平民農

養父　乙野乙平　年月日生

養母　丙　年月日生

父亡 母亡　甲野戊平 己 長男

養子　甲平　年月日生

右甲平甲郡甲村壹番戸戸主廢家ノ上婿養子緣組ヲ爲シタルニ因リ復籍スヘキ家ナシ

（以下省略）

（離婚ノ部）

第何號

明治貳拾八年五月七日婚姻

甲郡甲村七番戸戸主平民農

父　乙野乙平
母　丙　長女

妻　乙野丁　年月日生

父亡　甲野戊平
母亡　己　長男

婿養子　農　甲平　年月日生

右甲平甲郡甲村壹番戸戸主廢家ノ上婿養子緣組ヲ爲シタルニ因リ復籍スヘキ家ナシ

（以下省略）

（廢家再興ノ部）

第何號

甲郡甲村壹番戶戶主農

廢家最終ノ戶主　甲野甲平

右甲平何々ノ事由ニ因リ明治貳拾八年五月七日願濟廢家

父亡　甲野戌平
母亡　　　己長男

廢家再興者　農　乙野甲平

年月日生

右甲平乙平ト協議離緣復籍スヘキ家ナキニ因リ廢家再興

右廢家再興明治年月日屆出同日受附㊞

○裁判ニ因ル離緣離婚ノ身分登記例（香川縣大見村戶吏伺三十三年五月八日民刑局長回答）（全一〇三號三八頁）

第何號

明治年月日緣組

何郡村番地戶主族稱職業

養父　何　某

年月日生

養母　職業　某

年月日生

父　職業　何某續柄
母　仝
實家戸主　何郡村番地　戸主族稱職業　何某續柄
養子　何　某

年月日生

明治年月日離縁ノ裁判確定
右裁判ニ因ル養子離縁明治年月日届出仝日受附㊞

第何號

明治年月日婚姻

何郡村番地戸主族稱職業
父　職業　何某續柄
母　職業　何某續柄
夫　何　某

年月日生

父　仝上續柄
母　仝上續柄
實家戸主　何郡村番地　戸主族稱職業　何某續柄

妻　何　某
年月日生

明治年月日離婚ノ裁判確定

右裁判ニ因ル離婚明治年月日届出仝日受附㊞

○棄兒發見引受人ナキ爲メ町村預リト爲ストキ身分登記上引受人ノ氏名ハ町村長ノ職氏名ヲ記スヘキモノトス（香川縣大見村戸吏伺三十三年五月八日民刑局長回答）仝一〇三號三八頁

○外務大臣ヨリ屆書ノ送付ヲ爲スニ省名ヲ以テ送付シ來リタルトキハ大臣ノ氏名ハ當時ノ官報等ニ索メ記載スヘキモノトス（香川縣大見村戸吏伺三十三年五月八日民刑局長回答）仝一〇三號三八頁

○認知シタル私生子カ父家ニ入ルコトヲ得サルトキハ身分登記例第一號欄內庶子男ノ上ニ父ノ家ニ入ルコトヲ得スト記スヘシ（山梨縣寶村戸吏伺三十二年十月六日民刑局長回答）仝八四號八三頁

○記載例ノ入籍者ノ生年月日記載ナキモ之レハ記載スルヲ相當トス（秋田縣金澤西根村戸吏伺三十一年九月十九日民刑局長回答）仝八三號九九頁

○出生屆ニ出生子ノ名ニ傍訓ヲ附シテ屆居タルトキハ身分登記及ヒ戸籍ノ記載ニハ傍訓ヲ附スヘク其他ハ之ヲ附スルニ及ハス（京都府八木村戸長伺三十三年十月二十四日民刑局長回答）仝一〇八號二一頁

○死亡シタル私生子認知ノ登記例（沼津區問合三十三年十二月十三日民刑局長回答）仝一一〇號二九頁

駿東郡沼津町上土五番地戸主平民鐵道工夫

山本熊太郎

明治參拾貳年五月六日死亡　庶子男　富吉

文久參年參月拾七日生

右母駿東郡沼津町城内六番地戸主平民無職業青柳正三姉髮結職ハル

父亡　青柳富吉
母　タミ　長男

亡父認知セラレタルニ付祖父ノ家ニ入ル　五郎

明治九年七月六日生

山　本　熊　太　郎

天保參年八月拾日生

右私生子認知明治參拾貳年六月貳拾日屆出仝日受附㊞

○遺言ニ因ル私生認知ノ登記例（仝上）仝號三〇頁

駿東郡沼津町三枚橋貳拾番地戸主平民大工職小西節藏父亡恭三
庶子女　く　ら
明治參拾貳年九月拾五日生
右母駿東郡沼津町本拾五番地戸主平民菓子商高橋トラ
明治參拾貳年五月五日死亡　認知者　小西恭三
駿東郡沼津町上土參拾番地戸主平民農
遺言執行者
届出人　長田平助
明治五年五月五日生
右私生子認知明治參拾年七月五日届出仝日受附㊞

○母親他家ニ嫁シタル後其私生子ヲ認知スル登記例（仝上）仝號仝頁

駿東郡沼津町本七拾七番地戸主平民農仁藤愛吉
庶子男　貞　吉
明治參拾貳年五月七日生

右駿東郡沼津町城内九番地戸主平民無職業高畠一郎甥
右母同郡原町原六拾五番地戸主平民農井上六三郎妻無職業ロク
認知者　仁藤愛吉
文久貳年五月六日生
右私生子認知明治參拾貳年八月五日届出仝日受附㊞

○私生子母ノ家ニ在テ夫ヲ迎ヘシ後認知スル登記例（仝上）仝號三五頁

第何號

駿東郡沼津町本八百七番地戸主平民鳶職大山兼吉
庶子女　フミ
明治拾四年五月九日生
母フテ養子又吉ノ妻ナルニ母リ父ノ家ニ入ラス
右母駿東郡沼津町三枚橋七拾六番地戸主平民洗濯職犬飼フテ
認知者　大山兼吉
安政元年六月九日生
右私生子認知明治參拾貳年九月七日届出仝日受附㊞

○妻子ヲ有スル私生子ヲ認知スル登記例（仝上）仝號仝頁

第何號

駿東郡沼津町上土七拾九番地戸主平民左官
職高木吉

庶子男　龍　三
明治六年九月九日生

右母駿東郡沼津町上土五百番地戸主平民無職業村田新吉妹縫箔職てる

夫龍三ニ従ヒ其家ニ入ル　妻　父 關源吉 母 ひさ 參女　さ　く
明治九年四月八日生

父龍三ニ従ヒ其家ニ入ル　父 龍三 母 あく 長男　幸　太　郎
明治參拾貳年四月五日生

認知者　高　木　秀　吉
萬延元年六月四日生

右私生子認知明治參拾貳年九月五日届出仝日受附㊞

○婚姻中私生子ヲ認知スル登記例(仝上)仝號三四頁

駿東郡沼津町城内五拾八番地戸主平民無職
業山村良三
長二男　清　三
明治参拾貳年四月七日生
右駿東郡沼津町本千七百番地戸主平民青物商青山勝藏孫
右母良三妻ゆり
認知者　山　村　良　三
明治七年九月六日生
右私生子認知明治参拾貳年九月七日届出仝日受附㊞

○第三十類　身分屆書式

○自家ヲ廢シテ他家相續ヲ爲シ家族ト共ニ入家スルトキノ相續屆式（新潟縣七谷村戸吏伺三十二年十月九日民刑局長回答）法曹記事九六號五二頁

家督相續屆

中蒲原郡七谷村大字黑水六百三十九番地戸主平民農

家督相續人　前戸主亡友五郎亡兄妻　茂野　ノフ

天保拾參年拾月拾七日生

父氏名母名續柄、南蒲原郡狹口村六拾五番戸戸主

明治參拾貳年八月貳拾八日前戸主友五郎死亡選定ニ因リ家督相續戸主ト爲ル

ノフ養子　林　次

明治貳拾壹年九月五日生

父氏名母名續柄養母ト共ニ其家ニ入ル

右及御屆候也

年月日　茂野　ノフ

中蒲原郡七谷村戸籍吏氏名殿

○身分屆書ハ一定ノ書式ニ據ラシムヘキ成規ナキヲ以テ戸籍法ノ規定ニ從ヒ各條件ヲ具備セハ受理セサル可カラス例ヘハ婚姻屆ニ際シ當事者ト其各父母トノ本籍地及ヒ氏ハ普通同一ナルヲ以テ其同一ナル塲合ハ當事者ノ本籍地及ヒ氏ヲ記載セハ其各父母ノ本籍地及ヒ氏ハ之ヲ省略スルモ妨ナシ又戸第百二條一號ニ據リ當事者ノ本籍地及ヒ出生ノ年月日ヲ記載シタルトキハ同法第四十四條三號ニ依ル屆出人ノ出生年月日及ヒ本籍地ノ記載ヲ省略スルモ差支ナシ（福島區監判問合三十二年九月二十日民刑局長回答）仝九六號六四頁

○司法省ニ於テハ諸屆書式用紙等ヲ定メタルモノナキニ付戸籍法規定ノ條件ヲ具備セハ用紙体載ハ如何ニテモ可ナルヘシ（外務次官照會三十二年四月六日司法次官回答）仝九〇號三五頁

○身分屆書ニハ地番號ノ外ニ戸番號ヲ記載セシムルコトヲ得ス（岐阜區監判問合三十一年十一月十八日民刑局長回答）仝八六號一三六頁

○屆出人證人等自已ノ出生年月日ヲ知ラサル塲合ハ當何拾何年ト記載シ戸第五十條ニ依リ其旨ヲ記載シ差支ナシ（千葉縣中魚落村戸吏伺三十二年十月十九日民刑局長回答）仝八五號六三頁

○身分屆書等ノ副本ニハ正本ニ因リ作リタル旨ヲ附記スルコトヲ要セス總テ正本ニ準用スヘキモノトス〔福岡縣角田村戸吏伺三十一年十月二十七日民刑局長回答〕仝號九九頁

○新ニ戸籍ヲ編製スルニハ地番號ヲ用ユヘキカ故ニ爾後ノ屆書ニハ地番號ヲ用ヒシムヘキモノナレトモ戸籍ヲ改寫セサル間ハ屆書ニ戸番ヲ號ヒシムルモ差支ナシ〔山梨縣寶村戸吏伺三十一年十月六日民刑局長回答〕仝八四號八三頁

○身分屆書ノ正本副本ヲ區別スル爲メ正副ノ文字ヲ記入スルモ差支ナシ〔兵庫縣御影町戸吏伺三十一年九月二十一日民刑局長回答〕仝八三號一一四頁

○第三十一類 屆書類

○身分屆ノ送付書ハ屆書ト共ニ監督區判所ニ送付スルヲ要ス〔岡山縣前田村戸吏伺三十三年四月二十七日民刑局長回答〕法曹記事一〇二號三九頁

○身分屆書類送付途中等紛失シタルトキハ監督區裁判所ハ戸籍吏ニ相當ノ注意ヲ加ヘ尙ホ身分登記簿ニ就キ紛失シタル部分ノ登記事件ノ數、種類、被登記者ノ氏名等ヲ調査シ之レニ如何ナル譯ニテ何日紛失シタル旨ヲ記載シタル取調書ヲ徵シ保存セル屆書中適宜ノ場所ニ編綴シ置ク等紛失シタルコトヲ表示スルニ必要ナル手續ヲ爲シ然ルヘシ〔大分地長伺三十三年二月十五日民刑局長回答〕仝一〇〇號三五頁

○屆書類ヲ監督區裁判所ニ送付セシムルハ其主旨書類ノ保存ニ在ルヲ以テ屆書ノ適當ナラサル結果是非トモ屆出人ヲシテ身分登記變更ノ申請ヲ爲サシメサルヲ得サル如キ不都合アル場合ニ於テ其旨ヲ戸籍吏ニ通知シ戸第四十條ノ通知ヲ爲サシムルハ格別登記ヲ完了シタル後戸籍吏ヨリ送付シタル屆書類ハ假令幾分ノ欠缺アルモ其儘保存スヘキモノトス〔福岡地問合三十一年十二月十六日民刑局長回答〕仝八七號九七頁

○戸籍ニ關スル屆書類ハ管轄區裁判所ニ送付セス戸籍役場ニ保存スヘキモノトス〔秋田區監判問

（合三十一年十月十二日民刑局長回答）仝八五號三四頁

○第三十八條ニ依リ身分屆書類ヲ監督區裁判所ニ送付スルニハ前月内ニ登記シタル分ヲ取纏ムルモノトス（福岡縣角田村戸吏伺三十一年十月二十七日民刑局長回答）仝號九九頁

○從前市町村役場ニ於テ受理シタル後見人ニ關スル屆書ハ戸籍法施行後モ區裁判所ニ送付スルコトナク保管スヘキモノトス（福岡地長問合三十一年十月十一日民刑局長回答）仝八四號一一〇頁

○婚姻屆ニ便宜戸籍ノ抄本謄本ヲ添付セシメタルトキハ其抄本謄本ヲモ區裁判所ヘ送付スヘシ（鳥取縣山上村戸吏伺三十一年九月二十八日民刑局長回答）仝八三號一四九頁

○戸籍法施行前身分屆書（送入籍屆書ノ加キモノ）ヲ實施後接受シタル場合ハ新法ニ依リ取扱フヘキモノトス（佐賀區監判問合三十一年七月二十八日民刑局長回答）仝八二號四四頁

○戸籍法施行以前ノ戸籍記載事項ニ錯誤又ハ遺漏アル場合ノ戸籍訂正申請書ハ身分登記變更申請書ニ準シ監督區裁判所ニ於テ之ヲ保存スヘキモノトス（大島區監判問合三十三年十月十五日民刑局長回答）仝一〇八號二〇頁

○第三十二類　添附書類

○届書ニ添附スヘキ附屬書類例ヘハ診斷書ノ類ハ届書ノ副本ニモ添附スルコトヲ要ス（上野區監判問合三十一年十二月十四日民刑局長回答）法曹記事八七號八二頁

○届書ニ添付スヘキ裁判ノ謄本ハ裁判所ノ作製シタルモノトシ管轄官廳ノ許可書ノ謄本又ハ辭令書ノ謄本ハ届出人ノ作製シタルモノニテ差支ナシ（豆田區監判問合三十一年十月十八日民刑局長回答）仝八五號六一頁

○届書ニ添付スヘキ裁判ノ謄本辭令書又ハ許可書ノ謄本若クハ承諾書同意證書其他ハ各届書ノ正本及ヒ副本ノ數ニ應シ作製添付スヘキモノトス（仝上）仝上

○戸籍法第百二十五條ニ依リ死亡届ニ添附スヘキ警察官ノ檢視調書ノ謄本ハ警察署ノ作製シタルモノナルコトヲ要ス（輪島區判問合三十三年十二月七日民刑局長回答）仝一一〇號二八頁

○第三十三類　送付書

○他ノ戸籍吏ヨリ屆書送附アリタル塲合送附書ナキ爲メ發送年月日ヲ知ルコトヲ得サルトキハ照會ヲ爲シ回答ニ依リテ登記スルヲ相當トス（奈良縣北倭村戸吏伺三十二年十一月二十二日民刑局長回答）法曹記事九八號四九頁

○戸第六十一條ノ規定ニ依ル外務大臣ノ屆書發送ハ省名ニテ差支ナシ（外務省通商局長照會三十二年一月四日民刑局長回答）仝八八號九九頁

○第三十四類　届出方

○身分及ヒ戸籍ニ關スル屆出ハ署名捺印シタル書面ヲ以テスルトキハ本人出頭スルニ及ハス（青森縣稻垣村戸吏伺三十二年十月一日民刑局長回答）法曹記事八四號五二頁

○戸籍法第七章ノ届出ニ付テハ身分登記ヲ爲スヘキモノニアラス（秋田縣種梅村戸吏伺三十二年十月一日民刑局長回答）仝號五五頁

○非本籍人カ口頭届ヲ爲スニ年齢其他ノ事ニ記臆セサルモノハ戸第五十條ニ依ル（仝上）仝號五六頁

○届書ハ戸籍法ノ條項ニ適合スル以上ハ之ヲ受理セサル可カラス（山梨縣西條村外一村組合戸吏伺三十一年十月三日民刑局長回答）仝號六七頁

○身分ニ關スル届出ヲ爲ス場合ニ戸籍ノ謄本ヲ添付スヘキ旨ノ規定ナキカ故ニ强テ其謄本ヲ添付セシムルコトヲ得ス（埼玉縣鴻巣町戸吏伺三十二年九月十六日民刑局長回答）仝八三號七一頁

○三十三年文部省令第十四號ヲ以テ制定セラレタル新定ノ假名遣ヲ用ヒ出生女名ヲ（し

よし）ト名附ケ届出ツルトキハ之ヲ受理シ登記簿及ヒ戸籍簿ニモ届出ノ如ク記載スヘキモノトス〔京都府八木村戸籍吏伺三十三年十月二十四日民刑局長回答〕仝一〇八號二一頁

○第三十五類　口頭屆

○口頭ヲ以テ婚姻屆ヲ爲ス塲合戸第五十四條ニ定メタル署名捺印ヲ爲スコト能ハサルトキハ第二一八條ノ規定ニ依ルヘキモノトス（新潟縣濁川村戸吏伺三十二年一月十九日民刑局長回答）法曹記事八八號七五頁

○口頭屆ヲ爲スニ非本籍人ニシテ年齡其他ノ事ヲ記憶セサルモノハ戸第五十條ニ依ル（秋田縣種梅村戸吏伺三十一年十月一日民刑局長回答）仝八四號五六頁

○婚姻縁組離婚離縁ニ付口頭屆出ヲ爲ス塲合ニ於テハ當事者並ニ證人ハ戸籍吏ノ面前ニ出頭セサル可カラス又其同意承諾モ口頭ヲ以テ之レヲ證明スル塲合ニ於テハ同法第五十六條ノ規定ニ依リ戸籍吏ノ面前ニ出頭セサル可カラス（千葉縣高瀬村戸吏伺三十二年九月七日民刑局長回答）仝八三號四八頁

○第三十六類　戸主未定中ノ届出

○戸主未定中家族ノ出生アリタル届書ニ戸主ノ氏名等ヲ記載スヘキトキハ前戸主何某（死亡隱居）跡戸主未定ト記シ然ルヘシ（福岡地問合三十二年一月三十一日民刑局長回答）法曹記等八八號九七頁

○戸主未定中生レタル子カ家族ノ庶子又ハ私生子ナルトキハ戸主ノ同意ナケレハ其家ニ入ル能ハサルニ付一家創立セシムヘキモノトス（仝上）仝號仝頁

編者曰ク本項ノ場合ハ民七五一ニ依リ親族會ノ同意ヲ得ハ其家ニ入ルヲ得ヘキニアラスヤ必スシモ一家創立セシムルニ及ハス如何

○第三十七類　二ヶ所ニ届出タル件

○出生届ヲ本籍非本籍ノ二ケ所ニ爲シタル塲合ハ非本籍地ニ於テ爲シタル登記モ其儘ニ爲シ置クヘシ若シ其非本籍地戸吏ヨリ送付シタル届書ノ正本ニ戸籍ト相違ノ點アルトキハ其旨ヲ其戸吏ニ通知シ非本籍戸吏ハ其旨ヲ本人ニ通知シ變更ノ申請ヲ爲サシムヘシ（神戸市書記伺三十一年十二月二十一日民刑局長回答）法曹記事八七號一〇六頁

○第三十八類　屆出催告及其費用

○戸籍吏カ戸籍法ニ依リテ爲ス催告ノ費用ハ當事者ノ負擔ニアラス（北海道眞砂外四町戸吏伺三十一年十月十二日民刑局長回答）法曹記事第八五號三二頁

○屆出ノ催告ハ戸第六十三條ノ場合ノ外之ヲ爲スコトヲ得ス（豐多摩郡大久保村戸吏伺三十一年十月十五日民刑局長回答）仝號四五頁

○屆出ヲ催告セントスルニ方リ其者ノ住所分明ナラサルトキハ催告ヲ爲ス者ノ住所分明ト爲リタルトキ之ヲ爲スヲ相當トス（長野縣伊那町戸吏伺三十一年九月二十一日民刑局長回答）仝八三號一一六頁

○第三十九類　期　間

○戸籍法中一ケ月ノ期間ハ各條ノ趣旨ニ依テ自ラ解釋ヲ異ニス三十八條ノ場合ニ於テハ其月始ノ日ヨリ末日迄ヲ意味ス屆出ノ期間ヲ計算スルニハ三十日トナス然レトモ民訴ノ規定ニ依ラス初日ヲ算入シ最終ノ日休暇ニ當ルモ尚ホ之ヲ算入スルヲ相當トス（福岡地方問合三十二年十月二十一日民刑局長回答）法曹記事九六號四五頁

○失踪宣告ハ別段確定期間ノ定メナキヲ以テ屆出期間ハ宣告ノ日ヨリ起算スルヲ相當トス（奈良縣小川村戸吏伺三十二年三月二十日民刑局長回答）全八九號五五頁

○戸籍法ノ屆書カ郵便ノ遲着又ハ天災ノ爲メ期間經過ニ係ルモノト雖モ戸籍吏ハ事由ノ如何ニ關セス戸第六十四條ノ通知ヲ爲スヘキモノトス（人吉區判問合三十一年十一月二日民刑局長回答）全八六號九六頁

○戸籍法ノ屆出期間ハ戸籍吏カ受理セシトキヲ以テ限界ト爲スヘキモノトス（東京府麻布區戸吏伺三十一年十月十二日民刑局長回答）全八五號二八頁

○屆出期間ニ裁判確定ノ日ヨリトアルハ裁判カ效力ヲ生シタルトキト解スルヲ相當トス

(非一八)〔秋田區監判問合三十一年十月十二日民刑局長回答〕仝八五號三二五頁(參照七四號七一頁一行)

○届出期間經過後届出タルトキハ過料ノ納否ヲ調査スルニ及ハス受理スヘキモノトス〔秋田縣種梅村戸吏伺三十一年十月一日民刑局長回答〕仝八四號五五頁

○家督相續人未成年者ニシテ親權者ナキトキハ親族會ニ於テ後見人ヲ選定シ其後見人ヨリ相續届ヲ爲スヘキノ處此塲合届出期間ノ起算ハ戸主トナリタル事實カ後見人ニ知レタル日ヲ以テスヘキモノトス〔高知縣大﨑村戸吏伺三十一年十月十日民刑局長回答〕仝號一〇二頁

○戸第六十二條ノ期間ハ民法ノ規定ニ依ルコトヲ得ス〔鹿兒島區監判問合三十一年九月五日民刑局長回答〕仝八三號三九頁

○氏名及ヒ族稱ノ變更等管轄官廳ノ許可書ノ謄本ヲ添付シテ届出ツヘキモノ、届出期間ハ許可書ノ交付ヲ受ケタル日ヨリ起算スヘキモノトス〔滋賀縣雲井村戸吏伺三十一年九月二十一日民刑局長回答〕仝號一二一頁

○届書ヲ郵送スル日數ハ本法規定期間外ニ猶豫ヲ與フヘキモノニアラス〔大津區監判問合三十一年九月二十二

日民刑局長回答）全八三號一三五頁

○一旦期間內ニ屆出タルヲ一應訂正スヘキ廉アル爲メ却下シ訂正ノ上屆出タルトキ期間ヲ經過シタルモノモ通知ノ手續ヲ爲サヽルヲ得ス（沖繩縣八重山間切戸吏伺三十一年九月三十日民刑局長回答）全號一五八頁

○子ヲ本家ニ遺シテ分家シタルトキ其子カ未成年者ナルトキハ本家戸主其後見人ト爲ルヘキニ付此場合ニ於テハ其後見人ハ後見開始ノ日ニ就職スヘキヲ以テ其日ヨリ十日ノ期間ヲ起算スヘキモノトス（岡山縣苗田村戸吏伺三十三年十二月二十日民刑局長回答）全一一〇號二六頁

○第四十類　在外公使領事ヲ經ル屆書

○淸韓兩國公使領事ニ差出シタル屆書ニ限リ訂正等ヲ要スル場合ハ外務省ヲ經由セス直接通信スヘキモノトス〔外務次官照會三十二年四月十八日民刑局長回答〕法曹記事九〇號四一頁

○第四十一類　代理人

○届出人ノ代理人（戸五八條）ハ輕微ナル屆出事件ニ付テモ委任狀ヲ提供セシメサル可カラス戸吏ノ心證ニ任セ受否ヲ決スヘキモノニアラス（滋賀縣三雲村戸吏伺三十二年一月二十六日民刑局長回答）法曹記事八八號八五頁

○代理人ノ口頭届ニハ其族稱職業出生ノ年月日及ヒ本籍地ヲ記載スルモ登記簿ニハ代理人ハ記載スルニ及ハス（仝上）仝號仝頁

○届書ヲ正副出ス場合モ委任狀ハ代理人カ出頭シタル戸籍吏ニ差出スヲ以テ足ル（山形縣荒砥町戸吏伺三十一年十月二十六日民刑局長回答）仝八五號九一頁

○代理ノ委任狀ハ關係書類ト爲シ區裁判所ニ送付スヘキモノトス（秋田縣種梅村戸吏伺三十一年十月一日民刑局長回答）仝八四號五五頁

○代理人ハ届出人ニ代ハリテ其行爲ヲ爲スニ適當ナル能力ヲ有スル者ヲ以テセサル可カラス（新潟縣加茂町戸吏伺三十一年九月六日民刑局長回答）仝八三號四〇頁

○戸籍法第五十八條ノ代理人ハ口頭屆ノ塲合ノミニ適用スヘキモノトス（秋田縣金澤西根村 三十一年九月十日民刑局長回答）仝八三號九八頁

○第四十二類　外國人ニ關スル身分登記

○戶籍簿ハ日本ニ本籍ヲ有セサル者ニハ適用スヘカラスト雖モ身分登記ニ付テハ之ヲ外國人ニモ適用セサルヲ得ス（外務大臣照會三十五年十月二十五日司法大臣回答）法曹記事九六號四二頁（參照九五號四八頁五行）

○外國人ニ係ル登記ニハ戶籍法第五十三條ハ適用ス可カラス（函館區監判問合三十二年八月五日民刑局長回答）仝九五號四八頁

○外國人ハ非本籍人トシテ身分登記ヲ爲スヘキモノトス（大阪區監判問合三十二年七月二十九日民刑局長回答）仝九四號三八頁

○第四十三類　本籍地

○分家登記ヲ爲シ其副本ヲ本家地戸籍吏ニ送付セシニ屆書ニ相違アリテ之ヲ返戻シタル場合其身分登記ノ變更ヲ爲サヽル前ハ二個本籍ヲ有スルニ似タリ此場合身分ニ關スル屆出ヲ爲サントスルニハ分家地ヲ以テ本籍地トス（島根縣川本村戸吏伺三十二年十月十一日民刑局長回答）法曹記事九六號六一頁

○屆出事項ニ父母ノ本籍地職業ヲ記載スル場合其父母カ死亡シ居ルトキハ死亡當時ノ本籍地等ヲ記載スヘキモノトス（神戸市書記伺三十一年十二月二十一日民刑局長回答）仝八七號一〇五頁

○第四十四類　所在地

○戸籍法ノ所在地トハ居ル日ノ長短ヲ問ハス止宿滯在シ居ル者又ハ一所不住者等ノ居所ヲ云フ〔長野縣牧村戸吏伺三十二年十一月十五日民刑局長回答〕法曹記事九七號四六頁

○第四十五類　欄外登記

○地方裁判所長カ欄外登記謄本ノ送附ヲ受ケタルトキハ戸第三十九條三項ノ手續ヲ爲ス外原登記ヲ變更スルニ及ハス〔盛岡地書記課問合三十三年三月七日民刑局長回答〕法曹記事一〇一號五〇頁

○戸第二十五條ノ欄外登記ハ登記變更ニ付キ申請シタル總テノ事項ヲ欄外ニ記載シ其趣旨ニ因リテ原登記ヲ變更スヘキモノトス〔秋田縣種梅村戸吏伺三十二年十月一日民刑局長回答〕仝八四號五四頁

○第四十六類　登記取消

○後見人免黜及新後見人選定ノ決議取消ノ確定判決アリタルトキハ其判決ニ基キ戸第一六九條ニ依リ後見人更迭ノ登記取消ノ申請ヲ爲サシメ其申請ニ依リ該登記ヲ取消シ被後見人ノ戸籍事項欄ニ其旨ヲ記載スヘキモノトス（佐賀區監判問合三十二年十一月九日民刑局長回答）法曹記事九七號四四頁

○甲村在住ノ丙丁婚姻ノ後乙村ニ轉籍シタルニ婚姻取消ノ裁判確定シタル場合ニ於ケル婚姻登記取消申請ハ甲村戸籍吏ニ之ヲ爲スヘク甲村戸籍吏ハ登記ノ取消及ヒ女ノ入籍ヲ爲シタル上戸第三三條二項ニ依リ申請書ノ一通及ヒ入籍通知書ヲ乙村戸吏ニ送付シ乙村戸吏ハ之レニ依リテ除籍ス又若シ甲村男ト丙村女ト甲村ニテ婚姻シ乙村ニ轉籍ノ後ナルトキハ甲村戸籍吏ハ戸第三十四條ニ依リ申請書一通ツヽヲ乙村及ヒ丙村戸吏ニ送付シ丙村戸吏ハ登記取消及ヒ女ノ入籍ヲ爲シタル上乙村戸籍吏ニ入籍通知ヲ爲ス乙村戸吏ハ其通知及ヒ甲村戸吏ヨリ送付シタル申請書ニ因リ女ノ除籍ヲ爲スヘキモノトス（水戸區監判問合三十二年十一月十日民刑局長回答）全號四七頁

○被相續人ノ配偶者アルニ拘ハラス親族會ニ於テ區裁判所ノ許可ヲ受ケスシテ他人ヲ相續人ニ選定シ相續登記結了後ハ其配偶者ハ民第九五一條ニ依リ親族會ノ決議取消ノ訴

ヲ提起シ其取消ヲ命シタル確定判決ニ基キ戸第一六九條ニ依リ相續登記ノ取消ヲ申請スヘク戸籍吏ハ其申請ニ依リ原登記ノ欄外ニ登記ヲ爲シテ原登記ヲ抹消シ且戸籍ニ其事由ヲ記載シテ全部ヲ抹消シ被相續人ノ戸主タリシ戸籍ノ欄外ニ其事由ヲ記載シテ其戸籍ヲ復活スヘク而シテ更ニ親族會ニ於テ配偶者ヲ相續人ニ選定シタルトキハ配偶者ヨリ相續屆ヲ爲スヲ以テ當然ノ順序ナリトス然レトモ既ニ配偶者ヨリ相續不當登記取消ノ訴名ヲ以テ訴ヲ起シ其判決確定シタル上ハ其判決ニ基キ前顯ノ手續ヲ爲スノ外ナシ(仝上)仝號仝頁

○家督相續ノ登記ヲ受ケタル胎兒カ死體ニテ生レ其母モ亦死亡シタルトキハ家督相續人トナリタル者ヨリ戸第一三六ノ二項ニ依リ家督相續ノ登記ノ取消ヲ申請スヘキモノトス（和歌山縣松原村伺三十二年四月十三日民刑局長回答）仝九〇號三八頁

○登記取消ノ申請ハ曩キニ屆出ヲ爲シタル地ノ戸籍吏ニ爲スコトヲ要ス（戸二四、三三、三五、六七、）（秋田區監判問合三十一年十月十二日民刑局長回答）仝八五號三四頁

○檢事ニ於テ戸第百二十二條ニ依リ隱居登記ノ取消アリタルトキハ相續回復ノ場合ニ準シ家督相續ノ登記ヲモ併セテ取消方請求スヘキモノトス（岐阜區監判問合三十三年七月二日民刑局長回答）仝一〇

五號三一頁

○登記取消ノ登記ハ取消ノ申請又ハ請求ノ目的タル登記ノ欄外ニ爲スヘキモノニ付甲地ニ於テ登記ヲ受ケ乙地ニ移轉シタル後ト雖モ原登記ヲ爲シタル甲地戸籍吏ニ之ヲ爲サヽル可カラス（高山區監判問合三十一年九月十六日民刑局長回答）仝八三號六九頁

○離婚取消ノ判決確定シタルトキハ戸籍法第百六十九條ニ依リ登記取消ノ申請ヲ爲サシメ之ニ因リ身分登記簿身分登記變更ノ部及ヒ原登記ノ欄外ニ登記取消ノ登記ヲ爲シ原登記ヲ抹消スヘシ（鹿兒島縣平佐村戸吏伺三十三年十二月八日民刑局長回答）仝一一〇號二五頁

○第四十七類　誤記登記

○登記番號ヲ誤記シタルトキハ戸籍吏ニ於テ其事由ヲ附記シテ之ヲ訂正スルヲ相當トス〔長野縣五常村戸吏伺三十二年三月二十四日民刑局長回答〕法曹記事八九號五九頁

○身分登記簿隱居ノ部ニ死亡ノ登記ヲ爲シ後日之ヲ發見シタルトキハ死亡ノ部ヘ移シ欄外ヘ理由ヲ附シ抹消スヘキモノトス〔上諏訪區判問合三十二年三月二十七日民刑局長回答〕仝號五九頁

○甲戸籍吏自已ニ關スル身分届ヲ自已宛ニ差出シテ自ラ之ヲ登記シ乙戸籍吏ニ送付シタル塲合ハ乙吏ハ其儘登記スヘキモノトス〔長野縣飯田町戸吏伺三十二年三月三十日民刑局長回答〕仝號六四頁

○民法ノ規定ニ依ラス卽チ當然家督相續權ナキ尊屬親又ハ戸主ノ妻等カ相續届ヲ爲セシヲ受理登記シタル後之ヲ覺知スルコトアルモ戸第十七條ノ規定アルカ故ニ之ヲ取消スコトヲ得ス家督相續ニ付キ回復ノ請求裁判アル迄其登記ハ其儘存シ置クヘキモノトス〔宮崎區監判問合三十二年二月十日民刑局長回答〕仝八八號六三頁

○届出義務者ニアラサル者ノ届出ニ因リテ爲シタル身分登記ハ無効ノ届出ニ因リタルモノニシテ之ヲ單ニ登記ニ付キ錯誤遺漏アル塲合ト同一視スヘカラス從テ登記變更ノ手

續ニ依ルコトヲ得ス又其登記ヲ取消スヘキ規定ナキカ故ニ戸籍吏ニ於テハ其儘ニ爲シ置ク外ナカルヘシ尤モ屆出事件ノ本人（又ハ其後見人）卽チ正當ノ屆出義務者ハ其利益ノ爲メ別ニ適法ノ屆出ヲ爲シ置ク必要アルヘキニ付其屆出ヲ爲シタルトキハ戸吏ハ更ニ身分登記ヲ爲シ先キニ爲シタル違法登記ノ欄外ニ其事由ヲ記入シ置クヲ相當トス（高山區監判問合三十二年一月二十七日民刑局長回答）仝號九四頁（參照八八號九八頁六行）

○屆出人誤謬屆ヲ爲シ身分登記モ誤テ爲シタル以上ハ其事件カ民法ノ規定ニ違反スルモ戸籍法ニ取消ノ規定ナキ塲合（例ヘハ取消スコトヲ得ヘキ婚姻ノ如シ）ニ於テハ其登記ハ裁判所ノ判決ヲ以テ取消ヲ命セラルヽマテハ其儘ニ差置ク外ナカルヘシ（福岡地問合三十二年一月三十一日民刑局長回答）仝號九六頁

○第四十八類　錯誤遺漏

○非本籍地戸籍吏ヨリ送付シタル身分届ニ錯誤遺漏アルトキハ之ヲ示摘シテ返戻シ返戻ヲ受ケタル戸吏ハ戸第四十條ニ依リ通知ヲ爲シ登記變更ノ手續ヲ爲サシメタル後曩キノ錯誤遺漏アル届書ト變更申請書トヲ再送スヘク本籍地戸吏ハ此二個ノ書面ニ依リテ完全ノ登記ヲ爲スヘキモノナレトモ非本籍地戸吏カ四十條ニ依リテ通知セントスルモ所在不明ニシテ能ハサルカ又ハ之ヲ爲セシモ本人又ハ届出人等カ變更ノ手續ヲ爲サヽルコトアルトキハ其儘再送シ本籍地ニ於テハ不得止錯誤遺漏ノ儘登記セサルヲ得ス（敦賀區判問合三十二年一月十二日民刑局長回答）法曹記事八八號七一頁（參照全號八四頁一行）（全八四號九〇頁十二行）

○既ニ登記結了セシ縁組ガ民法第八五七條ニ該當スルモノナルトキハ取消ノ裁判ヲ受ケ登記ノ取消ヲ申請セサル間ハ登記ハ其儘ニ差置クヘシ（大阪府萱野村戸吏伺三十二年十一月八日民刑局長回答）全八六號一〇九頁

○届書ニ治郎ヲ次郎つるヲツルト記載シ登記完了後發見シタルトキハ戸第四十條ニ依ルモ未タ登記ヲ爲サヽル前ナルトキハ届出人ニ之ヲ改メシムヘシ（千葉縣中魚落村戸吏伺三十一年十月九日民刑局長回答）全八五號六二頁

○戸籍簿ノ錯誤遺漏ハ身分登記戸籍ニ關スル屆出ニ基キ戸籍吏自ラ之ヲ訂正スヘキモノニテ戸籍第四十條ニ據ルヘキモノニアラス但戸籍法施行以前ノ戸籍ニ係ルトキハ同法第四十條第百六十七條ノ規定ニ準據スヘキモノトス（秋田縣循梅村戸吏伺三十二年十一月一日局刑局長回答）全八四號五七頁

○錯誤遺漏ノ通知ヲ爲スモ登記變更ノ手續ヲ爲サヽル場合ハ其儘差置クノ外ナシ（石川縣島屋村戸吏伺三十一年十月三日民刑局長回答）全八四號六八頁

○身分登記ニ於テ肩書氏名年齡等一二文字ノ誤記ヲ發見シタルトキハ身分登記ノ變更手續ヲ爲スヘキモノトス（富山區監判問合三十一年十月四日民刑局長回答）全號八〇頁

○非本籍地ヨリ本籍地ニ送付シタル屆書ニ錯誤アル儘本籍地戸籍吏ニ於テ已ニ之ヲ受理シ其錯誤ノ點ヲ非本籍地戸吏ニ通知シ來タルトキハ非本籍地戸籍吏ハ四十條ニ依リ通知シ屆出人カ第百六十七條ニ依リ身分登記變更ヲ申請シタルトキハ其副本ニ依リテ前ニ爲シタル登記ヲ變更シ屆出人ノ本籍戸籍吏ニ申請書ノ正本ヲ送付スヘキモノトス（東京區監判問合三十九年月三十日民刑局長回答）全八三號一六一頁

○戸籍吏カ登記ニ關シ錯誤又ハ遺漏ヲ爲シタル場合ニ於テ登記完了前ニ發見シタルトキハ第二十九條三項ニ據ルヘク完了後發見セシトキハ第四十條ニ據ルヘキモノトス（札幌區判問合三十一年八月十一日民刑局長回答）仝八二號九七頁

○新戸籍中錯誤遺漏アリ其錯誤遺漏カ新法施行前ノ戸籍ヨリ移記シタルモノナルトキハ戸第一六七、一六八條ニ準據シ直チニ其新戸籍ニ付キ變更ヲ爲スヘキモノニテ舊戸籍ニ付キ變更ヲ爲シ其結果トシテ新戸籍ヲ更正スヘキモノニアラス（京都區書記課問合三十三年七月九日民刑局長回答）仝一〇五號三七頁

○戸第四十條ニ依リ通知ヲ爲スヘキ場合届出人等數人アル事件ハ各人ニ通知スヘキモノトス（新潟縣十日町戸吏伺三十三年七月二十八日民刑局長回答）仝一〇五號四三頁

○婚姻ニ因リ入リタル者カ配偶者ノ死亡後養子離緣届ヲ爲シタルニ本籍戸籍吏之ヲ受理登記シタル場合又ハ離緣離婚ニ必要ナル要件ヲ具備セサル届出ヲ受理シ之ヲ登記シタルトキニ於テ届出人自ラ登記ノ取消又ハ變更ヲ爲サント欲スルトキハ前段ノ場合ハ更ニ入籍届ヲ爲サシメ之ニ因リテ身分登記ヲ爲シ戸籍ノ記載ヲ訂正シタル後登記及ヒ戸

籍ノ欄外ニ其旨ヲ記載スヘク後段ノ場合ニ於テハ登記變更許可ノ裁判ニ因リ其變更ノ申請ヲ爲サシメ又ハ離縁離婚ノ取消ヲ命シタル判決ニ因リ登記ノ取消ヲ申請セシムル外ナカルヘシ（秋田區監判問合三十三年八月二十二日民刑局長回答）全一〇六號二一頁

〇非本籍地戸籍吏カ一定ノ事項（死者ノ族稱、戸主家族ノ別及ヒ生年月日ノ類）ノ不明ナル旨記載アル届書ニ因リ身分登記ヲ爲シタル後其事項明瞭ト爲リタルトキハ其身分登記ハ錯誤又ハ遺漏アルモノト爲ルヘキニ付戸第四十條ノ通知ヲ爲シ身分登記ノ變更ヲ爲サシメタル上届書及ヒ身分登記變更申請書ノ一通ヲ本籍地戸吏ニ再送スヘキモノトス（德島縣加茂谷村戸吏伺三十三年十一月二十九日民刑局長回答）全一〇九號二八頁

○第四十九類　文字ノ訂正削除等ノ規定

○診斷書同意書ニモ戸二十九條五十二條ノ規定ヲ準用スルヲ相當トス（益田區判問合三十二年一月二十日民刑局長回答）法曹記事八八號七九頁

○警察官カ戸第百三十二條等ニ依リ報告ヲ爲ス塲合其報告書ヲ作ルニハ戸第五十二條ニ依ルニ及ハス（千葉縣中魚落村戸吏伺三十二年十月十九日民刑局長回答）仝八五號六四頁

○戸第二十九條ノ略字トハ離ヲ爲ニ書スル類ヲ指ス又登記ヲ爲ス書体ハ楷行草何レニ依ルモ確ニ其字ヲ讀ミ得ル以上ハ妨ケナシ（奈良縣田原本町戸吏伺三十二年十月二十二日民刑局長回答）仝號七四頁

○第五十類　行政區畫ノ變更

○地方裁判所管轄ニ變更アリタルトキハ戸籍簿副本ハ分副シテ引繼ヲ要ス（水戸地審課問合三十二年五月十日民刑局長回答）法曹記事九一號三五頁

○區裁判所管轄ニ變更アルモ保存スル身分届書類ハ引繼ヲ要セス但戸籍吏ハ戸籍ニ關スル届書類ハ引繼ヲ爲スヘキモノトス（仝上）仝號仝頁

◯第五十一類　組合町村

◯組合町村ノ一般ノ事務ヲ管掌スル町村長ハ組合町村戸籍吏トシテ各町村ノ戸籍事務ヲ取扱フヘキモノトス（徳島縣下木頭外一村組合戸吏伺三十一年十二月七日民刑局長回答）法曹記事八七號七四頁

○第五十二類　掛紙

○戸第三十二條ノ掛紙ハ如何ナルモノヲ用ユルモ制限ナシ〔滋賀縣三雲村戸吏伺三十二年一月二十六日民刑局長回答〕法曹記事八八號九一頁

○第五十三類　同意承諾

○戸主ノ同意ヲ得テ届出ヲ爲ス場合ニ戸主不在者ナルトキハ民法第七百五十一條ニ依ル
〔島根縣矢上村戸吏伺三十二年十月十日民刑局長回答〕法曹記事八四號一〇〇頁

○第五十四類　新戸籍

○新戸籍ヲ編製スルニ地番ヲ用ユルトキハ甲字ノ者ニシテ地籍ハ乙字ニ屬スルモノアル塲合ハ乙字何番地トシテ編製スヘキモノトス（大坂府千船村戸吏伺三十二年十一月十七日民刑局長回答）法曹記事九七號三六頁（參照九七號四五頁三行）

○前項甲字ノ住民ナリト雖モ乙字ノ地籍ニテ戸籍ヲ編製シタルトキハ甲字ノ部ニ綴込ムコトヲ得ス（仝上）仝號三七頁

○甲村部内ニ乙村ノ土地アリ之レニ甲村民住居スル者ノ戸籍ヲ新ニ編製スル塲合ニ於テハ本籍ヲ乙村ト爲サヽルヲ得ス此戸籍ノ編製ガ分家一家創立ノ塲合ニ於テハ普通ノ手續ニ依ルコトヲ得レトモ家督相續ノ塲合ニ於テハ其届書ニ戸籍ノ謄本ヲ添付シテ乙村ニ差出サシメ乙村ニ於テ新ニ戸籍ヲ編製シタル後其旨ヲ甲村ニ通知シ甲村ニ於テハ其通知ニ依リテ除籍スルヲ相當トス（仝上）仝號仝頁（參照九七號四五號一〇行）

○從前ノ戸籍ニ養嗣子養女トアルハ戸籍ヲ新ニ編製スル塲合男ハ養子女ハ養女ト記スヘキモノトス（岐阜縣山田村戸吏伺三十二年四月十七日民刑局長回答）仝九〇號四〇頁

○士族ニ一代士族二代士族アルモノハ戸籍族稱欄ニ一代又ハ二代士族ト記載シ差支ナシ（熊本縣吉松村戸吏伺三十二年三月十七日民刑局長回答）仝八九號五三頁

○新戸籍ヲ編製スルニ當リテハ舊戸籍ノ事項欄ノ記事ハ記載スヘキモノトス（滋賀縣三雲村戸吏伺三十二年一月二十六日民刑局長回答）仝八八號八七頁

○新戸籍編製ノ際舊戸籍中戸二二一條二項但書前段ニ該當スルモノアルモ舊戸籍事項欄ノ記載ヲ其儘移記スヘク事實不詳ノ旨附記スルニ及ハス（仝上）仝號仝頁

○新戸籍編製ノ際父母ノ氏名等舊戸籍ニ依リ知ルコト能ハサルトキハ戸二百二十一條二項但書ニ依リ記載ヲ省クコトヲ得（石川縣鳥屋村戸吏伺三十二年二月十五日民刑局長回答）仝號一〇六頁

○新戸籍編製ノ際舊戸主ノ戸籍ニ記載セル事項ハ抹消ニ係ル部分ヲ除ク外總テ戸籍法及ヒ記載例ノ振合ニ依リ記載スヘシ（滋賀縣青柳村戸吏伺三十二年十二月五日民刑局長回答）仝七八號七二頁

編者曰ク本項ハ前ニ掲クル滋賀縣三雲村戸吏伺ノ件ト牴觸ス故ニ省議變更セラレタルモノニテ本項ハ消滅シタル

○一家創立者カ一定ノ家ニ（自巳ノ家ナルト他人ノ家ナルトヲ問ハス）本籍ヲ定メタル場合ニ於テハ戸籍ニ其家ノ地番號ヲ附スヘキハ勿論ナリト雖モ强テ一定ノ家ニ本籍ヲ定

モノト思考セラル、モ聊疑ヒアルヲ以テ掲ケテ讀者ノ判斷ニ任ス

メシムヘキモノニアラサルカ故ニ其家ナキ場合ニ於テハ戸籍ニ地番號ヲ附スヘカラス（上野區監判問合三十一年十二月十四日民刑局長回答）仝八七號八二頁

○戸籍ノ本籍地欄及ヒ其表紙ニハ郡名ヲ記入スルヲ相當トス（島根縣朝酌村戸吏伺三十二年十一月一日民刑局長回答）仝八六號九三頁

○戸籍ヲ編製スル場合ニ於テ原戸籍ノ事項欄ニ記載シタル事項ノ下ニ認印アル𪜈ト雖モ其事項ヲ謄寫スルニ止メ其下ニ認印シ又ハ㊞ト附記スルコトヲ要セズ（高知縣名野川村戸吏伺三十一年十一月十七日民刑局長回答）仝八六號一〇七頁

○同一ノ地番内ニ數戸ノ戸籍アル場合又ハ地番ナキ戸籍ト雖モ符號等ヲ附セス適宜ノ順序ニ依リ編綴スヘシ（岐阜區監判問合三十一年十一月十八日民刑局長回答）仝號一三五頁

○地番ニ依リテ戸籍ヲ編製スルニ當リ數十個ノ地番アルトキハ其中ノ一個ヲ選定セシメテ之ヲ戸籍ニ記載シ他ヲ省略スルコトヲ得（仝上）仝上

○地番ニ依リ戸籍ヲ編製スル場合ニ於テハ地番ニ缺號ヲ生スルモ差支ナシ（高知縣長者村戸吏伺三十一年十

（一月三十日民刑局長回答）仝八六號一四六頁

○新戸籍編製スルニハ地番號ヲ用ヰ其他戸番號ヲ存シ置キ而シテ新戸籍ハ之ヲ別冊ト為シ又ハ戸籍簿ノ末尾ニ編綴スヘシ又全戸出寄留者ト雖モ其者ノ戸籍ニ地番ヲ記載スルコトヲ得ヘキトキハ新編製戸籍ニ地番ヲ記載シ若シ得サルトキハ即チ一定ノ地番アル所ニ本籍ヲ定メタルモノニ非ラサル場合ニ於テ村名ヲ記スヘキモノトス（長野縣本牧村戸吏伺三十一年十月二十日民刑局長回答）仝八五號六八號

○新戸籍編製スル場合ハ現存者ノミ記載スヘキモノトス（福岡縣角田村戸吏伺三十一年十月二十七日民刑局長回答）仝八五號一〇〇頁

○戸籍ニ記載スヘキ事項ニシテ事實ヲ知ルコト能ハサルヨリ其記載ヲ省ク場合ハ空欄ニ差置カス不詳ト記スヘシ（村上區判問合三十一年十月三日民刑局長回答）仝八四號七〇頁

○耕地ト山地ト二種ノ地番號アルトキハ符號ヲ付シ(耕)何番(山)何番トシテ戸籍ヲ編製シ然ルヘシ（高知縣尾川村戸吏伺三十二年十月四日民刑局長回答）仝號七四頁

○地番ニ符號アルトキハ其符號ヲモ戸籍ニ記載スヘシ甲村ト乙村トニ跨カル宅地ハ本人ノ選ム村ノ番號ヲ以テ戸籍ヲ編製スヘシ（幸手區判問合三十一年十月四日民刑局長回答）仝號七九頁

○新ニ戸籍ヲ編製スル場合ニ於テハ地番號ヲ用ユヘキモノナルカ故ニ爾後ノ届書ニハ地番號ヲ用ヒシムヘキモノナレトモ戸籍ヲ改寫セサル間ハ届書ニ戸番ヲ用ヒシムルモ差支ナシ但改寫シタル戸籍ハ之ヲ別冊ト爲シ又ハ戸籍簿ノ末尾ニ綱綴シ置クヲ相當トス（山梨縣資村戸吏伺三十一年十月六日民刑局長回答）法曹記事八四號八三頁

○私生子カ一家ヲ創立スルニ當リ他ニ家ナキトキハ生母ノ家ト戸籍ヲ別ニ編製スルノミニテ可ナリ（島根縣北濱村戸吏伺三十一年九月五日民刑局長回答）仝八三號四三頁

○家ナキ者ノ戸籍ニハ別ニ番地ナキ旨ヲ記載スルニ及ハス又番地ヲ定メシムルコトヲ得ス（高知縣弘岡上ノ村戸吏伺三十一年九月十二日民刑局長回答）仝號五八頁

○戸籍ヲ編製シタル後土地ノ分合アル場合ニ於テ番號ニ變動ヲ生スルモ差支ナシ（長野縣大町戸吏伺三十一年九月十七日民刑局長回答）仝號八一頁

○同居者ノ戸籍編製ニ付テモ本籍地欄ニ持ニ同居ノ表示ヲ要セス（廣島地長問合三十一年九月二十七日民刑局長回答）仝八三號一四四頁

○戸籍用紙中事項ヲ列記スヘキ縦行ノ數ヲ增減スルコトハ様式ノ統一ヲ缺クヲ以テ增減シタル用紙ハ之ヲ改正セシムルヲ相當トス（仝上）仝上

○新ニ編制シタル戸籍ハ別冊ト爲シ又ハ戸籍簿ノ末尾ニ編綴シ舊戸籍ハ戸籍簿ヨリ除クコトヲ要ス（八戸區監判問合三十一年八月三日民刑局長回答）仝八二號七二頁

○戸籍ヲ編製スルニハ本籍欄ハ何府縣何郡市町村何番地ト記スルヲ相當トス（北安曇郡大町外十六ヶ村戸吏伺三十一年八月八日民刑局長回答）仝八二號九四頁

○戸主ト家族ト族程ヲ異ニスル場合ハ氏名欄内ニ記載スヘシ（滋賀縣中野村戸吏伺三十一年八月二十七日民刑局長回答）仝八二號一四四頁

○隱居又ハ入夫婚姻ニ因リ家督ヲ相續シタルニ付キ新戸籍ヲ編製スル場合ニ於テハ前戸主カ戸主トナリタル原因及年月日ハ其者ノ戸籍事項欄ニ轉載スヘキモノトス（新潟縣十日町戸吏

伺三十三年七月二十八日民刑局長回答｝全第一〇五號四三頁

○第五十五類　戸籍簿

○従前ノ戸籍用紙中續用紙ヲ用ユヘキ場合ハ従前ノ用紙ヲ襲用スヘキモノトス（高知縣名野川村戸吏伺三十二年九月二十日民刑局長回答）法曹記事九五號五二頁

○明治三十一年司法省令十三號二條但書並戸籍法取扱手續十二條二項ノ原本トハ新舊戸籍簿ヲ包含ス（北海道岩見澤村戸吏伺三十二年四月四日民刑局長回答）仝九〇號三五頁

○従前ノ戸籍用紙中復舊ノ區畫ニハ出生年號年月日肩書ノ區畫ニハ父母ノ氏名及ヒ家族トノ續柄等成丈明瞭ニ記載スルヲ要ス（福岡縣角田村戸吏伺三十一年十月二十七日民刑局長回答）仝八五號一〇〇頁

○戸籍簿中ヨリ除籍スル者アルトキハ氏名欄ノミ朱線ヲ交叉スヘキモノトス（青森縣稲垣村戸吏伺三十一年一月一日民刑局長回答）仝八四號五三頁

○戸籍簿ノ改正ハ司法大臣ノ定メラルヘキ時期ヲ待タスシテ為スコトヲ得ス（栃木縣栗野村戸籍吏伺三十一年十月四日民刑局長回答）仝號七八頁

○第五十六類　戸籍訂正

○裁判所ノ許可ヲ得テ從前ノ戸籍ヲ訂正シタルトキハ該訂正ノ部ノ謄本ヲ作リ之ヲ地方裁判所ニ送附スルニ及ハス（岡山地長問合三十三年三月七日民刑局長回答）法曹記事一〇一號四一頁

○新法施行前ヨリ父母婚姻シテ嫡出子ノ身分ヲ取得シタル庶子カ戸籍上依然庶子ト記載アル者ハ家督相續等ニ依リ新ニ戸籍ヲ編製スル塲合ニ於テ其續柄ヲ長二男ト訂正スヘキモノトス（高知縣浦戸村戸吏伺三十二年十月二十五日民刑局長回答）仝九六號四四頁

○從前ノ戸籍ニ伯父ヲ叔父ト誤記シアル類ハ訂正スルニ及ハス（滋賀縣東押立村戸吏伺三十二年五月十日民刑局長回答）仝九一號三六頁

○戸籍法施行前ノ戸籍ノ誤謬ヲ訂正スルニハ仝法第百六十七條ニ準據スヘキモノトス（青森縣藤坂村戸吏伺三十二年五月六日民刑局長回答）仝九一號三七頁

○明治五年戸籍編製ノ際士族ヲ平民ニ松本ト云フ氏ヲ杉本ト記載セラレ居ル如キハ戸籍ノ誤謬ト看做スヲ得サルニ付從前ノ手續ニ依リ士族編入及ヒ氏ノ復舊ヲ地方行政官廳ニ出願スヘキモノトス（仝上）仝號仝頁

○私生子カ認知ニ因リテ庶子トナリ婚姻ニ因リテ嫡出子ノ身分ヲ取得シタルトキ父カ戸主ニシテ私生子カ其籍ニ在ル場合ニ於テハ其都度續柄ノ記載ヲ改訂スヘキモノトス（福岡地問合三十二年一月三十一日民刑局長回答）仝八八號九七頁

○從前ノ戸籍ヲ區裁判所ノ許可ヲ得テ變更訂正等爲ス場合ハ身分登記ヲ爲サスシテ直チニ變更訂正ヲ爲スヘキモノトス（仝上）仝號仝頁（參照八三號六三頁十三行）

○長二男ヨリ年長者ヲ父母婚姻中認知シタルトキハ其嫡出子タル身分取得ノ登記ニ基キ年長者ヲ長男トシテ長二男トアリシヲ二三男ト訂正スヘキモノトス此場合身分登記簿中長二男ノ登記ヲ變更スルコトヲ要セス（若松區監判問合三十二年二月十三日民刑局長回答）仝號一〇〇頁

○甲者ノ身分登記變更カ他ノ者ノ戸籍ノ記載ニ影響ヲ及ホスヘキトキハ其變更登記ニ基キ他ノ者ノ戸籍ノ記載ヲ變更スルコトヲ得（米子區監判問合三十一年十二月二十二日民刑局長回答）仝八七號五二頁

○從前ノ戸籍ノ訂正ハ戸籍法第百六十七條ニ準據シテ申請ヲ爲ストキノ外之ヲ爲サヽルヲ相當トス（島根縣松江市戸吏伺三十一年十二月二十八日民刑局長回答）仝八七號五八頁

○私生子ヲ認知シタル結果他ノ子ノ續柄ヲ訂正スルニハ認知登記ニ因リ直チニ爲スコトヲ得別段ノ屆出又ハ申請ヲ要セス（神戸市書記伺三十一年十二月二十一日民刑局長回答）仝八七號一〇六頁

○戸籍上身分ノ變更ニ關シ從前地方官ノ許可ヲ得タル事件ハ別ニ區裁判所ノ許可ヲ得ルニ及ハス（松山區判問合三十一年八月十九日民刑局長回答）仝八二號一〇八頁

○新戸籍ヲ編製シタルニ其戸籍中錯誤又ハ遺漏アルニ其二者カ新法施行前ノ戸籍ヨリ移記シタルモノナルトキハ戸第一六七、一六八條ニ準據シ直チニ其新戸籍ニ付變更ヲ爲スヘキモノニテ舊戸籍ニ付キ變更ヲ爲シ其結果トシテ新戸籍ヲ更正スヘキモノニアラス（京都區書記課問合三十三年七月九日民刑局長回答）仝一〇五號三七頁

○第五十七類　戸籍記載例

○分家、廢絶家再興屆ヲ非本籍地戸籍吏ヨリ送附シタル場合戸主欄ノ戸主トナリタル年月日ハ非本籍地戸籍吏カ受附ケタル年月日ヲ記載スヘキモノトス（新潟縣新發田本村村戸吏伺三十三年四月九日民刑局長回答）法曹記事一〇二號三三頁

○新戸籍ヲ編製シタル爲メ舊戸籍ヲ抹消スル爲メ戸第一七九條二項ニ依リ爲スヘキ事由ノ記載ハ前戸主又ハ戸主ノ名義ヲ有セシ者ノ戸籍事項欄ニ爲スヘキモノトス（奈良縣北倭村戸吏伺三十三年四月九日民刑局長回答）仝號三六頁

○養家ニ於テ懷胎ノ後夫婦離緣離婚シテ各實家ニ歸リ出生シタル子ノ戸籍記載方戸主及家族トノ續柄ハ記載セサルヲ相當トス（愛媛縣菊間村戸吏伺三十三年三月十日民刑局長回答）仝一〇一號三八頁

○親族關係ナキ他人ヲ家督相續人ニ爲シタルトキハ其家族トハ親族關係ナキヲ以テ戸主トノ續柄ハ記載ヲ要セス（仝上）仝號三九頁

○婚姻中妻ノ實家ニ在ル私生子ヲ認知シテ入籍シタル場合ノ戸籍事項欄ノ記載方ハ記載例第九ノ振合ニ依リ明治年月日縣郡村番地戸主（族稱）甲野甲郎（續柄）當時何某妻（母ノ名）

私生子認知届出云々ト記載スヘキモノトス（大阪府豐中村戸吏伺三十三年二月十三日民刑局長回答）仝一〇〇號三二頁

○父離緣後ハ養家ニ於ケル親族關係止ムカ故ニ祖母ノ家族トノ續柄ハ祖父某妻ト記載スルヲ相當トス又家族トノ續柄ハ他ノ家族カ同戸內ニ生存スル塲合ノミニ限ラス既ニ死亡シ又ハ他家ニ入リタル塲合ニ於テモ記載スヘキモノトス（長崎市戸吏伺三十二年十二月十二日民刑局長回答）仝九九號三一頁

○戸主ト前戸主トノ續柄ハ兩者間親族ノ續柄アル塲合ニ限リ記載スヘキモノトス（佐賀地、長問合三十二年十二月十四日民刑局長回答）仝九八號二四頁

○新戸籍編製ノ爲メ舊戸籍抹消事由記載例左ノ通（戸一七九二項）（奈良縣北倭村戸吏伺三十二年十一月二十二日民刑局長回答）仝號五〇頁

隱居死亡ニ因ル家督相續ノ塲合

前戸生戸籍事項欄ニ　明治年月日續柄名ヨリ家督相續届出仝日受附㊞

家督相續回復ノ塲合

前戸主ノ名義ヲ有セシ者ノ戸籍事項欄ニ　明治年月日續柄名ヨリ家督相續回復届出登記取消申請仝日受附㊞

○身分登記ノ届書ニ父母ノ氏名ヲ記載スヘキ場合ニ於テハ其届出ヲ爲ス時當ノ氏名ヲ記載スヘキモノナルカ故ニ其登記ニ基キ戸籍ニ記載スヘキ父母ノ氏名欄ノ氏名モ届出當時ノ氏名ヲ記載スヘキモノトス（滋賀縣大津市戸吏伺三十二年十一月九日民刑局長回答）仝九七號四三頁

○婿養子カ妻ト共ニ更ニ養子トシテ他家ニ入リタルトキノ記載例（岐阜縣坂下村戸吏伺三十二年十月五日民刑局長回答）仝九六號五九頁

養母大野みねノ戸籍中養子與次郎戸籍欄ニ「明治年月日惠那郡坂下村川上百參拾參番戸戸主平民小縣熊吉婿養子縁組届出同日受附入籍」ト記載シ養女ぬいノ戸籍事項欄ニ「明治年月日夫與次郎ト共ニ養子縁組届出仝日受附入籍」ト記載スヘク又前養父小縣熊吉ノ戸籍中養子與次郎ノ戸籍事項欄ニ「明治年月日惠那郡坂下村川上百四拾八番戸大野みねへ養子縁組届出仝日受附除籍」ト記載シ妻ぬいノ戸籍事項欄ニ「明治年月日夫與次郎ト共ニ惠那郡坂下村川上百四拾八番戸大野みねへ養子縁組届出仝日受限除籍」ト記載スヘキモノトス

○婿養子離縁ノ戸籍記載例（仝上）仝號仝頁

（入籍記載例） 事項欄ニ

明治年月日縣郡村番地何某長女某婿養子協議離縁屆出仝日受附入籍㊞

（除籍及家女ノ部記載例）　養子ノ事項欄ニ

明治年月日協議離縁實家復籍屆出仝日受附㊞仝年月日長女某ト協議離婚屆出仝日受附除籍㊞

家女ノ事項欄ニ

明治年月日養子某ト協議離婚屆出仝日受附㊞

○嫡出子否認及ヒ出生登記變更ノ申請登記ヲ爲シタルトキノ戸籍記載例（福島縣長沼村戸吏何三十二年十月五日民刑局長回答）仝六九號六六七頁

子ノ戸籍事項欄ニハ附錄第三號第七ノ振合ニ例リ記載ヲ爲シ父ノ氏名ヲ朱抹シ續柄ヲ訂正スヘキモノトス

私生子カ入ルヘキ家ノ戸主ノ同意ヲ得ルコト能ハサルカ爲メ一家ヲ創立スル場合ニ於テハ新ニ私生子ノ戸籍ヲ編製シ戸主トナリタル原因及年月日欄ニ「何郡村番地戸主族稱氏名續柄父否認母ノ家ニ入ルコトヲ得サルニ因リ一家創立明治年月日屆出仝日受附」ト記載シ母ノ民名及ヒ母トノ續柄ヲ相當ノ欄ニ記載シタル後前ノ戸籍ヨリ私生子ヲ除籍スヘシ

○後見人任務終了及ヒ更迭ノ身分登記ヲ為シタルトキ戸籍記載方ハ左ノ通（滋賀縣大津市戸吏伺三十二年七月二十八日民刑局長回答）仝九四號五〇頁

明治年月日後見人氏名死亡ニ因リ任務終了何月何日届出同日受附㊞

明治年月日後見人氏名辭任ニ付明治年月日後見人何縣郡村何番地氏名就職何月何日届出仝日受附㊞

○入夫カ家督相續ヲ為シタルトキハ記載例第三十ノ振合ニ依リ新戸主ノ事項欄ニ婚姻ノ記載ヲ（戸主ノ族稱ヲモ記載スヘシ）為シ原因及ヒ年月日欄ニ入夫婚姻届ニ依リ明治年月日戸主トナル何月何日届出何日受附㊞ト記載スヘキモノトス（岡山縣前田村戸吏伺三十二年七月十七日民刑局長回答）仝號五四頁

○入夫婚姻ノ場合女戸主ノ戸籍事項欄ノ記載方ハ左ノ通（仝上）仝號仝頁

婚姻届ト家督相續届ト仝時ニ為シタル場合ニ於テハ女戸主ノ事項欄ニ「明治年月日何縣郡村番地氏名ト入夫婚姻届出仝日受附仝日入夫名家督相續仝日届出仝日受附」ト婚姻届ノミヲ為シタル場合ニ於テハ仝欄ニ「明治年月日何縣郡村番地氏名ト入夫婚姻届出仝日受附」ト記載シ

入夫ノ家督相續届アリタルトキハ尙ホ「明治年月日入夫名家督相續何月何日届出仝

日受附」ト記載スヘキモノトス

○相續人カ他家ヨリ入リタルト家族ナルトニ拘ハラス相續屆ニ依リテ新ニ戶籍ヲ編製スヘキモノニテ一旦相續人ヲ被相續人ノ戶籍ニ入レ或ハ相續人ノ事項欄ニ相續ノ事由ヲ記載スヘキモノニアラス記載例四十四ハ新戶籍ノ戶主トナリタル原因欄ニノミ記入スヘキモノトス（岡山地長問合三十二年五月九日民刑局長回答）仝九一號三〇頁

○戶籍ヲ編製スルニ他ノ家族トノ續柄ハ已ニ死亡又ハ他家ニ入リタル者ト他ノ家族トノ續柄ヲモ記載スヘキモノトス（仝上）仝號仝頁

○庶子カ女戶主タル母ノ家ニ入リタルトキハ女戶主ノ續柄ハ私生子トシ父母トノ續柄欄ニ庶子ト記スヘキモノトス（東京區監判問合三十二年五月五日民刑局長回答）仝九一號三七頁

○他ノ戶籍吏ノ管內ノ者ヲ選定シタルトキ相續ノ記載例（香川縣古高松村戶吏伺三十二年三月二十二日民刑局長回答）仝九〇號四六頁

戶主ト爲リタル原因及ヒ年月日欄ニ

前戶主某死亡ニ因リ何郡村番地戶主（族稱）某（續柄）明治年月日選定ニ因ル家督相

續仝月何日届出仝日受附㊞
（注意 戶主ト爲リタル年月日ハ選定ノ場合ニ於テハ相續ノ承認ヲ爲シタル日トス）

前戶主ノ戶籍事項欄ニ
何郡村番地戶主（族稱）某（續柄）某明治年月日選定ニ因リ家督相續仝月何日届出仝日受附㊞

家督相續ヲ爲シタル者ノ前戶籍ノ事項欄ニ
明治年月日選定ニ因リ何郡村番地何某死亡跡相續仝月何日届出仝日何郡村戶籍吏某受附仝月何日届書及ヒ入籍通知書發送仝月何日受附除籍㊞ト記載スヘキモノトス

○認知シタル胎兒ノ出生届ノ場合戶籍記載方ハ普通ニ依ル（福島縣二本松町戶吏伺三十二年三月十五日民刑局長回答）仝八九號四七頁

○甲地ノ者ト乙地ノ者ト丙地ニ於テ婚姻又ハ緣組届ヲ爲シ三ヶ所ニ於テ身分登記ヲ了シ戶籍ノ記載ヲ爲ストキハ左ノ如ク記ス（熊本縣古町村戶吏伺三十二年一月十二日民刑局長回答）仝八八號六六頁
明治年月日甲地番地何某ヘ養子緣組届出仝日丙地戶吏何誰受附仝月何日届書發送仝

月何日受附㊞〔トシ尚ホ入籍ノ通知ヲ受ケタルトキ〕同月何日甲地戸吏何誰入籍通知書發送同月何日受附除籍㊞

○失踪ノ登記ヲ爲シタルトキハ失踪者ノ戸籍ノ事項欄ニ記載三十九ノ記載ヲ爲シ其者ノ氏名欄ノミヲ抹消シ家督相續ノ登記ヲ爲シタル後戸籍ノ全部ヲ抹消スヘク新戸主ノ戸籍ニハ失踪者ニ關スル部分ヲ除キ他日失踪宣告ノ取消登記手續ヲ爲シタルトキ（戸二四、一二四）ハ戸一七九條ノ規定ニ準據シ新戸主ノ戸籍ニ失踪ノ宣告取消トナリタル事由ヲ記載シテ其戸籍ヲ抹消シ生存スルコト明白ト爲リタル戸主ノ戸籍ヲ更ニ編製スル等ノ手續ヲ爲スヘキモノトス〔長野縣小諸町戸吏伺三十二年一月十三日民刑局長回答〕仝八八號七四頁

○戸籍記載例飯田正夫カ戸主ト爲リタル年月日ハ明治五十五年十一月五日ノ誤植〔滋賀縣三雲村戸吏伺三十二年一月二十六日民刑局長回答〕仝號八七頁

○新戸籍編製スルニハ家族中配偶者ノ一方カ死亡シ居ルカ如キ塲合ト雖モ總テ事項欄ニ縁組婚姻届出年月日等ハ記載スヘキモノトス（仝上）仝號仝頁

○無名者ノ出生又ハ死亡登記ヲ爲シタルトキ戸籍記載ニ付テハ出生ノ塲合ハ氏名欄ニ無

名ト記スヘキモノトス（仝上）仝號仝頁

○私生子カ認知ニ因リ庶子トナリ婚姻ニ因リ嫡出子タル身分ヲ取得シタルトキ父カ戸主ニシテ私生子カ其籍ニ在ル場合ニ於テハ其都度續柄ノ記載ヲ改訂スヘキモノトス（福岡地問合三十二年一月三十一日民刑局長回答）仝八八號九七頁

○單身戸主ノ死亡失踪ニ因ル絶家ノ記載ハ記載例六十ニハ絶家ノ原因ナキニ付之レヲモ記載スルヲ相當トス（山形縣南遊位村戸吏伺三十二年二月二十四日民刑局長回答）仝號一一一頁

○棄兒ニ付テノ戸籍ハ發見登記ニ基キ地番ヲ附セサル新戸籍ヲ編製シ記載例ノ第三號ハ其戸籍ノ事項欄ニ記載スヘキモノトス第四號乃至六號ハ爾後引渡又ハ引受替若クハ登記取消ノ場合ニ記載ス（飯塚區判問合三十一年十二月五日民刑局長回答）仝八七號七〇頁

○隱居ノ記載例ハ其隱居ノ原因トシテハ民七五三、七五四ノ一項ノ事由ヲ記載スヘシ若シ是等ノ事由ナクシテ隱居ヲ爲ストキハ滿六十年以上ナルコトヲ記載スヘシ（和歌山縣仝市戸吏伺三十一年十二月八日民刑局長回答）仝八七號七七頁

○失踪登記ノ取消ヲ爲シタルトキハ抹消セシ氏名ヲ復活セス更ニ別欄ニ記載スヘキモノトス（千葉縣東浪見村戸吏伺三十二年十一月十四日民刑局長回答）仝八七號八五頁

○家族ノ認知ニシテ戸主ノ同意ナキ爲メ私生子カ父ノ家ニ入ルコトヲ得サル場合ノ戸籍記載方ハ記載例九ノ例ニ倣ヒ入籍ノ二字ヲ省キテ被認知者ノ戸籍ノミニ爲スヘシ（新潟縣加茂町戸吏伺三十一年十二月十五日民刑局長回答）仝八七號八八頁

○嫡出子タル身分取得ノ場合ハ其取得ノ年月日ニ拘ハラス年長者ヲ長男女トシ他ハ之レニ從テ訂正スヘキモノトス（名古屋區監判問合三十一年十二月十五日民刑局長回答）仝號八九號

○廢家シテ入籍スル場合ノ記載例（靜岡縣西益津村戸吏伺三十一年十二月二十一日民刑局長回答）仝八七號一〇四頁

明治何年月日縣郡村番地何某廢家ノ上入家屆出仝日受附入籍㊞

○廢家シテ他家ニ入リタル者カ離緣離婚シテ廢家再興ヲ爲ストキノ戸籍記載例（香川縣美合村戸吏伺三十三年五月五日民刑局長回答）仝一〇三號三六頁

新ニ編製スル戸籍中戸主トナリタル原因及ヒ年月日欄ニ「甲郡甲村七番戸戸主平民乙野乙平婿養子協議離緣復籍スヘキ家ナキニ因リ明治年月日廢家甲野氏再興屆出

〔註〕「身分登記例參照」

同日受附」

又養家ノ戸籍中甲平ノ戸籍事項欄ニハ離縁離婚ノ事項ノ外「明治年月日甲郡甲村一番戸廢家甲野氏再興屆出仝日受附除籍」ト記載スヘキモノトス

○單身戸主ノ死亡距ヲ他家ノ者カ選定セラレ相續ヲ爲シタルトキハ新戸籍ヲ編製シタル後左ノ如ク記載シテ除籍スヘシ（山口縣久賀村戸吏伺三十三年六月十四日民刑局長回答）仝一〇四號三五頁

明治年月日郡村番地何某死亡跡家督相續屆出仝日受附除籍㊞

○婿養子カ家女ト離婚シタルトキハ双方ノ戸籍事項欄ニ事由ヲ記載シ續柄ヲ姉又ハ妹ト改ムヘキモノトス（熊本縣肥地村戸吏伺三十一年十一月十四日民刑局長回答）仝八六號一一九頁

○遺妻カ亡夫ノ家ニ於テ亡夫ノ兄又ハ弟ト婚姻シタルトキハ双方ノ戸籍事項欄ニ年月日某ト婚姻屆出仝日受附ト記載シ遺妻ニ就キ家族トノ續柄ヲ某妻ト改ム（亡夫ノ兄又ハ弟カ戸主トナリタルトキハ戸主トノ續柄ヲ妻ト記載ス）ヘキモノトス（八王子區監判問合十一年十一月十四日民刑局長回答）仝號一二〇頁

○婿養子縁組ニ關スル記載例（奈良縣小川村戸吏伺三十一年十月二十日民刑局長回答）仝八五號六七頁

婿養子ノ戸籍事項欄ニ明治年月日何村番地某二男婿養子縁組但届出仝日受附入籍同日長女某ト婚姻届出仝日受附ト記載シ且其家族トノ續柄欄ニ長女某夫ト記載シ又家女ノ戸籍事項欄ニ明治年月日婿養子某ト婚姻届出仝日受附ト記載シ各記載事項ノ下ニ認印スヘキモノトス

○家女カ養子ノ離縁ニ因リ養子ト共ニ養子ノ實家ニ入ルトキ家女ノ戸籍記載例（山形縣荒砥町戸吏伺三十一年十月二十六日民刑局長回答）仝八五號九一頁

明治年月日夫養子離縁實家ニ復籍ニ付キ其家ニ入ル同日届出同日受附除籍

○分家戸主ノ戸籍ニハ本家戸主トノ續柄ヲ記載スルコトヲ要シ戸主ト爲リタル原因及年月日欄ニ何某弟（妹）云々ト記載スヘキモノトス（仝上）仝號仝頁

○記載例中母タカノ欄ニハ前戸主ノ戸籍中同人ノ欄ニ掲ケタル總テノ事項ヲ記載スルヲ相當トス又戸主正夫戸主ト爲リタル原因及ヒ年月日欄ニ明治五十九年トアルハ五十五年ノ誤寫（福岡縣角田村戸吏伺三十一年十月二十七日民刑局長回答）仝號一〇〇頁

○後見ノ記載例ハ三十五ニアリ右ハ被後見人ノ事項欄ニ爲スヘキモノトス（仝上）仝上一

○一頁

○胎兒相續ノ記載例ハ四十六ニアリ右ハ前戸主事項欄ニ爲スヘキモノトス（仝上）仝上

○相續人指定ニ付テハ指定者ノ戸籍ノ上欄ニ當分何某（族稱、出生ノ年月日、職業、本籍地ヲ併記シ）ヲ其家督相續人ニ指定スル屆出アリタルコト幷ニ其年月日ヲ記載シ又指定セラレタル者ノ戸籍ノ上欄ニ何某（族稱、出生ノ年月日等）カ當人ヲ家督相續人ニ指定スル屆出アリタルコト幷ニ其年月日ヲ記載スヘシ但屆出、登記ノ手續等ニ付テハ戸第三十三條三十四條五十三條二項ニ依準スルヲ相當トス（仝上）仝上

「編者曰ク本項ハ最早省議變更ニ因テ消滅ニ屬シタルモノナルヘシ家督相續人指定ノ部初項參看」

○戸籍父母ノ欄ニハ父母死亡ノトキハ亡ノ記載ヲ爲スヘキモ離緣離婚等ノ事由ヲ記載スルニ及ハス（靜岡縣五和村戸吏伺三十一年十月二十八日民刑局長回答）仝八五號一一二頁

○認知セラレタル私生子カ父家ニ入ルコトヲ得サルトキハ記載例第三號ノ九ノ例ニ傚ヒ入籍ノ二字ヲ除キテ戸籍ニ記載スヘシ（山梨縣寶村戸吏伺三十二年十月六日民刑局長回答）仝八四號八三頁

○戸籍記載例戸主ト爲リタル原因欄ニ示シタルモノト家督相續ノ部第四十四項トハ同一

ノ事實ニ付キ二様ノ記載方ヲ示シタルマテニ付キ戸主ト爲リタル原因欄ノ記載ヲ爲シタル上ハ重子テ第四十四項ノ記載ヲ爲スコトヲ要セス六十二項、六十六項ノ記載例ニ付テモ亦仝シ（廣島地長問合三十一年九月二十七日民刑局長回答）仝八三號一四四頁

○同居者ノ戸籍編製スルニ付キ本籍地欄ニ特ニ同居ノ表示ヲ爲スヲ要セス（仝上）仝上

○戸主カ家族ノ後見人タルトキ其身分登記ヲ爲シ戸籍ニ記載スルトキノ例（大阪府豐中村戸吏伺三十三年七月七日民刑局長回答）仝一〇五號三四頁

明治年月日戸主氏名就職届出仝日受附㊞

○戸主カ後見人タル場合隱居ヲ爲シ新戸主カ後見人ニ就職シタルトキハ更迭トシテ取扱ヒ左ノ如ク戸籍ニ記載スヘキモノトス（仝上）仝上

明治年月日後見人前戸主氏名隱居ニ付キ明治年月日新戸主氏名就職何月何日届出仝日受附㊞

○後見人ノ更迭及ヒ任務終了戸籍記載例（仝上）仝一〇五號三六頁

（更迭ノ場合）

明治年月日後見人何某辭任ニ付キ明治年月日何縣郡村番地何某就職届出仝日受附

（被後見人カ成年ニ達シタルニ因リ任務終了ノ塲合）

明治年月日被後見人成年ニ達シタルニ因リ後見人任務終了同月何日届出仝日受附

○出生届ニ出生子ノ名ニ傍訓ヲ附シタルトキハ身分登記及ヒ戸籍ノ記載ニハ傍訓ヲ附スヘク其他ハ之ヲ附スルニ及ハス（京都府八木村戸吏伺三十三年十月二十四日民刑局長回答）仝一〇八號二一頁

○長男其家ニ放火シテ父タル戸主ヲ燒死セシメ處刑セラレタルモ之レニ服セス控訴中家督相續届前其長男ノ妻子ヲ擧ケ之レカ出生届ヲ爲シタル塲合戸籍上戸主トノ續柄欄ニハ家督相續ノ届出ニ因リ新ニ戸籍ヲ編製スル迄ハ何等ノ記載ヲ爲スニ及ハス（岡山縣管生村戸吏伺三十三年十二月十二日民刑局長回答）仝一一〇號二四頁

○死亡シタル私生子認知ノ戸籍記載例（沼津區問合三十三年十二月十三日民刑局長回答）仝一一〇號二九頁

明治參拾貳年六月貳拾日駿東郡沼津町城内六番地戸主平民靑柳正三姉ハル私生子亡富吉認知届出仝日受附入籍㊞

○遺言ニ因ル私生子認知ノ戸籍記載例（仝上）仝號三〇頁

明治參拾貳年七月五日父亡駿東郡沼津町三枚橋貳拾番地戸主大工職小西恭三遺言執行者長田平松認知届出仝日受附除籍㊞

○母親他家ヘ嫁シタル後其私生子ヲ認知スル戸籍記載例(仝上)仝號仝頁

明治參拾貳年八月五日駿東郡沼津町城内九番地戸主平民高畠一郎甥私生子認知届出仝日受附入籍㊞

○私生子カ母ノ家ニ在テ夫ヲ迎ヘシ後認知スル戸籍記載例(仝上)仝號三二頁

明治參拾貳年九月七日父駿東郡沼津町本八百七番地戸主平民大山兼吉認知届出同日受附㊞

○妻子ヲ有スル私生子ヲ認知スル戸籍記載例(仝上)仝號三三頁

私生子龍三ノ事項欄

明治參拾貳年九月五日駿東郡沼津町上土五番地戸主平民村田新吉妹てる私生子認知届出仝日受附入籍㊞

右龍三妻さくノ事項欄

明治參拾貳年九月五日夫龍三入家シタルニ因リ入籍㊞

右龍三ノ子幸太郎ノ事項欄
右妻ノ記載例ニ準ス
○婚姻中私生子ヲ認知スル戸籍記載例（仝上）仝號三四頁
明治參拾貳年九月七日駿東郡沼津町本千七百番地戸主平民青山勝藏孫私生子認知届
出仝日受附入籍㊞

○第五十八類　戸籍記載順序

○戸法第一七七條ノ戸主ノ直系尊屬、直系卑屬、傍系親トアル中ニハ戸主ノ姻族ヲモ包含スルモノナルカ故ニ戸主ノ配偶者ノ直系尊屬、卑屬、傍系親ト戸主ノ血族タル直系尊屬、卑屬、傍系親アル場合ニ於テ戸籍記載ノ順序ハ仝條一項二號乃至五號及二項ニ依リ其順序ヲ定ム親等ノ同キ血族ト姻族トノ間ニアリテハ血族ヲ先ニスヘキモノトス（佐賀地長問合三十二年十二月十四日民刑局長回答）法曹記事九八號二三頁

○長男ノ妻、兄ノ妻ハ各其夫ノ次ニ記載シ長男ノ子ト二男ノ子、兄姉ノ子、ト弟妹ノ子、伯父母ノ子ト叔父母ノ子トハ出生ノ前後ニ依リテ順序ヲ定ム其他伯叔父母ハ甥姪ヨリ前ニ。伯叔祖父母ハ、從兄弟姉妹ヨリ前ニ。從兄弟姉妹ハ、姪孫ヨリ前ニ。曾祖伯叔父母ハ、伯叔從父母ヨリ前ニ。伯叔從父母ハ、從姪ヨリ前ニ。從姪ハ、曾姪孫ヨリ前ニ。高祖父母ノ兄弟姉妹ハ、從曾伯叔父母ヨリ前ニ。從曾伯叔父母ハ、再從兄弟姉妹ヨリ前ニ。再從兄弟姉妹ハ、從姪孫ヨリ前ニ。從姪孫ハ、玄姪孫ヨリ前ニ記載スヘキモノトス（仝上）仝號仝頁

○長男又ハ弟ノ遺妻ハ夫ノ存生ノ時記載セラルヘキ位置ニ記載スヘキモノトス（仝上）仝號仝頁

○嫡出子庶子私生子ノ間ニ於テハ出生ノ前後ニ因リテ順序ヲ定ムヘキモノトス（仝上）仝號二四頁

○傍系親數人アル塲合其配偶者ナキトキハ親等及親族間ノ順位ニ記載スヘキモ傍系親ナル弟ニ配偶者アリ又傍系親ノ甥アル塲合ハ弟及ヒ其配偶者ヲ記載シ其次ニ其甥ヲ記載スルヲ當然トス（奈良縣奈良市戸籍吏伺三十二年十月九日民刑局長回答）仝九六號五四頁

○民法施行前兄ニ於テ弟ヲ養子トセシハ民法施行ノ日ヨリ有効ナレハ弟ハ兄ノ直系卑属タリ故ニ兄戸主トナリ戸籍ヲ編製スルトキ兄ノ實子ト弟トノ戸籍記載順序ハ戸百七十七條三項ニ依ル（秋田縣元西馬音内村戸籍吏伺三十二年九月十八日民刑局長回答）仝九五號五〇頁

○第五十九類　續柄

○長女ノ婿養子死亡シタルヲ以テ更ニ養子ヲ爲シ其長女ト結婚セシメタルトキ前養子ノ子ト後ノ養子トハ叔、甥姪ノ續柄ナリ（佐賀地長問合三十三年四月五日民刑局長回答）法曹記事一〇二號三二頁

○私生子ヲ養子ト爲シタル後之ヲ認知セハ續柄ノ變更ヲ生スルモノナルニ付身分登記ノ變更ヲ要セス戸籍吏限リ戸籍ノ續柄ヲ訂正スヘキモノトス（丸龜區監判問合三十三年二月二日民刑局長回答）仝一〇〇號三二頁

○父ノ繼母ハ祖母ナリ（長崎市戸吏稟伺三十二年十二月十二日民刑局長回答）仝九九號三一頁

○妻ノ私生子ヲ入籍セシメタルモ繼父子ノ親族關係ヲ生セス從テ子女ノ出生ヲ屆出テタル場合ニ於テモ妻ノ私生子ノ戸籍額書ハ訂正スヘキモノニアラス（滋賀縣大津市戸籍吏伺三十二年十一月九日民刑局長回答）仝九七號四三頁

○妻カ戸主トナリタル後モ夫カ戸主タリシトキト仝シク子トノ續柄ハ長二男ト稱スヘキモノトス（岡山地長問合三十二年五月九日民刑局長回答）仝九一號二九頁

○前妻ノ子ト後妻ノ子トハ其續柄ハ通シテ長二三男女ト稱ス前夫ノ子ト後夫ノ子トハ後夫カ繼父トナラサル場合ニ於テハ後夫トノ間ニ於テ擧ケタル子ハ長女男トス其繼父トナル場合ハ前夫ノ長男ハ後夫ノ長男トナルカ故ニ其順序ニ依リ後夫ノ子ノ續柄ヲ定ムヘキモノトス（仝上）仝號仝頁

○女戸主ト其子トノ續柄ハ父異ナルモ所生ノ順序ヲ逐ヒテ長二男女ト稱ス（仝上）仝號仝頁

○繼子ト繼父母ノ實子トノ續柄ハ兄弟トス（仝上）仝號三〇頁

○戸主トナリタル入夫ト妻ノ私生子トノ續柄ハ卽チ妻ノ私生子ナリトス（仝上）仝號仝頁

○伯父母トハ父母兄姉ヲ云ヒ叔父母トハ父母ノ弟妹ヲ云フ（滋賀縣東押立村戸吏伺三十二年五月十日民刑局長回答）仝九一號三六頁

○庶子カ母ノ家ニ入リ母トノ續柄ヲ戸籍ニ記スル場合ハ私生子ト記シ父母トノ續柄ニ庶子ト記スヘキモノトス（東京區監判問合三十二年五月五日民刑局長回答）仝九一號三七頁

○甲乙ノ夫婦カ丙家ニ於テ子ヲ擧ケ共ニ離縁及ヒ離婚ニ因リテ各其家ヲ去リ後甲ハ乙ノ家ニ婿養子ニ入リ込ミ再ヒ乙ト婚姻シタル場合ニ於テ乙家ニ於テ甲乙間ニ擧ケタル子ハ長男女トス然レトモ丙家ニ於テ擧ケタル子ヲ入籍セシムルトキハ各子ハ年齢ニ依リテ長二三男女ト改ムヘキモノトス（富山縣東山見村戸吏伺三十二年五月一日民刑局長回答）全九一號四三頁（參照九〇號二五頁十一行）（仝十三行）

○從前ノ戸籍ニ養嗣子若クハ養女ト記シアルハ新ニ戸籍ヲ編製スル場合男ハ養子女ハ養女ト記スヘキモノトス（岐阜縣山田村戸吏伺三十二年四月十七日民刑局長回答）全九〇號四〇頁

○女ヲ養子ト爲シタルトキハ其養父母トノ續柄ハ養女ト記載スルヲ相當トス（新潟縣濁川村戸吏伺三十二年三月四日民刑局長回答）全八九號四七頁

○從前幼少ノ女戸主ニ入夫トシテ入籍シテ戸主トナリ其女婚姻年齢ニ達スルモ婚姻届ヲ爲サヽルトキハ夫婦ノ續柄ヲ生セス單ニ續柄ナキ家族ニ過キス（山梨縣谷村町戸吏伺三十二年二月三日民刑局長回答）

○夫死亡其妻戸主トナリ入夫ヲ迎ヘ入夫戸主トナリタルトキ前夫ノ姉アルトキハ戸主トノ續柄ハ妻ノ前夫ノ姉ト記スヘク若シ戸主ト其者ト親族關係アルトキハ其續柄ヲ記スヘキモノトス（三重縣野代村戸吏伺三十二年二月九日民刑局長回答）仝八八號五五頁

○戸主ハ父ニシテ長二男ノ妻卽チ婦カ自已ノ従兄弟姉妹等ヲ其家族ト爲シタル場合戸主トノ續柄ハ婦ノ従兄弟姉妹トス（埼玉縣桶川町戸吏伺三十二年一月二十五日民刑局長回答）仝號八一頁

○戸主ノ姉妹ノ私生子ハ戸主ノ家族トノ續柄ニ甥姪ト記シ家族トノ續柄ニ姉、妹某私生男女ト記スヘキモノトス（福岡地問合三十二年一月三十一日民刑局長回答）仝號九七頁（參照八七號九九頁六行）

○未婚ノ男子養子ヲ爲シ其後妻ヲ迎ヘタルトキ妻ト養子トノ續柄ハ養父ノ妻、夫ノ養子ト稱スルヲ以テ相當トス（和歌山縣仝市戸吏伺三十二年十二月八日民刑局長回答）仝八七號七六頁

○妻死亡後養子ヲ爲シタルトキ其養子ト養父ノ死妻トノ間ノ續柄養子ヨリ云フトキハ養父ノ亡妻ト稱スヘキモノトス（仝上）仝號仝頁

○私生子認知ノ場合ノ子カ父家ニ入ラサルトキハ戸主トノ續柄并ニ家族トノ續柄共其儘

差置クヘキモノトス〔秋田縣金澤西根村戸吏伺三十二年十二月十七日民刑局長回答〕仝八七號九九頁

○戸主カ自巳ノ弟妹又ハ孫或ハ甥姪ヲ養子ト爲シタルトキハ其養子ト爲リタル者ノ戸籍ノ戸主トノ續柄欄ノ記載ヲ訂正スル外他ノ異動ヲ訂正スルニ及ハス〔富山區監判問合三十三年五月八日民刑局長回答〕仝一〇三號三七頁

○弟カ兄ノ養子ト爲リ家督ヲ相續シテ戸主トナリタルトキ實父母兄弟トノ續柄ヲ戸籍ニ記載スルニハ矢張父母兄弟ト記載スヘキモノトス〔秋田縣金澤西根村戸吏伺三十三年六月十八日民刑局長回答〕仝一〇四號三六頁

○婿養子ト家女ト離婚シタルトキハ續柄ハ男ハ養子女ハ第何女ト稱スヘシ〔新潟縣吉田村戸吏伺三十一年十月三十一日民刑局長回答〕仝八六號九二頁

○双子ハ届書ニ掲ケタル出生ノ日時ノ順序ニ依リ長二男ヲ定ム〔新潟縣吉田村戸吏伺三十一年十月三十一日民刑局長回答〕仝號七頁

○男子ヲ携帶シテ婿養子ニ入リタル者カ戸主ト爲リタル後家女トノ間ニ男子ヲ擧ケタル

トキハ家女トノ間ノ子ヲ長男トシ携帶子ハ戸主氏名携帶子ト記載スヘキモノトス（仝
上）仝上

○戸主ト家族トノ續柄ヲ記載スルニ付テハ子ノ妻ヲ婦ト記載スル外例ヘハ伯母ノ夫ハ「伯
母夫」入夫ノ妻ノ弟ハ「妻弟」其他伯叔父母、兄弟姉妹、從兄弟姉妹、甥姪、等其關係ヲ其
儘記載シ差支ナシ（廣島地方長問合三十一年十月十三日民刑局長回答）仝八五號四一頁

○甲ナル庶子ヲ有スル者カ妻ヲ迎ヘ丙ヲ擧ケタルトキハ丙ハ長男ト稱スヘク若シ甲カ嫡
出子ノ身分ヲ得取シタル後ハ甲ヲ長男丙ヲ二男ト稱スルヲ相當トス（靜岡縣江尻町戸吏伺三十一年十月二十五日民刑局長回答）法曹記事八五號八二頁

○戸主ノ長男カ其弟ヲ（戸主ノ二男）養子ト爲シタル場合ニ於テハ其養子ノ戸籍事項欄ニ縁組
ノ記載ヲ爲シ戸主トノ續柄ニ二男トアルヲ長男ノ養子ト訂正シ家族トノ續柄欄ニ長男某
養子ト記載シ訂正ノ事由ハ記入ヲ要セス（山形縣金中村戸吏伺三十一年十月二十五日民刑局長回答）仝號八六頁

○實母ト庶子又ハ私生子トノ續柄ノ記載ハ長二男女トセス單ニ庶子男女又ハ私生男女ト
爲スヲ相當トス（廣島地長問合三十一年十月二十五日民刑局長回答）仝號八七頁

○庶子又ハ私生子ノ實母ノ兩親トノ續柄ハ孫ト記載スヘキモノトス（仝上）仝號仝頁

○先夫ニ長男アリ後夫亦男子ヲ擧ケタルトキハ二男ナリトス（仝上）仝號仝頁

○指定相續人カ相續シタルトキ被相續人ノ遺族タル父、母、妻アルトキ戶主ト家族トノ續柄ヲ戶籍ニ記載スルニハ前戶主ノ父、母、妻ト記スベシ（埼玉縣田宮村戶吏伺三十一年十月二十七日民刑局長回答）仝號一〇四頁

○繼母ノ携帶子ヲ戶籍ニ記載スル續柄ハ繼母ノ子ト記スペシ（香川縣岡田村戶吏伺三十二年十月四日民刑局長回答）仝八四號七三頁

○養子カ戶主トナリタルトキ養親ノ兄弟姉妹トノ續柄ハ伯叔父母養親ノ子トノ續柄ハ兄弟姉妹ナリトス（仝上）仝上

○妻死亡等ノ爲メ後妻ヲ迎ヘタルトキニ於テモ後妻ト記スルニ及ハス單ニ妻ト記スヘシ（仝上）仝上

○入夫ノ妻ノ父母ハ入夫ヨリ云ヘハ單ニ妻ノ父母ト稱スベキモノニテ養親ニアラス〔靜岡縣靑島村戸吏伺三十一年九月二十八日民刑局長回答〕仝八三號一四五頁

○養子カ自已ノ子ヲ養家ニ入籍セシメタルトキ戸主トノ續柄ハ記載スベカラス家族トノ續柄欄ニ養子何男（女）ト記載スベシ〔北見國蘂泊村外一村戸吏伺三十三年七月十七日民刑局長回答〕仝一〇五號四〇頁

○甲男乙女ノ私生子丙ヲ認知シタル後丙ハ甲男ノ庶子ノ身分ニテ他家ニ養子ト爲リ甲乙ハ其後婚姻シテ離婚ス此後丙離緣復籍スルトキハ戸籍面戸主トノ續柄ハ一旦甲乙婚姻シタルモノニ付直チニ幾男女ト記載スベキモノトス〔大阪東區戸吏伺三十三年十月八日民刑局長回答〕仝一〇八一九頁

○第六十類　轉籍及本籍地變更

○戸主死亡後法定ノ家督相續人カ轉籍セントスルトキハ相續届ヲ為シ新戸籍ノ謄本ヲ得テ為スヲ正當ノ順序トス（佐賀地長問合三十三年四月五日民刑局長回答）法曹記事第一〇二號三一頁

○轉籍届ニ添附スル戸籍謄本中實際ト相違スル記載タルモ新籍地ニ於テ訂正ヲ申請スル旨申立ルトキハ受理スヘキモノトス（大阪府豐中村戸吏伺三十三年二月十三日民刑局長回答）仝一〇〇號三三頁

○本籍地變更ノ場合モ地番ヲ用ユルモノトス（岡山縣鴨方村戸吏伺三十二年四月十三日民刑局長回答）仝九〇號二五頁

○甲村ヨリ乙村ニ轉籍シ其後乙村ヨリ復タ甲村ニ轉籍セントスルニ戸籍上元甲村ニアル除籍ノ通ニシテ更ニ變動ナキモ其届書ニハ戸籍副本ヲ添附スルコトヲ要ス（石川縣中居村戸吏伺三十二年四月十九日民刑局長回答）仝九〇號四三頁

○轉籍届ノ副本ニハ戸籍謄本ノ添付ヲ要セス（滋賀縣三雲村戸吏伺三十二年二月二十六日民刑局長回答）仝八八號八六頁

○轉籍ニ因リ除籍スル場合ニ於テモ戸籍ニ朱線ヲ交叉シテ抹消スヘキモノトス（岡山縣笹田村戸吏伺三十三年五月二十四日民刑局長回答）仝一〇三號四一頁

○甲番戶ヨリ乙番戶ニ移轉スルハ本籍地ノ變更ナルニ付戶第百九十六條ニ依ルヘキモノトス（新潟縣吉田村戶吏伺三十一年十月三十一日民刑局長回答）仝八六號九一頁

○戶籍吏ノ管轄內又ハ同一地番若クハ番外地內ノ轉住ニ付テハ轉籍ノ取扱ヲ爲スヘキモノニアラス（岐阜縣區監判問合三十一年十一月十八日民刑局長回答）仝號一三六頁

○本籍地變更ノ記載ヲ爲シタルトキハ其副本ヲ地方裁判所ニ送付スルニ及ハス（千葉縣一宮町戶吏伺三十一年十月十二日民刑局長回答）仝八五號三九頁

○戶主不在ノトキ財產管理人又ハ家族ハ戶主ノ本籍ヲ轉スルコトヲ得ス（豐多摩郡大久保村戶吏伺三十一年十月十五日民刑局長回答）仝號四四頁

○轉籍屆ノ場合ニ於テ戶籍副本ニ父母ノ記載ナキモ屆書ニ其氏名ヲ記載セシムルコトヲ要セス（豐多摩郡大久保村戶吏伺三十一年十月十五日民刑局長回答）仝八五號四五頁

○甲地ノ甲カ乙地ニ轉籍屆ヲ出シ乙地ヨリ甲地ニ入籍通知ヲ爲シタルモ未タ其通知ヲ受

「編者曰ク本件ノ伺回答ハ法曹記事ハ脱字アリテ通牒ニ就カサレハ其意了解シ難シ讀者之ヲ諒セヨ」

理セサル以前甲ノ戸籍ニ入籍スヘキ出生届等ヲ丙地戸籍吏ヨリ送付シ來ルヲ以テ其登記及ヒ戸籍入籍ノ手續ヲ了シタル後乙地戸籍吏カ發送シタル入籍（轉籍）通知ヲ受理シタル場合ノ取扱方ハ左ノ通

丙地ニ爲シタル出生届カ乙地ヘノ轉籍届ヨリ先ナルトキハ甲地ニテ爲シタル入籍手續等ハ正當ナルニ付本人ヨリ更ニ甲地ノ戸籍謄本ヲ請求シ乙地ニ之ヲ差出シテ轉籍届ノ補充ヲ爲スヘク　又若シ出生届カ轉籍ヨリ後ナルトキハ甲地戸籍吏ハ出生届ノ正本ヲ丙地ニ返戻スベシ丙地戸吏ハ戸第四十條ニ依リテ本人ニ通知シ申請ニ因リ登記ノ變更ヲ爲シタル後一面乙地ニ届書ノ正本ト變更申請書ノ正本トヲ送付シ一面甲地戸吏ニ變更申請書ノ副本ノ中一通ヲ送付スヘシ而シテ乙地ニテハ届書及申請書ノ正本ニ基キ登記及ヒ入籍手續ヲ爲スヘク甲地ニテハ右變更申請書ノ副本ニ基キテ先キニ爲シタル身分登記ヲ變更シ且ツ戸籍ヲ訂正スヘシ（山梨縣寶村戸吏伺三十二年十月六日民刑局長回答）全八四號八四頁

○轉籍ハ身分登記ヲ爲スヘキモノニアラス（東京府大井村戸吏伺三十一年九月二十一日民刑局長回答）全八三號一二五頁

○第六十一類　就籍除籍

○出生届前ニ父母死亡シ外ニ戸七一條ノ届出義務者ナキ塲合其者カ未成年ナルトキハ戸二百二條第四十六條ニ依リ未成年者ノ後見人ヨリ就籍届ヲ爲スヘキモノトス（埼玉縣桶川町戸吏伺三十一年一月二十五日民刑局長回答）法曹記事八八號八一頁（參照八三號一二八頁一行）

○出生届漏ノ者カ本籍ヲ有セントスル塲合ニ於テ届出義務者ナキトキ又ハ其所在不明ナルトキハ就籍ノ手續ヲ爲サヽル可カラス（松江市戸吏伺三十一年十二月二十八日民刑局長回答）仝八七號六二頁

○明治五年ノ戸籍編製ニ漏レタル者又ハ一旦戸籍ヲ有シタルモ爾後或ル事由ノ爲メ之ヲ失ヒタル者ハ就籍ノ手續ヲ爲スヘキモノトス（新潟縣吉田村戸吏伺三十一年十月三十一日民刑局長回答）仝八六號九一頁

○出生届出漏ノモノ戸七十一條ノ義務者ヨリ届出タルトキハ何時ニテモ受理登記セサル可カラス此塲合ハ就籍手續ヲ爲スヘキモノニアラス又死亡届洩ハ復本籍ヲ有スル者ニ非サルカ故ニ届出義務者ヨリ死亡届ヲ爲スベキモノニテ除籍届ノ手續ニ據ルコトヲ得ス（島根縣矢上村戸吏伺三十二年十月十日民刑局長回答）仝八四號九九頁

○就籍除籍ハ身分登記ヲ爲スヘキモノニアラス（東京府大井村戸吏伺三十一年九月二十一日民刑局長回答）仝八三號一二五頁

○第六十二類　寄留

○寄留届ハ法定代理人ヨリ之ヲ爲スコトヲ要ストノ規定ナキニ付キ未成年ト雖モ本人ヨリ之ヲ爲スコトヲ得ヘシ（東京區監判問合三十二年十一月十五日民刑局長回答）法曹記事九七號三九頁

○寄留ニ關スル十九年内務省令十九號ハ外國人ニハ適用セス（札幌地長問合三十二年七月二十五日民刑局長回答）仝九四號五一頁

○家族ノ寄留ハ從前ノ通其者ト家主トノ連署ニテ届出ツルコトヲ得戸主ノ同意承諾等ヲ表示スルヲ要セス（富山縣魚津町戸吏伺三十二年三月二十八日民刑局長回答）仝八九號六二頁

○同町村ニ在テハ寄留届ヲ要セス（愛知縣西鄉村戸吏伺三十二年一月三十一日民刑局長回答）仝八八號九四頁

○寄留ニ關スル事務ハ總テ從前ノ通市町村長取扱フヘキモノニシテ只其監督ノミ區裁判所ニ移リタルモノトス（二一〇五大町區判問合三十二年十一月七日民刑局長回答）仝八六號九九頁

○寄留者ハ身分ニ關スル總テノ届出ヲ戸籍吏ニ爲スノ外明治十九年内務省令十九號一條乃至四條ニ掲ケタル事項ニ關シテハ同令第五條但書ニ依リ市區町村長ニモ届出ツヘキ

モノト決定セサルヲ得ス但寄留者ノ戸籍法ニ依ル屆出ヲ寄留地ノ戸籍吏ニ爲シタル場合ニ於テハ其戸籍吏ハ屆出ノ副本ニ依リ市區町村長トシテ寄留簿ニ記載ヲ爲スコトヲ得ヘク又本籍地ノ戸籍吏ハ送付ヲ受ケタル屆書ノ正本ニ依リ市區村長トシテ出寄留簿ニ記載ヲ爲スコトヲ得ヘキヲ以テ此場合ニ於テハ身分ニ關スル屆出ヲ一面内務省令ニ依ル屆出ト看做シ別段ノ屆出ヲ爲サシムルニ及ハサルベシ（仝上）仝號一〇一頁

○戸第二百二十二條ニ所謂寄留ニ關スル規定ハ左ノ如シ〔彦根區監判問合三十一年十月二十日民刑局長回答〕仝八五號六五頁

一明治四年布告第四號第十六則中ノ旅籠屋ニ限ラス都テ逗留云々九十日以上ハ寄留トシ屆出ツベキ規則

一明治十九年內務省令第十九號中第六條乃至第九條ノ規定

一明治十九年內務省令第二十二號中第二十條乃至第二十四條ノ規定

○內務省令十九號六條七條八條ニ違背シタル者ハ九條ニ依リ科料ノ制裁ヲ受ク隨テ六ヶ月ヲ經過セハ時効ニ因テ公訴消滅スヘキモノトス（仝上）仝八五號六六頁

○明治十九年內務省令第十九號第九條外國ニ渡航云々ノ規定ハ戸籍法第二百二十二條中

寄留ニ關スル規定トアル內ニ包含スルモノト解スルヲ相當トス（山口縣川下村戸吏伺三十三年八月十一日民刑局長回答）
仝一〇六號一九頁

○第六十三類 附籍

○從來ノ附籍者其籍ヲ脱セントスル塲合實家ノ戸籍ニ家族トシテ記載シアル者ハ從前ノ取扱例ニ依リ附籍者ノ氏名ヲ他家ノ附籍ヨリ除クベキモノトス（福岡地問合三十二年一月三十一日民刑局長回答）法曹記事八八號九六頁

○附籍人ハ其籍ノ附シアル處ニ一戸ヲ有スル戸主ト看做シ其者ニ家族アルトキハ其戸主權ニ服スルモノト爲スヲ相當トス但他家ノ附籍者トシテ記載アルニ拘ハラス實家ノ戸籍ニ家族トシテ記載アル者等アルニ於テハ其者ハ實家ノ家族ト看做サヽル可カラス（高知縣西津野村戸吏伺三十一年十一月十日民刑局長回答）仝八六號一一〇頁

○從來甲家ノ附籍人タリシ者其籍ヲ脱セントスル塲合ニ於テ其者カ戸主ナルトキハ一家ヲ創立スヘク又若シ乙家ノ家族ナルトキハ乙家ニ復籍スベキ筋合ナリトス但將來ハ附籍願ヲ許ス可キモノニアラス（廣島區問合三十一年七月二十三日民刑局長回答）仝八二號四一頁

○第六十四類　別　居

○民法七四九、八八〇條等ニ依レハ家族ハ戸主ノ意ニ反セスシテ別居スルコトヲ得ヘシ然レトモ別居ニ付テハ寄留ニ關スル手續ヲ爲ス外屆出登記又ハ戸籍ノ記載ヲ爲スコトヲ要セス（長野縣小諸村戸吏伺三十一年十二月十七日民刑局長回答）法曹記事八七號九九頁

○第六十五類　證明

○從來改名、年齡等ノ證明ヲ請フ者ニハ町村長ニ於テ下付セシモ自今ハ戶籍吏身分登記又ハ戶籍ノ謄本抄本ヲ請求セシムヘキモノトス〔滋賀縣三雲村戶吏伺三十二年一月二十六日民刑局長回答〕法曹記事八八號九〇頁

○從來ノ後見人證明書ヲ請求スル者アルトキハ後見人名簿又ハ後見人屆出ノ寫ヲ無手數料ニテ下付スヘキモノトス（仝上）仝號仝頁

○右後見證明方ハ戶籍吏ノ資格ニテ取扱フモノトス（仝上）仝號仝頁

○戶籍吏ハ親族ナリトノ屆出ヲ爲シ且之レニ依リテ其親族ナリトノ證明ヲ求ムル者アルモ之ヲ受理シ且證明ヲ與フヘキモノニアラス〔石川縣鳥屋村戶吏伺三十二年二月十五日民刑局長回答〕仝八八號一〇五頁

○戶籍ニ關スル諸證明ハ身分登記又ハ戶籍ノ謄本抄本ヲ以テ證明シ得ヘキモノハ本年省令十三號ノ手數料ヲ徵シテ之ヲ下付スベク其他ノ事項ニ付キ町村長ノ資格ニテ證明スヘキモノニ付テハ從來手數料ノ條例ヲ設ケ之ヲ徵收シ來リシモノハ從來ノ通徵收下付シ差支ナシ〔宮崎縣大淀村戶吏伺三十一年十二月十二日民刑局長回答〕仝八七號八〇頁

○町村長カ他ノ行政事務上戸籍簿ヲ使用スルトキハ戸籍ノ記載事項中年齢族稱等ヲ自然他ニ對シ證明スルノ結果ト爲ルモ差支ナシ（高知縣畑山村戸吏伺三十一年十二月十四日民刑局長回答）仝八七號八六頁

○恩給扶助料受領者ニ生存證書ヲ附與シ公證人規則ニ依リ在籍證明ヲ爲シ死亡者ノ埋葬證書ヲ與フルカ如キハ市町村長ノ職務トス（豐多摩郡大久保村戸吏伺三十一年十月十五日民刑局長回答）仝八五號四二頁

○戸籍吏ハ戸第十三條第百七十四條ニ依リ登記又ハ戸籍ノ謄本又ハ抄本ヲ交付スル外本家ト分家ノ續柄ニ關スル證明ヲ爲スコトヲ要セサルモノトス（靜岡縣富塚村戸吏伺三十二年十月十五日民刑局長回答）仝號五六頁

○戸籍閲覽人カ自己ニ於テ謄寫シテ之レニ戸籍正本ト相違ナキ旨ノ證明ヲ請求スル者アルモ證明ヲ與フ可キモノニアラス（愛媛縣喜多村戸吏伺三十一年十二月二十日民刑局長回答）仝八五號六六頁

○第六十六類　女子ノ名

○女子ノ名ヲ漢字ヲ用ユルトキハ從來ノ通傍訓ヲ付セシムベシ〔福岡縣角田村戸吏伺三十一年十月二十七日民刑局長回答〕
法曹記事八五號一〇〇頁

○第六十七類　地方裁判所保存ノ戸籍副本

○境界變更等ノ爲メ裁判管轄區域ニ變更ヲ生シタルトキハ地方裁判所保存ノ戸籍副本ハ分割ノ上引繼ヲ要ス（水戸地書課問合三十二年五月十日民刑局長回答）法曹記事九一號三五頁

○戸籍ノ副本等ハ地方裁判所支部ニハ納付スヘカラサルモノナリ（山形縣荒砥町戸吏伺三十一年十月二十六日民刑局長回答）仝號九一頁

○戸第百七十三條ノ手續ヲ爲シ又ハ異動ヲ生スルモ地方裁判所ニ保存ノ副本ニハ何等ノ手續ヲ要セス（熊本地問合三十一年十月十日民刑局長回答）仝八四號一〇一頁

○戸籍ノ副本ヲ納付ノ後其戸籍ニ異動ヲ生スルモ報告ヲ要セス（熊本區問合三十一年八月四日民刑局長回答）仝八二號八二頁

○第六十八類　入籍通知

○入籍通知ハ身分ニ關スル届書ノ送付スヘキモノナキ場合ニ於テハ素ヨリ通知書ノミ送付スベキモノトス〔熊本縣古町村戸吏伺三十二年一月十二日民刑局長回答〕法曹記事八八號六六頁

○入籍通知書ノ發送及ヒ受付ノ年月日ハ身分登記簿中相當身分登記ノ文末ニ記入ヲ要セス〔新潟縣加茂町戸吏伺三十二年十月十八日民刑局長回答〕仝八五號五八頁

○入籍通相書ハ戶第三十七條第三十八條ノ手續ヲ爲スニ及ハス（仝上）仝上

○第六十九類　身分登記及ヒ戸籍ノ謄本抄本閲覽並其手數料

○重要輸出品同業組合長ヨリ戸籍ノ閲覽又ハ謄本抄本ヲ請求スルトキハ手數料及ヒ郵便料ヲ徴收スヘキモノトス（岩手縣矢作村戸吏伺三十二年九月二日民刑局長回答）法曹記事九四號五二頁

○手數料ヲ遠隔地ヨリ郵便切手代用ヲ以テ送附スル者アルトキ町村ノ收入ト爲スニ差支ナケレハ請求ヲ受理シ然ルヘシ（大阪府福井村戸吏伺三十二年四月二十日民刑局長回答）仝九〇號四三頁

○戸籍法ノ規定ニ依リ納付スル手數料ハ他ノ町村ノ收入トナルヘキ手數料ト同一ニ取扱フヘキモノトス（高知縣後免町野田村戸吏伺三十二年一月十日民刑局長回答）仝八八號六五頁

○戸第十三條三項ニ依リ謄本抄本請求ノ場合手數料ノ外郵送料ヲ送付セス又ハ不足スルトキハ交付ノ義務ナシ此場合ニ於テハ仝條四項ニ依リ通知スルヲ要ス其費用ハ役場ノ經費トス（山形縣荒砥町戸吏伺三十二年一月二十六日民刑局長回答）仝八八號八九頁

○謄本ノ本文ニ依リテ年月日ヲ知ル能ハサル場合ハ右謄本ハ明治年月日ノ身分登記（戸籍）ノ原本ト相違ナキコトヲ認證スト記シテ可ナリ（仝上）仝號九〇頁

○閲覽ハ一ノ手數料ヲ以テ幾人ノ分ヲモ制限ナク許サヽル可カラス（仝上）仝號仝頁

○閲覽ハ一件一人ニ限ル一ノ手數料ヲ以テ一件トシテ數人カ閲覽スルコトヲ許サス（仝上）仝號仝頁

○閲覽ハ一回一日ヲ超ユルコトヲ得サルモノト爲スヲ相當トス（仝上）仝號仝頁

○閲覽ハ人ヲ代理シテ數人分ノ戸籍ヲ一件トシテ閲覽スルコトヲ許サヽル可カラスト雖モ職務ノ妨害トナルヘキ場合ニ於テハ相當ノ制限ヲ附スルヲ得ヘシ（仝上）仝號仝頁

○閲覽人ハ其場ニ於テ身分登記簿ヲ謄寫スルコトヲ得ヘシ（仝上）仝號仝頁

○手數料ヲ郵便爲替ニテ納付シタルトキハ現金ニ非ラサルモ之ヲ拒ムコトヲ得ス（島根縣小野村戸吏伺 三十二年二月十三日 民刑局長回答）仝號一〇一頁

○除籍簿ノ謄本抄本ヲ請求スル者アルトキハ戸籍簿謄本抄本同樣手數料ヲ徵シ下付スヘ

キモノトス〔和歌山縣朝來村戸吏伺三十二年十二月十二日民刑局長回答〕仝八七號八〇頁

○身分登記簿ノ閲覽又ハ登記ノ謄本若クハ抄本ノ交付ハ何人ト雖モ（戸十三條參看本條ニハ條約關係ノ有無ヲ問ハス總テノ外國人ヲ包含ス）手數料ヲ納付シテ請求スルコトヲ得〔千葉縣東浪見村戸吏伺三十二年十二月十四日民刑局長回答〕仝八七號八五頁

○消防組頭ヨリ戸籍簿閲覽ノ請求ヲ爲シタルトキハ無手料ニテ閲覽セシムヘキモノトス〔長野縣夜間瀬村戸吏伺三十三年六月十二日民刑局長回答〕仝一〇四號三四頁

○商業會議所員又ハ發起人ヨリ身分登記簿又ハ戸籍ノ閲覽又ハ謄本抄本ヲ求ムル場合ハ仝會議所又ハ發起人ヨリ商業會議所條例施行規則第十條ノ請求ヲ受ケタル市町村長ハ身分登記簿戸籍簿等ヲモ無手數料ニテ開示スヘキモノトス〔農商務省次官照會三十一年十一月十五日民刑局長回答〕仝八六號一一三頁

○戸籍ノ謄本ハ死亡其他除籍ニ係リ朱抹シアル者ト雖モ謄寫スヘキモノトス〔靜岡無木村戸吏伺三十一年十月十二日民刑局長回答〕仝八五號三〇頁

○届書其他ノ書類ノ謄本抄本ハ法律ニ明文ナキヲ以テ之ヲ請求スル者アルモ下付スルコトヲ要セス（秋田縣鵜川村戸吏伺三十二年十月十五日民刑局長回答）仝八五號四八頁

○従前ノ戸籍ノ謄本抄本ヲ作ルニハ舊用紙ヲ用フルヲ相當トスレトモ時宜ニ因リ新用紙ヲ用フルモ差支ナシ（宮城縣中新田町戸吏伺三十二年十月二十一日民刑局長回答）仝八五號七〇頁

○手數料ノ收入ニ付テハ戸籍吏ハ町村長タル資格ヲ以テ收入命令ヲ發スヘシ別段戸籍吏ヨリ町村長ニ通知スルニ及ハス（奈良縣櫻井町戸吏伺三十二年十月一日民刑局長回答）仝八四號五一頁

○戸第十三條末項閲覽交付ヲ許サヽル場合トハ相當ノ手數料ヲ納メサル場合火災水災等ニ因リ事實上許可スルコト能ハサル場合ノ如シ（秋田縣種梅村戸吏伺三十二年十月一日民刑局長回答）仝號五五頁

○戸第十三條閲覽又ハ謄本抄本ノ請求ハ自已ノ戸籍ニ限ラス他人ノ戸籍面ニ係ルモノト雖モ請求スルコトヲ得ヘキモノトス（島根縣矢上村戸吏伺三十二年十月十日民刑局長回答）仝八四號九四頁

○戸籍法ニ定メラレタル手數料ハ如何ナル場合ト雖モ之ヲ免除スルコトヲ得ス（高知縣弘岡上ノ村戸吏伺三十一年九月十二日民刑局長回答）仝八三號五七頁

○戸籍ノ謄本抄本ハ原本ト同一ノ用紙ヲ用ユヘキモノ故十九年内務省令ノ用紙ニ改寫シタルモノハ其用紙ヲ用ユヘキモ未タ改寫セサルモノハ原本白紙ナレハ白紙ヲ用ヒ差支ナシ〔東京府大井村戸吏伺三十一年九月二十一日民刑局長回答〕全八三號五七頁

○第七十類　書類ノ引繼

○刑罰家資分散及ヒ破産ニ關スル通知書類ハ既決犯罪事件ノ通知ヲ除クノ外町村長ヨリ戸籍吏ヘ引繼クヘキモノニアラス又將來右ノ通知ハ戸籍吏カ之ヲ受クヘキモノニアラス（尾道區監判問合三十一年十一月二日民刑局長回答）法曹記事八六號九七頁

○戸籍法實施ニ付戸籍吏ト町村長トノ間ニ於テ形式上事務ノ引繼ヲ爲スニ及ハス又戸籍法ノ事務ハ戸籍吏トシテ取扱ヒ其他ノ事務ハ町村長ノ名ヲ以テ取扱フヘキモノトス（奈良縣田原本町戸吏伺三十一年十月二十二日民刑局長回答）全八五號七二頁

○區裁判所カ地方廳ヨリ引繼ヲ受クヘキ從前ノ屆書類ニハ戸籍ノ屆ニモ身分ニ關スルモノアルヲ以テ總テ引繼ヲ受ヘキモノトス（福岡地長問合三十一年十月十一日民刑局長回答）法曹記事全八四號二〇頁

○廢嫡願其他身分登記變更願事件ニシテ戸籍法施行前地方廳ヘ差出シ未決了ノ分ハ區裁判所ニ於テ引繼ヲ受クヘキモノニアラス（福井地長問合三十一年七月二十一日民刑局長回答）全八二號三九頁

○第七十一類　既決犯罪事件通知

○既決犯罪事件ノ通知ハ戸籍トシテ之ヲ受理シ又ハ保存スル等其取扱ニ屬スル塲合ハ司法行政監督ノ下ニ取扱フヘク犯罪ノ證明ヲ爲シ又ハ名簿ヲ作ルカ如キ市町村長ノ職務ニ屬スル塲合ハ町村行政監督ノ下ニ取扱フヘキモノトス〔氣仙沼區判問合三十一年十二月六日民刑局長回答〕法曹記事八七號七三頁

○第七十二類　戸籍法違反事件ノ管轄

○軍人カ戸籍法ニ違反セシトキノ管轄ハ多クノ場合ハ兵營地ヲ以テ生活ノ本據ト爲スモ兵營地外ヲ以テ本據ト爲ス場合モアルカ故ニ其管轄ハ事實問題ニ屬ス（山田區監判問合三十二年九月二十七日民刑局長回答）法曹記事九五號五三頁

○第七十三類　罰則

○戸籍訂正ノ許可ヲ得タル者裁判確定後一ケ月内ニ訂正ノ申請ヲ為サヽルモ戸第二百十條ヲ適用シテ處罰スヘキ限ニアラス（盛岡區監判伺三十三年四月二十三日民刑局長回答）法曹記事一〇二號三九頁

○戸籍法第二百十三條ノ犯則アルトキハ戸籍吏罷職後ト雖モ過料ニ處スヘキモノトス（富山區監判問合三十二年十一月八日民刑局長回答）仝九七號四〇頁

○明治六年二十八號及ヒ二百六十三號布告ハ民法施行ノ日ヨリ廢止ニ付該布告ニ違反シタル者ハ舊法ニ依リ處罰スルコトヲ得ス（東京府大久保村戸吏伺三十二年十二月十三日民刑局長回答）仝八七號八一頁

○戸籍法ノ處罰ハ必スシモ本人ノ出頭ヲ要セス口頭又ハ書面ヲ以テ為ス當事者ノ申述ヲ聽キ裁判スヘキモノトス（戸二一四、非八、一三三、二〇七、二項）（撫養區判問合三十一年十一月八日民刑局長回答）仝八六號一〇九頁

○戸籍法施行以前ノ出生届漏等施行後届出ツル者ハ期間ノ經過ニ付キ戸籍法上ノ裁判ヲ受ケス（秋田縣鵜川村戸吏伺三十二年十月十五日民刑局長回答）仝八五號四八頁

○屆出ヲ受ケタル戸籍吏カ其屆書ニ誤謬アルコトヲ發見シタルヲ以テ之ヲ訂正セシメタルニ其間ニ期間經過シタルトキハ處罰セサルモ非本籍地戸吏ヨリ送付シタル屆書ニ誤謬アル爲メ返戻中期間經過ニ係ルモノハ處罰セラルヽコトナシ〔岩手縣山田町戸吏伺三十二年十月十八日民刑局長回答〕全八五號六〇頁

○戸籍吏ヲ處分シタル過料金ハ國庫ノ收入トス〔幸手區判問合三十一年十月七日民刑局長回答〕全八四號八九頁

○戸籍法施行以前屆出ヲ怠リタル者ハ施行後罰スルコトヲ得サルニ因リ戸第六十四條ノ通知ヲ要セス〔大阪府錦郡村戸吏伺三十二年九月七日民刑局長回答〕全八三號四七頁

○死亡屆出義務者數人アル場合其屆出ヲ怠リタルトキハ數人ヲ過料ニ處スヘキモノトス〔福井區監判問合三十一年九月二十一日民刑局長回答〕全號一二二頁

○如何ニ交通不便ノ事情アリト雖モ期間經過シタルモノハ戸籍吏ハ之ヲ裁判所ニ通知セサルヲ得ス但正當ノ事由ニ依リ屆出期間ヲ經過シタルモノハ之ヲ過料ニ處スルコトヲ得ス〔沖繩縣八重山間切戸吏伺三十一年九月三十日民刑局長回答〕全八三號一五七頁

○届出期間内一旦届書ヲ差出シタルモ訂正スヘキ廉アリ之ヲ却下シタルニ訂正ノ上更ニ届出タルトキ期間經過トナリタルモノハ管轄區裁判所ニ通知セサルヲ得ス(仝上)仝號一五八頁

○裁判所カ戶籍法ノ違犯者ニ對シ申述ヲ爲サシムルニ適當ノ手續ヲ爲シタルニ拘ハラス違反者カ申述ヲ爲サヽルトキハ檢事ノ意見ヲ求メタル後之カ裁判ヲ爲サヽル可カラス{大垣區監判問合三十二年三月九日民刑局長回答}仝第八九號六五頁(參照八七號六五頁十一行)

○第七十四類　抗告

○登記スヘカラサル事件ノ登記ヲ爲シタル爲メ届出人以外ノ利害關係人ヨリ戶籍吏ノ處分ヲ不當トシテ抗告シタル塲合ニ於テハ抗告事件トシテ之ヲ取扱フヘキモノトス（秋田區監判問合三十三年八月二十二日民刑局長回答）法曹記事一〇六號二一頁

○前項ノ塲合ニ於テ抗告事件トシテ取扱フモ戶籍吏ハ自ラ登記ヲ取消シ又ハ變更ヲ爲スコトヲ得サルニ付キ意見ヲ附シテ五日內ニ書類ヲ裁判所ニ返還シ裁判ニ依リテ取消又ハ變更ヲ爲スヘシ（仝上）仝上

○第七十五類　雜　部

○戶籍吏ハ時宜ニ依リ戶籍ノ抄本ヲ提出セシムルコトヲ妨ケスト雖モ之ヲ提出スルヲ以テ屆書受理ノ要件ト爲スコトヲ得ス〔北海道眞妙外四町二村戶吏伺三十一年十月十二日民刑局長回答〕法曹記事第八五號三一頁

○從前送籍ノ際添付シタル犯罪ノ有無及ヒ破產若クハ家資分散ノ宣告等ニ關スル書類ハ新法實施後ハ町村長トシテ送付シ又ハ送付ヲ求メ然ルヘシ〔東京府調布町戶吏伺三十二年十月三日民刑局長回答〕仝八四號六五頁

○戶籍吏ノ職印ニ郡名若クハ之ノ印章等規定以外ノ文字ヲ附記シタルモノハ改正セシムルニ及ハス〔大洲區判問合三十一年十月四日民刑局長回答〕仝號七七頁

○戶籍法中裁判所ノ許可ヲ受クル事項ニ付テハ戶籍役場ヲ經由スルニ及ハス〔島根縣矢上村戶吏伺三十一年十月十日民刑局長回答〕仝八四號一〇〇頁

○婦女ノ名ハ平假名又ハ片假名何レヲ用ユルモ屆出人ノ自由ナリトス〔茨城縣高岡村戶吏伺三十一年九月六日民刑局長回答〕仝八三號四〇頁

○市町村長ハ必要ニ際シ戸籍役場ノ戸籍簿ヲ使用スルコトヲ得（埼玉縣鴻巣町戸吏伺三十一年九月十六日民刑局長回答）仝八三號七一頁

○戸籍法施行前送籍狀ヲ發シタルモノト雖モ入籍ノ手續ヲ完了サリシ場合（卽チ施行後ニ送籍狀到達シタルトキ）ニ於テハ新法ノ規定ニ依リ更ニ届出ヲ爲サヽル可カラサルニ因リ其送籍狀ハ發送地戸籍役場ニ返戻スヘキモノトス（靑森縣五所川原町戸吏伺三十一年九月十九日民刑局長回答）仝號九一頁

○戸籍役場ノ看板ハ掲示セサル趣旨ナリ（富山縣新屋村戸吏伺三十一年九月十九日民刑局長回答）仝八三號九二頁

○戸籍吏ヨリ事務上質疑スル場合ハ區裁判所ヲ經由シ區裁判所ハ地方控訴院等ヲ經由セス直接本省ヘ差出スヘキモノトス（高知地長問合三十一年七月二十六日民刑局長回答）仝八二號四七頁

○戸籍法上ノ疑義稟伺ニ付テハ法令ノ明文又ハ同一事項ニ關シ既ニ發セラレタル大臣ノ訓令ニ因リ明確ニシテ別ニ稟伺ヲ要セサルモノト思料スルトキハ監督刑事ヨリ訓示シ然ルヘシ（盤井區監判問合三十一年七月三十九日民刑局長回答）仝八二號五七頁

○戸籍法第三條

○本條中家ヲ同フスルモノトハ一戸籍ト云フ意ニシテ別戸籍ニシテ一家內ニ同居スル者ヲ包含セス（島根縣矢上村戸吏伺三十二年十月十日民刑局長回答）法曹記事八四號九四頁

○本條第二項ノ吏員ノ上席者中ニハ收入役ヲモ包含ス其位置ハ實際ノ待遇ニ依リテ定ム（青森縣五所川原町戸吏伺三十一年九月十九日民刑局長回答）仝八三號九〇頁

○本條二項ノ吏員ノ上席者中ニハ書記モ包含ス（靜岡縣井伊谷村戸吏伺三十二年九月十九日民刑局長回答）仝號九四頁

○戸籍法第八條

○本條ニ從ヒ毎年身分登記簿ヲ編製スルニ付テハ登記番號モ新タニ一號ヨリ起スヘキモノトス〔中之條區判問合三十一年十月十一日民刑局長回答〕法曹記事第一八四號一一二頁

○戸籍法第十八條

○本條ノ年月日及ヒ受附番號ヲ記載スルニモ略字ヲ用ヒサルヲ相當トス（滋賀縣三雲村戸吏伺三十二年一月二十六日民刑局長回答）法曹記事八八號九一頁

○本條ノ番號ハ各種通シテ付スヘキモノトス（島根縣矢上村戸吏伺三十二年十月十日民刑局長回答）仝八四號九四頁

○戸籍法第二十條

○本條一個ノ登記ニシテ本籍人非本籍人ニ關スル云々トハ例ヘハ乙村ノ本籍人乙男カ甲町ニ寄留シ甲町ノ本籍人甲女ヲ娶リ所在地タル甲地ノ戸籍吏ニ婚姻ノ屆出ヲ爲シタルトキ乙男ハ非本籍人タルカ故ニ非本籍人登記簿ニ之ヲ登記シ甲女ハ本籍人タルニ依リ本籍人登記簿ニ又之ヲ登記シ而シテ各登記簿ニ交互參看ノ符號ヲ附記スル等ノ場合トス（熊本縣人吉町戸長伺三十二年九月十二日民刑局長回答）法曹記事八三號六二頁

○戸籍法第二十三條

○本條ノ届出事件ノ二ケ以上ニ渉ル場合ハ日本人カ外國人ノ子ヲ認知シ、外國人ノ女カ日本人ノ男ト婚姻シ、外國人ノ男カ日本人ノ入夫ト爲リ、外國人カ日本人ノ養子ト爲リタルニ因リ日本ノ國籍ヲ取得スル等ノ場合トス〔埼玉縣桶川町戸吏伺三十二年一月二十五日民刑局長回答〕法曹記事八八號八一頁（參照八四號九八頁一行）

○隱居届ニ依リ隱居ト家督相續、入夫婚姻届ニ依リ婚姻ト家督相續、婿養子縁組届ニ依リ婚姻ト養子縁組登記ヲ爲スコトヲ得ス是レ等ハ各別ニ届出ヲ要シ其届書ニ依リ各別ニ登記スヘキモノトス〔秋田區監判問合三十一年十月十二日民刑局長回答〕仝八五號三五頁

○一家ヲ創立シタル私生子ヲ戸主タル父カ認知スルモ之レニ因リテ廢家及ヒ入籍ノ手續ヲ爲スコトヲ得ス廢家入籍ハ別ニ届書ヲ要ス（仝上）仝上

○戸籍法第二十九條

○年齡又ハ年月日時ヲ記スルニ肆伍等ノ文字ヲ用ヒタルモノハ差支ナシ（長野縣信田村戸吏伺三十三年五月二十四日民刑局長回答）法曹記事一〇三號四三頁

○戸籍法第三十七條

○戸籍吏カ他ノ戸籍吏ニ送付スヘキ届書等ニハ本條ノ登記番號及年月日ヲ記識スルコトヲ要セス又其記載ヲ爲ス塲合ニ於テ之レニ職印ヲ押捺スヘカラス（福岡縣角田村戸吏伺三十一年十月二十七日民刑局長回答）法曹記事八五號九九頁

○本條ノ目錄ハ索引体ニ作ルヘキモノトス（仝上）仝上

○本條ニ其他登記ニ關シテ受附ケタル書類トアルハ第十五條二號乃至六號ノ類ヲ指シタルモノニテ死亡届ニ添附スル診斷書ノ如キモノヲ指シタルモノニアラス（中之條區判問合三十一年十月十一日民刑局長回答）仝八四號一一二頁

○登記番號ハ各種各別ニ一號ヨリ起スヘキモノトス（仝上）仝號仝頁

○本條ノ目錄ハ受附番號、年月日、書類ノ數及當事者ノ氏名等ヲ連記シ編綴シタル届書ニ添付スヘキモノトス（大宮區判問合三十一年九月二十二日民刑局長回答）仝八三號一三〇頁

○戸籍法第四十三條

○本條正當ノ事由トハ屆出人ニ於テ文字ヲ知ラス又ハ不具疾病等ノ者ヲ謂フ故ニ只其屆出要項ヲ知ラサル事由ヲ以テ正當ノ事由ト爲スコトヲ得ス（千葉縣中魚落町戸吏伺三十二年十月十九日民刑局長回答）法曹記事八五號六二頁（參照八五號九九頁九行）

○戸籍法第四十六條

○本條ノ規定ハ戸籍法ニ於テ屆出人ヲ定メタル戸第七十一條八十六條百二十三條百二十六條百三十三條等ノ屆出ニ適用スヘキモノニテ民法ニ於テ屆出當事者ヲ規定シアル民第七百七十五條第八百十條八百四十七條第八百六十四條等ノ屆出ニハ之ヲ適用スヘキモノニアラス〔岩手縣津輕石村戸吏伺三十二年十月二十八日民刑局長回答〕法曹記事八六號九〇頁

○戸籍法第四十七條

○本條ノ塲合ハ民第七百五十六條七百七十四條八百二十八條等ニシテ届出人カ未成年ナルトキト雖モ前條四十六條ニ依ラス自ラノ届出ヲ要ス〔岩手縣津輕石村戸吏伺三十三年十月二十八日民刑局長回答〕法曹記事第八六號八九頁

○戸籍法第五十條

○本條ノ事實ノ存セサルモノトハ職業ヲ記載スル場合ニ職業ナキモノヽ類ヲ謂フ父母ノ存セサルトキハ父亡何某又ハ母亡何某ト記シ父母ノ知レサルトキハ其旨ヲ記スルヲ相當トス〔奈良縣田原本町戸吏伺三十二年十月二十二日民刑局長回答〕法曹記事八五號七七頁

○戸籍法第五十三條

○本條ノ副本ト稱スルハ正本ト同一ニ調印スヘキモノニ付何レヲ副本ト爲シ取扱フモ差支ナシ〔長野縣大町戸吏伺三十一年九月十六日民刑局長回答〕法曹記事八三號八二頁

○戸籍法第五十四條

○本條ニハ族稱ノ筆記ヲ要スル規定ナキモ之ヲ筆記スル方相當ナルヘシ（松山地長問合二十一年七月二十九日民刑局長回答）法曹記事八二號五〇頁

○戸籍法第六十三條

○本條但書ノ場合ハ戸籍吏カ期間經過シタル屆書ヲ受理シタルトキト雖モ違反ノ責ハ免カルヽヲ得サルニ依リ戸籍吏ハ期間經過ノ通知ト共ニ其屆書ハ受理シタル旨ヲ通知スヘキコトヲ規定セシモノナリ〔島根縣矢上村戸吏伺三十二年十月十日民刑局長回答〕法曹記事八四號九五頁

○本條二項三項ニ依リ報告スルモ尙ホ應セサルトキハ第六十四條ニ依リ更ニ裁判所ヘ通知スヘキモノトス(仝上)仝號仝頁

○戸籍法第七十五條

○本條ノ棄兒トハ從前ノ舊慣トシテ路傍ニ彷徨スル者ニテ十三歳ニ滿タサルモノト認ムルト否トニ依リテ區別スヘキモノニアラス卽チ發見シタル兒ニ付キ出生ノ屆出アリタルヤ否ヤ分明ナラス且屆出義務者ナク又ハ其所在不明ナル場合ノ兒ヲ云フ（大宮區判問合三十一年九月二十二日民刑局長回答）法曹記事八三號一三〇頁

〇戸籍法第七十七條

〇本條ノ場合ハ出生死亡等一紙ニ記載シテ届出ツルコトヲ得ス必ス各別ニ届出ツルコトヲ要ス（香川縣大見村戸吏伺三十三年五月八日民刑局長回答）法曹記事一〇三號三八頁

○戸籍法第九十一條

○本條ノ證明書ハ何人ノ作リタルモノナルヲ問ハス緣組ノ當事者カ人違ナリシコトヲ證明スルニ足ル書面ナレハ可ナリ〔鳥取縣山上村戸長伺三十一年九月二十八日民刑局長回答〕法曹記事八三號一四九頁

○戸籍法第百二條

○本條第二號ニ父母云々トアルハ父母トノ續柄ヲモ記載セシムル趣意ナリト解釋セサル可カラス何トナレハ戸第百七十六條第五號ニ規定スル處ノ續柄記載スルニ由ナケレハナリ〔柳井津區判問合三十一年十月七日民刑局長回答〕法曹記事八四號八六頁

○戸籍法第百五條

○本條ノ證明書ハ他人ノ作リタルモノナルヲ問ハス婚姻ノ當事者カ人違ナリシコトヲ證明スルニ足ルヘキ書面ナレハ足レリ〔鳥取縣山上村戸吏伺三十一年九月二十八日民刑局長回答〕法曹記事第八三號一四九頁

○戸籍法第百二十五條

○本條二項ノ規定ハ傳染病流行等ノ際ニハ死亡屆ノ期間ヲ短縮シテ速カニ死亡ノ事實ヲ申告セシメ死体處分其他衛生ニ關スル行政處分ノ實行ヲ計ルヘキ必要ニ出テタルモノナリ（五條區判問合三十一年九月七日民刑局長回答）法曹記事八三號四九頁

○本條ノ謄本ハ檢視調書ノミヲ指シタルモノトス（豆田區監判問合三十一年十月十八日民刑局長回答）仝八五號六一頁

○戸籍法第百三十二條

○本條ノ警察官ニハ巡査ハ包含セス（千葉縣中魚落村戸吏伺三十二年十月十九日民刑局長回答）法曹記事八五號六三頁

○本條ノ二項ニ依リ報告アリ三項ニ依リテ屆出アリタルトキハ第二十六條ノ規定ニ依リテ處理スヘキモノトス（島根縣矢上村戸吏伺三十二年十月十日民刑局長回答）仝八四號九五頁

○本條ノ本籍分明ナラス且其何人タルコトヲ認識スルコト能ハサルトキハ變死ト否トニ拘ハラス且行政上檢視ヲ要スルト否トニ拘ハラス本法ノ明文ニ依リ檢視ト報告ヲ要スルモノトス（北海道熊谷村外二村戸吏伺三十一年十月十日民刑局長回答）仝號一〇三頁

○單ニ本籍ノミ分明ナラス其何人タルコトヲ知リ得ル者ニ付テハ戸第百二十六條ノ屆出義務者ヨリ屆出ヲ爲スヘキモノトス（仝上）仝八四號一〇三頁

○戸籍法第百五十二條

○本條ノ證明書ハ身分登記又ハ戸籍ノ謄本ノ如キノ書類ニテ然ルヘシ〔福岡縣角田村戸吏伺三十一年十月二十七日民刑局長回答〕法曹記事八五號九九頁

○戸籍法第百六十四條

○本條ノ管轄官廳トハ從前ト異ナルコトナシ（東京府調布町戸吏伺三十二年十月三日民刑局長回答）法曹記事八四號六五頁

○戸籍法第百六十五條

○本條ノ謄本ハ辭令書又ハ許可書ノ双方ヲ指シタルモノナリ〔豆田區監判問合三十一年一月十八日民刑局長回答〕法曹記事八五號六一頁

○戸籍法第百八十三條

○本條ニ依リ絶家許可ヲ得シモノハ身分登記簿ニ登記ヲ要セス〔愛知縣西郷村戸吏伺三十二年一月三十一日民刑局長回答〕法曹記事八八號九五頁（參照八八號一一一頁八行）

○本條ノ場合ハ記載例六十ニ依レハ絶家ノ原因ナキニ付其原因ヲモ記載スヘキモノトス〔山形縣南遊佐村戸吏伺三十二年二月二十二日民刑局長回答〕仝號一一一頁

○本條ノ家督相續人ナキコトノ分明ナルトキトハ民法相續編相續人曠缺ニ關スル手續ヲ履行シ相續人タル權利ヲ主張スルモノナキ場合ヲ指シタルモノトス〔高知地檢正請訓三十一年十二月二十六日民刑局長回答〕仝八七號六七頁

○本條ノ許可ハ非訟事件ノ取扱ト異ナリ畢竟監督處分ニ外ナラス〔岐阜區監判問合三十一年十二月二十六日民刑局長回答〕仝八七號一一一頁

「相續人曠缺ノ部ニ詳ナリ參看スヘシ」

○單身戸主死亡又ハ失踪ノ場合ニ於テ法定又ハ指定ノ家督相續人ナキトキハ民九八五、九四四條ノ規定ニ依リ親族會ニ於テ相續人ヲ選定スヘク若シ親族會之ヲ選定セサルトキハ裁判所相續財産ノ管理人ヲ選任シ（民一〇五一以下參看）仝第千五十八條ノ公告ヲ爲スコトヲ要ス而シテ該公告ニ定メタル期間内ニ相續人現出セサルニ非サレハ相續人ナキコト分明ナリト認メサルヲ相當トスヘキカ故ニ裁判所ハ右ノ事實ヲ取調ヘタル後本條ノ許可ヲ與フヘキモノトス（丸龜區監判問合三十一年十月十五日民刑局長回答）仝八五號五三頁

○戸籍法施行前既ニ六ケ月ヲ過テ家督相續屆出ツル者ナキ單身戸主ノ死亡又ハ失踪除籍者ノ家ハ當時ノ法令ニ因リテ絶家ト爲リタルモノナルニ付從來ノ振合ニ依リ戸籍ニ絶家ノ記入ヲ爲シ然ルヘシ本條ノ手續ヲ爲スヲ要セス（今治區判問合三十一年十月二十日民刑局長回答）仝八五號六九頁

○相續財産ノ有無ヲ調査スルハ專ラ管理人ノ任務ナルカ故ニ（民法一〇五三、非五五參看）相續開始後相續人アルコト分明ナラサルトキ）即チ法定又ハ指定ノ相續人ナク且民法第九八二條乃至九八五條ノ規定ニ依リテ相續人ト爲ルヘキ者ナキ等ノ場合）ハ裁判所ハ相續財産ナシト認ムヘキ場合ニ於テモ利害關係人又ハ檢事ノ請求ニ因リ管理人ヲ選任シ之ヲ公告スルコトヲ要ス（民一〇五一、一〇五二）而シテ管理人カ相續ノ職缺ニ關スル規定ニ從ヒテ其任務ヲ終了セサル間ハ相續人アリヤ否ヤ分明ナラスト認ムルヲ相當トスヘキカ故ニ單身戸主死亡シ又ハ失踪ノ宣告ヲ受ケタル場合ニ於テハ民一五八條ニ定メタル公告ニ因リ相續人現出セサルニ非サレハ本條ヲ適用スヘキモノニアラス

〔福岡地長問合三十一年十月十一日民刑局長回答〕全八四號一九〇頁

○戸籍法第百九十三條

○本條ノ場合ニ於テハ一々戸籍簿ヲ書改ムルニ及ハス（八月三日民刑局長回答 八戸區監判問合 三十一年）法曹記事八二號七〇頁

○戸籍法第二百十八條

○本條二項ニ依リ書面ニ事由ヲ附記スル場合ハ單ニ附記スルノミニテ代書人ノ署名捺印ヲ要セス〔高知縣奈半利村戸吏伺三十二年二月二十日民刑局長回答〕法曹記事八八號一〇九頁

○戸籍法第二百十九條

○本條代用スルコトヲ得ルトハ第九條等ノ手續ヲ爲サヽルモ之ヲ身分登記簿ト爲シ之ニ身分登記ニ關スル記載ヲ爲スコトヲ得ルト云フニ過キス新法施行前ニ在テハ寄留者等ニハ登記目錄ナカリシヲ以テ施行後ハ非本籍人身分登記簿ヲ備ヘ之レニ記載スヘキモノトス（五條區判問合三十一年九月七日民刑局長回答）法曹記事八三號四八頁

○戸籍法第二百二十一條

○本條二項但書ノ事實ヲ知ルコト能ハサルモノトハ例ヘハ家督相續ニ因リ新タニ戸籍ヲ編製スル場合ノ如キハ相續ニ關スル事項ハ身分登記ニ依リ明瞭ナルモ家族ニ關スル事項ニ付テハ第百七十六條ニ定メタル戸籍ノ記載事項中前戸主ノ戸籍ニ記載ナクシテ其事實ヲ知ルコト能ハサルモノヽ如キヲ云フ又但書末項區晝ノ設ナキモノヽ記載方ハ記載シ得ル限リ記載スルヲ相當トス〔島根縣矢上村戸吏伺三十二年十月十日民刑局長回答〕法曹記事八四號九九頁

○第三編　不動産登記法

○第一類　登記官

○出張所ニ於テハ書記判事ノ代理ノ資格ヲ以テ登記事務ヲ取扱フト雖モ登記簿ニハ其代理タル資格ヲ記載セスシテ自己ノ印章ヲ押捺スヘキモノトス構成法施行條例十一條二項ノ規定ハ出張所ノミニ適用スヘキモノニシテ本廳ニハ之ヲ適用スルコトヲ得サルハ勿論ナルヲ以テ前段ハ本廳ニ於テ爲ス登記ノ捺印方ハ包含セス（上野區監判問合三十二年九月二日民刑局長回答）法曹記事九五號三五頁（參照九二號二七頁六行）（仝號二九頁五行）

○出張所書記ノ署名式ハ左ノ如シ（鳥取地長問合三十二年二月十二日民刑局長回答）仝九二號二九頁

某區裁判所判事代理（氏名ヲ記載スルヲ要セス）

裁判所書記　某

○登記ハ非訟事件ナルカ故ニ區裁判所ニ在テハ監督判事ト雖モ判事ノ資格ヲ以テ取扱ヒ出張所ニ在テハ數人ノ書記各登記事務ヲ取扱フモノニテ上席書記ノミニ限ルヘキモノニアラス（山形區監判問合三十二年六月二十六日民刑局長回答）仝九二號三五頁

○出張所書記登記取扱方ニ關シ判事ヲ代理スヘキ事項ハ(明治二十一年九月二十八日本省文第一〇〇號訓令第五號)裁判所構成法施行條例第十一條二項ノ規定ニ依リ自然消滅{高知地長問合 三十三年六月十六日 民刑局長回答}仝一〇四號三二頁

○第二類　登記管轄變更

○登記管轄甲ヨリ乙ニ轉屬スヘキ場合舊商法ニ依リ設立シタル會社ハ甲登記所ノ登記簿謄本ニ依リテ乙登記所ハ新登記簿ヘ登記セサル可カラス而シテ舊合資會社資本ノ總額ハ備考欄内ニ登記シ若シ此後變更シタルトキハ變更欄内ニ之ヲ登記ス（豐岡區監判問合三十三年四月六日民刑局長回答）法曹記事一〇一號四九頁（參照九六號七二頁二行）

○登記管轄カ甲ヨリ乙ニ轉屬ノ場合會社登記方前項ト同一ノ件（靜岡地長問合三十二年十月十二日民刑局長回答）仝九六號七二頁

○第三類　行政區畫又ハ其名稱ノ變更

○郡村ヲ市部ニ編入シ村名ヲ廢シテ新ニ町名ヲ設ケ又ハ宅地組替法ニ依リテ郡村宅地ヲ市街宅地ニ變更シタルハ行政區畫ノ名稱ノ變更ニアラス（登記名義人ハ不登第七十九條ニ依リ變更登記ヲ申請スル義務アリ）〔大阪區監判問合三十三年四月七日民刑局長回答〕法曹記申一〇二號四〇頁

○第四類　能　力

○登記申請スルニハ訴訟能力者タルヲ要セス但登記原因ニ付キ第三者ノ許可同意又ハ承諾ヲ要スル場合ニハ申請書ニ之ヲ證スル書面ヲ添附スルカ又ハ其第三者ヲシテ申請書ニ署名捺印セシムルヲ要ス（不登第三五條一項第四號及第四五條）〔八戸區監判問合三十三年四月十六日民刑局長回答〕法曹記事一〇二號四三頁

○後見人又ハ親權ヲ行フ母カ未成年ニ代リテ〔親族會ノ同意ヲ得〕營業ヲ爲ス者〔商七條民九二九、八八六條〕及ヒ民法六條ニ依リ營業ノ許可ヲ得タル未成年者ハ更ニ法定代理人、親族會ノ同意ヲ得ルコトナク其營業上未成年者ノ不動產ヲ納稅保證等ノ擔保ニ供スルヲ得此抵當登記ニ付テハ抵當權設定ニ關スル同意證書ノ添附ヲ要セサルモ營業ニ關シテ與ヘタル親族會若クハ法廷代理人ノ同意又ハ許可書ヲ添附スルコトヲ要ス〔長野地長問合三十三年四月十七日民刑局長回答〕仝號五二頁

○未成年者カ不動產ノ贈與ヲ受ケタル場合後見人ノ同意ヲ要セスシテ其取得ノ登記ヲ申請シ得ヘシ但負擔附贈與ヲ受ケタル場合ハ此限ニアラス〔宇和島區監判問合三十三年六月二十七日民刑局長回答〕仝九二號三三頁

○第五類　代理人

○登記代理人ハ非訟手續第六條一項ニ從ヒ訴訟能力者タルヲ要ス（八日區監判問合三十三年四月十六日民刑局長回答）法曹記事一〇二號四三頁

○出納官吏ノ身元保證ヲ目的トスル抵當權ニ關スル登記ヲ代理人ニ依リテ囑託スル場合ハ其權限ヲ證スル書面ノ提出ヲ要ス（遞信大臣官房會計課長問合三十三年三月二日刑民局長回答）仝一〇一號二五頁

○商事會社ノ取締役ハ不登記法三十五條五號ノ代理人中ニ包含ス（松阪區判問合三十三年三月七日民刑局長回答）仝號二八頁

○陸軍省管理地ニ關スル登記囑託ハ大臣自ラ囑託セサル場合ニハ特ニ大臣ヨリ委任ヲ要ス（陸軍省副官照會三十三年三月二十八日民刑局長回答）仝號四一頁

○代理人ニ依リテ登記申請スル場合ハ申請書ニ本人ノ署名捺印ヲ要セス（盛岡地長問合三十二年十月六日民刑局長回答）仝九六號三八頁

○登記代理人ニハ非訟六條二項ノ規定ハ之ヲ適用スルコトヲ得ス（稚内區判問合三十三年五月三十一日民刑局長回答）

仝一〇四號三二頁

○不動産登記申請ニ付キ日本銀行理事ハ勿論總裁副總裁モ其資格ヲ證スル書面ヲ提出スルコトヲ要ス（福岡地長問合三十三年七月十九日民刑局長回答）仝一〇五號四〇頁

○第六類　法定代理人

○親權ヲ行フ母カ未成年ノ子ニ代リテ其所有不動產ヲ賣渡シ其登記ヲ申請スルニハ親屬會ノ同意證書ヲ添フルカ同意者カ申請書ニ署名捺印セサルトキハ申請ヲ却下スヘキモノトス〔福岡地長問合三十三年二月十二日民刑局長回答〕法曹記事一〇〇號四〇頁

○親權ヲ行フ母カ未成年者ノ子ニ代リテ債務ヲ辨濟シ又ハ消滅シタル抵當權ノ登記取消ヲ申請スルニハ親族會ノ同意ヲ票セス〔千葉縣大多喜町戶吏伺三十一年十二月二十一日民刑局長回答〕仝八七號四九頁

○鐵道作業局長官ハ國ヲ代表シテ登記ヲ請求スルコトヲ得ス〔秋田地長問合三十三年六月二十六日民刑局長回答〕仝一〇四號三四頁

○第七類　人違ナキ保證

○登記義務者又ハ權利者ノ代理人ニ於テ其事件ニ付キ義務者ノ人違ナキコトヲ保證スルハ法ノ精神ニ反スルヲ以テ之ヲ許サス（靑森區監判質議三十三年三月二十一日民刑局長回答）法曹記事一〇一號三〇頁

○舊法ニ依リ書入等ノ登記ヲ爲シタル不動產ニ關シ登記ノ申請ヲ爲ス場合ニ於テハ不第四十四條ニ依リ登記義務者ノ人違ナキコトヲ保證シタル書面ヲ添附スルヲ要ス（山形區監判問合三十二年六月二十六日民刑局長回答）仝九二號三五頁

○登記義務者ノ人違ナキ保證ヲ要スル場合保證スル者ナキトキハ登記ヲ申請スルコトヲ得ス（仝上）仝號仝頁

○第八類　證明書

○或不動產ニ付キ未タ登記ナキコト又ハ既登記ナルモ或事項ノ登記ナキコトノ證明ヲ求ムル者アルモ登記所ハ之ヲ附與スルコトヲ得ス（盛岡地問合三十二年十一月二十一日民刑局長回答）法曹記事九七號三四頁

○第九類　登記簿及ヒ附屬帳簿

○郡村ヨリ市ニ編入シタル町村ノ舊名稱ヲ廢シ數個ノ町名ヲ新設シタルハ登記簿ヲ分設シタル區畫ノ轉屬ニ非ス隨テ不登法九條等ニ依ルコトヲ得サルニ付新區畫ニ依リ登記簿ヲ分設スルコトヲ得ス（大阪區監判請訓三十三年四月二十八日民刑局長回答）法曹記事一〇一號四四頁

○土地ノ番號ヲ逐ヒ見出帳ヲ作ルニハ既ニ一番地ヲ「イロ」ニ分チタルモノハ豫メ一番地イ一番地ロト設クヘキモノトス（長崎區監判問合三十二年五月十八日民刑局長回答）仝九一號二五頁

○舊公證簿ハ登記簿ノ一部ナルニ付不登第二十二條ヲ適用ス（盛岡地書課問合三十三年二月一日民刑局長回答）仝一〇〇號三一頁

○不登第二十二條但書裁判所トアル中ニハ檢事局ヲ包含セス（和歌山地檢正請訓三十二年三月三十日司法大臣訓令）仝八九號四六頁

○土地見出帳雛形ニ土地ノ符號トアル欄ニハ一番地ヲ數筆ニ分割シタル符號即チ何番ノ一、二、甲、乙ノ類ヲ記載スヘキモノトス但小字毎ニ土地番號ヲ附シアル場合ニ於テハ小字毎ニ見出ヲ設ケ登記簿ヲ分設シタル區畫ニ從ヒテ之ヲ合綴スヘキモノトス（金澤地長問合

三十三年八月二十日民刑局長回答　全一〇六號二五頁

○第十類　登記簿記載例

○建物登記記載例甲區順三番ノ競賣登記ハ明治年月日附某區裁判所ノ競賣開始決定正本ニ依リ云々ト記載スルヲ相當トス（千葉區監判問合三十三年二月七日民刑局長回答）法曹記事一〇〇號三八頁

○登記ヲ爲スニハ必ス筆記ヲ以テシ版木又ハ活字等ヲ用フルヲ得ス（米子區監判問合三十二年六月二十四日民刑局長回答）仝九二號一三七頁

○分筆登記後共有分割ノ登記ヲ爲ストキハ明治年月日附合割證書ニ依リ何郡村大字何番地某ノ爲メ共有者某外何名カ有セシ持分ノ取得ニ因リ所有權全部ノ取得ヲ登記スル旨ヲ記載スヘシ但共同人名簿ニ記載シタル事項ノ抹消ニ付テハ不動産登記法施行細則五十五條ノ手續ヲ爲スヘシ（大分區監判問合三十三年七月七日民刑局長回答）仝一〇五號三三頁

○記載例事項欄ニ受附番號ヲ記載セサルハ申請又ハ囑託ニ依ラス法律ノ規定ニ依リテ登記官吏カ職權ヲ以テ登記ヲ爲ス場合トス（東京控管内各地長隨行書記問合三十三年八月二日民刑局長回答）仝一〇六號二四頁

○不登第五十條第一項ニハ表示欄ニ登記ヲ爲スニハ云々トアリテ表示欄ニノミ登記ヲ爲スヘキ場合ト表示欄及ヒ事項欄ニ登記ヲ爲スヘキ場合トヲ區別セサルニ付未登記ノ不

動產所有權ヲ登記スルカ爲メニ表示欄ニ登記ヲ爲ス塲合ニ於テモ右ノ規定ニ依ルヘキモノト解釋セサルヲ得ス〔橫濱區監判問合三十三年十二月六日民刑局長回答〕仝一一一〇號四三頁

○第十一類　登記及順位番號

○二個以上ノ不動産ニ關スル登記原因證書ニハ各不動産ノ表示ノ上又ハ下ニ登記番號順位番號ヲ記載スル等ノ方法ニ依ルヲ要ス〔天草區監判問合三十三年四月十七日民刑局長回答〕法曹記事一〇二號四五頁

○第十二類　同一受附番號

○法四十七條一項但書同一ノ番號ヲ用ユル所以ノモノハ賣買ト抵當權設定ト同時ニ申請アリタル塲合ノ如キ其受附カ同時ナリシコトヲ表示スルノ必要アルヲ以テ登記ノ原因目的カ異ナルモ同一ノ不動産ニ關シ同時ニ數個ノ申請アリタルトキハ同一ノ受附番號ヲ記載セサル可カラス〔新潟區監判問合三十二年七月三十一日民刑局長回答〕法曹記事九四號四六頁

〇第十三類　登記原因證書

〇私設鐵道會社カ土地收用法ニ因ル買收ノ登記ヲ申請スル場合原因證書ハ裁決ノ達（土地收用法第一四條）トス〔福岡地問合三十二年七月一日民刑局長回答〕法曹記事九三號二七頁

〇土地收用ニ因ル所有權移轉ノ登記ノ登記原因ヲ證スル書面ハ土地收用協議會規則一條ニ依リ協議會ヲ開キタル場合ニ於テハ該規則第三條第二項ノ筆記ノ謄本ヲ以テス其協議會ヲ開クコトナクシテ協議調ヒタル場合ニ於テ登記原因ヲ證スル書面ト認ムヘキモノアルトキハ其書面ヲ以テスヘク若シナキトキハ不登第四十條ノ規定ニ依リ申請書ノ副本ヲ提出セシムルノ外ナシ〔福岡地問合三十二年七月二十日民刑局長回答〕仝號三三三頁

○第十四類　登記申請書

○不登第四十六條ニ依リ數個ノ不動產ニ關シ同一ノ申請書ヲ以テ賣買讓與相續等ノ登記ヲ申請スル場合ハ不動產一個每ニ登錄稅ノ標準價格ヲ記載セシメ尙ホ其末尾ニ合價格ヲ記載セシムヘキモノトス（福岡地問合三十二年七月八日民刑局長回答）法曹記事九三號三六頁

○甲カ自巳ノ不動產ト他人ノ不動產トヲ乙ニ抵當ニ供シタルトキハ設定者カ同一人ナラサルモ不第四六條ニ依リ同一ノ申請書ヲ以テ申請スルコトヲ得（御坊區判問合三十二年六月二十九日民刑局長回答）仝九二號三一頁

○第十五類　申請却下

○法第四十九條ニ依リ却下シタルトキハ申請書ハ却下スヘキモノニアラス（小松區判問合三十二年六月十四日民刑局長回答）法曹記事九二號二七頁（參照全號三〇頁十一行）

○法第四十九條ノ却下ノ決定ニモ非手續法十七條二項三項及十八條ノ規定ハ其第一條ニ依リ適用スヘキモノトス但此場合ハ成ルヘク決定ノ謄本ヲ申請人ニ交付スルヲ相當トス（鹿兒島區監判問合三十二年六月十七日民刑局長回答）全九二號三〇頁

○隱居者カ民第九百八十八條ニ依リ不動産ノ留保ヲ爲シ其留保ノ登記ヲ申請シタルトキハ留保ハ登記スヘキモノニアラサルカ故ニ却下スヘキモノトス（西條區監判問合三十二年六月二十九日民刑局長回答）全九二號三六頁

○法第四十九條二號ノ所謂登記スヘキモノニアラストハ申請事件カ根本ヨリ登記スヘカラサル場合ノミニ限ラス登記原因ノ如何ヲ區別セサルニ付キ假處分命令ニ因リ所有權移轉禁止ノ登記アル不動産ニ對シ賣買登記ノ申請アリタルトキハ全號ニ因リ却下スヘキモノトス（熊本區監判問合三十二年十一月二日民刑局長回答）法曹記事九七號三一頁

○禁伐林又ハ保安林ナル名稱ハ地目ニアラサルカ故ニ之ヲ地目トシテ掲ケタル登記ノ申請ハ不登三十六條二號ノ要件ヲ具備セサルモノトシ四十九條三號ニ依リ却下スヘキモノトス（御所川原區判問合三十三年十二月二十日民刑局長回答）仝一一〇號四八頁

○第十六類　登記申請ノ取下

○登記申請ノ取下ハ登記簿ヘ記入著手後ハ之ヲ許サス〔青森區判問合三十二年八月八日民刑局長回答〕法曹記事九四號四〇頁

○登記申請取下ノ場合ハ申請書及ヒ附屬書類ヲ還付スヘキモノトス〔岡山區問合三十三年九月十五日民刑局長回答〕仝一〇七號五八頁

○申請ヲ受理シ受附番號ヲ記載シ印紙ノ消印ヲ爲シタル後登記ノ申請ヲ取下クル者アルトキモ申請書及附屬書類ヲ還付スヘキモノトス〔天草區監判問合三十三年十一月二十日民刑局長回答〕仝一〇九號三五頁

○登記申請取下ノ場合ニ於テハ申請ナカリシモノト看做スヘキカ故ニ印紙ニ消印ヲ爲サスシテ書類ヲ還付スヘキモノトス〔天草區監判問合三十三年十二月二十日民刑局長回答〕仝一一〇號四九頁

○第十七類　公署ノ登記申請

○公署カ不動産ニ關スル權利ヲ取得シタルトキ及其權利ノ消滅ニ關スル登記申請ノ場合ニハ登記所ニ出頭セシムヘキモノトス〔宇和島區監判問合三十二年六月二十七日民刑局長回答〕法曹記事九二號三四頁

○第十八類　變更登記

○家督相續ニ依リテ戸番號ヲ地番號ニ改メタリトテ相續登記ヲ爲スニハ變更登記ヲ爲スニ及ハス然レトモ不動産ニ關スル權利カ家族ノ所有ニ屬スル場合ニ於テ戸主ニ變更アリタルノ結果戸番號ヲ地番號ニ改メタルトキハ變更登記ヲ爲スコトヲ要ス（大阪區監判問合三十三年四月七日民刑局長回答）法曹記事一〇二號四二頁參照（一〇一號二七頁一四行）仝（九八號二七頁七行）仝（九七號三四頁十四行）

○物件又ハ登記名義人ノ表示ノ變更ニハ登記義務者ナキヲ以テ不登第三五條一項第三號ノ登記濟證ノ提出ヲ要セス（八戸區監判問合三十三年四月十六日民刑局長回答）仝號仝頁

○物件又ハ登記名義人ノ表示ノ變更ニハ登記原因ヲ證スル書面カ存セサル場合ニ於テハ申請書副本ノ提出ヲ要ス（仝上）仝號仝頁

○權利ノ變更ハ登記上利害ノ關係ヲ有スル第三者カ承諾セス若クハ之レニ對抗スルコトヲ得ヘキ裁判ノ謄本ヲ添ヘサルトキハ附記ニ依ラスシテ登記スヘキモノトス（鳥取區監判問合三十三年四月二十六日民刑局長回答）仝號五〇頁

○權利ノ變更ハ登記上利害ノ關係ヲ有スル第三者ナキ場合ト雖モ必ス附記ニ依リテ之ヲ爲サヽル可カラス〔千葉區監判問合三十三年七月七日民刑局長回答〕仝一〇〇號三七頁

⊙宅地租組替法ニ依リ郡村宅地ヲ市街宅地ニ組替ヘタル場合ニ於テ既登記ナルトキハ變更申請ヲ要ス〔大分區監判問合三十二年十二月二十八日民刑局長回答〕仝九八號二七頁

○同一地所カ數度異動シタルモ其都度變更ヲ申請セス此場合ニ於テハ既往ニ遡リ各沿革ヲ追ヒ變更登記ヲ申請セシムヘキモノトス〔大分區監判問合三十二年十二月二十八日民刑局長回答〕仝號二八頁

⊙土地收用法ニ因ル移轉登記ニ付其土地カ既登記ニシテ變更ヲ爲シ居ルモ所有者ニ於テ變更登記ヲ爲サヽル爲メ收用登記ヲ爲ス能ハス此場合ニ於テモ法律ニ別段ノ規定ナキヲ以テ登記名義人ヨリ變更登記ノ申請ヲ爲サヽルヲ得ス若シ之ヲ爲サヽルトキハ收用者ハ其名義人ニ對シ訴ヲ提起シ判決ヲ受ケタル上登記スルノ外ナカルヘシ〔福岡地長問合三十二年十二月二日民刑局長回答〕仝號四四頁

○債權ノ幾分ヲ辨濟シテ二筆ノ抵當中ノ一筆ノ抹消ハ不第百二十六條ニ依リ取扱フヘキモノナレトモ抹消セサル他ノ一筆ニ付テハ債權金額ノ變更登記ヲ申請セシムヘキモノ

トス〔福岡地長問合三十二年九月十二日民刑局長回答〕全九五號三四頁

○舊登記簿ノ所有者ノ變更ハ新法第百六十三條ニ依リ新簿ニ移記シ變更ニ關スル附記登記ヲ爲スヘキモノトス〔大宮區判問合三十二年八月九日民刑局長回答〕全九四號四八頁（參照九二號三五頁四行）

⊙抵當地ノ内幾分ヲ他ノ土地ト交換シ其登記ノ申請ヲ爲シタルトキハ登記ノ變更ニアラスシテ抹消及ヒ設定ナリトス〔岐阜區判問合三十三年八月二十三日民刑局長回答〕全一〇六號二三頁

○不動産表示ノ變更更正ノ登記ニモ不第三十五條一項第二號及ヒ第四十條ノ規定ハ之ヲ適用スヘキモノトス〔東京控管内各地長區判登記問合三十三年八月二日民刑局長回答〕全一〇六號二七頁

○第十九類　更正登記

○不動產ノ表示ノ更正ハ順位ヲ定ムルノ必要ナキヲ以テ附記ニ依ラスシテ登記スヘキモノトス（熊本區監判問合三十三年三月三十日民刑局長回答）法曹記一〇一號四二頁

○登記名義人ノ表示ノ更正權利ノ更正トモ不登法第五十六、五十七條ニ依リテ取扱フヘキモノトス（仝上）仝號仝頁

○權利ノ更正ハ登記上利害ノ關係ヲ有スル第三者ナキ場合ト雖モ必ス附記ニ依リ之ヲ爲サヽル可カラス（千葉區監判問合三十三年二月七日民刑局長回答）仝一〇〇號三七頁

○登記ノ錯誤又ハ遺漏ハ登記官ノ過失ナルト當事者ノ申請書ノ記載ニ誤リアルニ原因シタルトヲ問ハス總テ更正登記トシテ取扱フモノトス（大分區監判問合三十二年十二月二十八日民刑局長回答）仝九八號二七頁

○不動產表示ノ更正登記ニモ不第三十五條一項二號及ヒ第四十條ノ規定ハ之ヲ適用スヘキモノトス但第三十五條第一項第三號ノ規定ハ之ヲ適用スルノ限ニアラス（東京控管內地長隨行書記問合三十三年八月二日民刑局長回答）仝一〇六號二七頁

○不動產ノ表示ニ錯誤アルコトヲ發見セス其儘數回所有權轉輾シタル後發見シタルトキハ其錯誤ノ通知ハ現在ノ所有權登記名義人ニ通知スヘシ更正ノ登記ハ其登記名義人ヨリ之ヲ申請スルコトヲ得(仝上)仝上

○登記番號ノ順序ヲ誤リタルモノニハ不第六十三第六十四條ヲ適用スヘキモノニアラス又五十六條モ準用スルノ限ニ在ラス(福岡地長問合三十三年九月二十七日民刑局長回答)仝一〇七號六〇頁

○第二十類　誤登記

○他人ノ不動産ヲ自己ノ所有ト誤認シ又ハ相續スヘカラサルモノヲ誤テ相續シタル如キ登記原因ノ無効ノ登記ハ當事者ヨリ登記全部ノ取消ヲ申請シタルトキハ抹消登記トシテ取扱フモノトス但表示欄ニ抹消ノ事由ヲ號載スルヲ相當トス（福岡地長刑合三十二年十一月十三日民刑局長回答）法曹記事九六號三七頁

○錯誤ニ因リ他人所有ノ不動産ニ對シ所有權保存ノ登記ヲ為シタル場合ニ於テ自ラ其錯誤ナルコトヲ認メ之レカ取消ヲ為サントスルトキハ登記名義人ノ申請ニ因リ錯誤ノ登記ヲ抹消スヘシ其登記ヲ為スニハ登記用紙中表示欄ニ其事由ヲ記載シ不動産ノ表示、表示番號及ヒ登記番號ヲ朱抹シ登記紙用ヲ閉鎖スルヲ相當トス（横濱區監判問合三十三年十月八日民刑局長回答）仝一〇八號二五頁

○第二十一類　職權登記

○抵當地所百筆ノ內一筆ノ抵當權ヲ拋棄シタルトキハ其一筆ニ對スル抵當權消滅登記申請ニ依リ他ノ九十九筆ニ對シテハ登錄稅ヲ徵セス職權ヲ以テ不登第百二十六條ノ附記ヲ爲スヘキモノトス〔鳥取地長問合三十二年十二月十二日民刑局長回答〕法曹記事九八號四一頁

○債權ノ幾分ヲ辨濟シテ二筆ノ抵當中一筆ノ抹消ハ不第百二十六條ニ據リ取扱フヘキモノナレトモ抹消セサル他ノ一筆ニ付テハ債權金額ノ變更登記ヲ申請セシム可キモノトス〔福岡地長問合三十二年九月十二日民刑局長回答〕仝九五號三四頁

○第二十二類　舊登記ノ移記

○舊法ノ既登記物件ニ限リ新登記簿ニ移ス場合ハ法律改正ノ結果トシテ不動産ノ表示カ申請書ト符合セサルモ舊登記ノ儘ヲ移スヘキモノトス（松阪區判問合三十三年三月七日民刑局長回答）法曹記事一〇一號二七頁

○舊登記ノ下ニ於テ甲カ乙ニ抵當ト爲シタルモノヲ乙ニ賣渡シ新法施行後其登記ヲ申請スルニ當リ抵當權登記ハ民第百七十九條ニ依リ當然消滅ニ付抹消登記ノ必要ナシトシテ甲ニ於テ抹消申請ヲ肯セサルトキハ法律上已ニ消滅シタル權利ナルニ拘ハラス該抵當登記ハ新簿ニ轉寫セサル可カラス（福岡地問合三十二年七月八日民刑局長回答）仝九三號三五頁

○舊登記簿甲用紙ニ於テ二筆ノ書入登記ヲ爲シタル後内一筆ヲ賣買（書入ノ儘）シ乙用紙ニ移サレ居ルヲ右ノ書入抹消ノ爲メ乙用紙ノ登記ヲ新簿ニ移スニハ舊登記法取扱規則十六條ニ依リテ爲シタル附記ヲ新簿丁區事項欄ニ移シ舊番號ノ割註トシテ新番號ヲ附記スルヲ相當トス（仝上）仝號三六頁

○舊簿ノ一用紙中數筆記載アル或ル一筆ノ登記ヲ爲ス場合ハ其一筆ノミ新簿ニ移スヘキモノトス（盛岡地問合三十二年六月十六日刑民局長回答）仝九二號三〇頁

○第二十三類　移記登記

○不登法六七、八二、一項、八三ノ一項、八四ノ一項等ノ規定ニ依リテ登記ヲ移ス場合ニ於テハ前登記ノ表示欄及ヒ事項欄ニ記載アル表示番號及ヒ表示欄ノ受附年月日幷ニ順位番號及ヒ事項欄ノ受附年月日及其番號ハ其儘之ヲ移記スヘキモノトス（千葉區監判問合三十三年二月七日民刑局長回答）法曹記事一〇〇號三八頁

○町村其他登記簿分設セル區畫カ甲管ヨリ乙管ニ轉屬又ハ同一管內ニ於テ不動產所在地カ甲區ヨリ乙區ニ轉屬シタル場合舊登記簿ノミニ係ルトキハ不登第百六十三條ノ精神ニ基キ直チニ新登記簿ニ移スヲ相當トス（岐阜區監判問合三十三年二月二十二日民刑局長回答）仝九九號三七頁

○第二十四類　所有權登記

○不登記法第百六條一號ニ當ル者ヨリ申請シ得ルハ其敷地ニ地上權ノ設定ナキ場合ニ限ル故ニ第百七條ノ證明書ハ甲區及ヒ乙區ノ登記ヲ寫シタル抄本謄本ナラサレハ受理スヘキモノニアラス〔今治區津倉出書質疑三十三年二月十七日民刑局長回答〕法曹記事一〇〇號四七頁

○共有者ハ持分ノ定アルト定ナキニ拘ハラス共有者ノ或ル一人ヨリ民二五二但書ノ規定ニ依リ共有地全部ニ付キ所有權登記ヲ申請スルコトヲ得〔鳥取地長問合三十二年十二月十二日民刑局長回答〕仝九八號四〇頁

○未登記土地ノ所有權ノ移轉ハ土地所有者ノ屆出ニ依リテ臺帳所管廳ハ臺帳ニ其異動ノ登錄ヲ爲スヘキカ故ニ其所有權ノ取得者ハ土地臺帳謄本ヲ得テ不登第百五條ニ依リ所有横保存ノ登記ヲ申請スルコトヲ得ヘシ〔盛岡地長問合三十二年八月十四日民刑局長回答〕仝九五號三八頁

○遺言ニ因リ取得シタル未登記不動產ニ付テハ遺言執行者ニ於テ相續人ノ爲メニ所有權保存ノ登記ヲ受ケタル後遺贈ノ登記ヲ爲スヘキモノトス〔東京控管內各地長隨行書記問合三十三年八月二日民刑局長回答〕仝一〇六號二八頁

○共有地持分ノ保存登記ヲ爲スニ當リテハ共同人名簿ニ共同者人名ヲ悉ク登記スヘキモノトス〔大宮區判問合三十三年十月二日民刑局長回答〕仝一一〇八號二二頁

○共有地持分ノ保存登記ヲ爲シタル後ハ其他ノ共有者カ保存登記ヲ請フモ既ニ共有者ハ悉ク登記セラレタルニ因リ重子テ登記スルノ必要ナシ故ニ申請ハ受理スヘカラス（仝上）仝上

○未登記民有地ヲ官有ト爲シタル場合ハ官廳ハ證明ヲ要セサルニ付キ所有權保存ノ登記ヲ囑託スルコトヲ得〔徳島區監判問合三十三年十一月十四日民刑局長回答〕仝一一〇九三三頁

○不登百六條一號ノ登記申請ノ場合ハ百七條ニ依リ既登記ナリトノ證卽チ登記簿ノ抄本又ハ謄本ヲ添附スルコトヲ要ス但所有者トシテ登記簿ニ登記セラレタル者ヨリ登記ヲ申請スル場合ニ於テハ其敷地ノ上ニ地上權ノ設定ナキコトヲ證明スルヲ要スルニ付登記簿ノ抄本ハ乙區ノ記載ヲモ爲シタルモノタルコトヲ要ス〔岐阜區上有知出張所伺三十三年十二月二十四日民刑局長回答〕仝一一〇號五〇頁

○第二十五類　賣買讓與登記

○假差押、差押登記アル不動產ニ付キ賣買讓與ノ登記申請アリタルトキハ移轉登記ヲ爲シ得ヘシ（青森區監判問合三十三年二月二十一日民刑局長回答）法曹記事一〇一號二九頁

○所有權移轉ニ終期ヲ限シタル申請ナルトキモ登記スルコトヲ得ヘシ（大分區監判問合三十二年十二月二十八日民刑局長回答）仝九八號二八頁

○假處分命令ニ依リ所有權移轉禁止ノ登記アル不動產ニ對シ賣買登記ノ申請アルトキハ法第四十九條二號ニ依リ却下スヘキモノトス（熊本區監判問合三十二年十一月二日民刑局長回答）仝九七號三一頁（參照九四號四〇頁十四行）

○不動產登記法施行前家督相續ニ因リ相續ノ登記ヲ得タル後乙ニ賣却シテ登記ヲ受ケス臺帳ノミ乙ノ名義ニナリ居レリ之ヲ丙ニ賣却シテ乙丙施行後移轉ノ登記ヲ申請（之ヨリ先キ甲ハ死亡セリ）シタルトキハ法第四十九條六號ニ依リ却下スヘキモノトス（秋田區判問合三十二年七月二十九日民刑局長回答）仝九四號四四頁

○甲ノ所有ニ係ル同一物件ニ對シ甲乙丙三人乙ハ所有權取得丙ハ抵當權者トシテ賣買ト

抵當權設定トノ二個ノ登記ヲ仝時ニ申請シタルトキハ其權利ノ發生前後ヲ區別シ難キヲ以テ同一番號ヲ附シテ受理登記スヘキモノトス（仝上）仝號仝頁

○賣買讓與相續等ノ登記ニ就テ賣買代價其他課税標準トシタル不動産價格ハ登記簿ニ登記ヲ要セス（福岡地問合三十二年七月八日民刑局長回答）仝九三號三六頁

○甲者乙者ニ不動産ヲ賣渡シ其登記ヲ爲サスシテ乙者ハ丙者ニ之ヲ賣渡シタルトキハ甲乙間ノ登記ヲ爲サヽレハ乙丙間ノ賣買ハ登記ヲ爲スコトヲ得ス（德島區監判問合三十三年十一月十四日民刑局長回答）仝一〇九號三四頁

○第二十六類　買戻登記

○買戻ノ特約履行ノ場合ニ於ケル登記ハ所有權ノ移轉トシテ取扱フモノトス（福岡地長問合三十二年九月十二日民刑局長回答）法曹記事九五號三三頁（參照九四號四一頁一行）

○買戻權ノ移轉ハ權利ノ變更トシテ登記シ登錄税モ二條一項二十二號ニ依ル（撫養區判問合三十二年十月六日民刑局長回答）仝九六號三八頁

○舊法ニ於テ登記シタル買戻權ヲ新法ニ從ヒ讓渡ヲ爲シテ登記ヲ申請スルトキハ登記濟ヲ提出セシムルコトヲ要セス（八幡區判問合三十三年六月八日民刑局長回答）仝一〇四號三二頁

○買戻條件ヲ附シタル所有權移轉ノ場合ニハ原因證書二通提出スルモ登記權利者ニ還付スヘキ一通ノ外不登第六十條一項ノ手續ヲ爲スヘキモノニアラス（仝上）仝上

○第二十七類　回復登記

○抹消シタル登記ハ裁判ニ依ラス當事者双方任意ノ申請ニ依リ回復ノ登記ヲ為シ得ヘシ但利害關係者アルトキハ承諾書又ハ對抗シ得ル裁判謄本ノ添附ヲ要ス（法六五）（千葉區監判問合三十三年二月七日民刑局長回答）法曹記事一〇〇號二八頁

○登記事項ノ一部ノ回復登記ヲ為ス場合ニ於テハ相當區事項欄ニ附記ニ依リ回復登記申請年月日又受附番號ヲ記載シ回復登記ヲ為シタル末尾ニ抹消ニ係ル登記ト同一ノ登記ヲ為スヘキモノトス（仝上）仝號仝頁

○不登法七十一條ニ依リ回復登記ヲ為スニハ第六十六條ノ規定ヲ準用スヘカラサルモ相當區順位番號欄及ヒ事項欄ニハ新ナル順位番號、登記回復申請書受附年月日及ヒ受附番號ヲモ記載スヘキモノトス（仝上）仝號仝頁

○第二十八類　相續登記

○甲死亡乙相續シタルモ家督相續ノ登記ヲ受ケサル前隱居シテ丙相續シタルトキハ其順序ヲ踏マス直ニ丙ニ於テ登記ヲ申請スルコトヲ得但此場合ハ明治年月日乙カ家督相續ニ因リテ取得シタル何權利ヲ年月日丙カ家督相續ニ因リテ取得シタルニ付丙ノ爲メ何權利ノ取得ヲ登記スト記載スヘキモノトス〔松阪區判問合三十三年四月七日民刑局長回答〕法曹記事一〇一號二七頁

○家督相續登記ニ際シ被相續人改名シタルモ表示ノ變更ヲ爲シ居ラサルコトヲ發見ストモ表示ノ變更ヲ爲サス直チニ相續登記ヲ爲シ差支ナシ〔伏見區問合三十三年四月二十八日民刑局長回答〕仝號四一頁

○遺産相續登記ハ他ニ同一順位ノ相續權者アルトキハ其承諾書又ハ其者カ相續ノ拋棄ヲ爲シタルコトヲ證スル書面ヲ添附セシムルコトヲ要ス〔大分區監判問合三十二年十二月二十八日民刑局長回答〕仝九八號二七頁

○家督相續登記ノ申請ニハ不登第四十一條ノ書面ノミヲ添附セハ三十五條一項二號ノ登記原因證書ヲ添附スルヲ要セス〔熊本區監判問合三十二年十二月七日民刑局長回答〕仝號四二頁

○民法施行前退隱シ長男家督相續人トナリタルモ財産相續ノ手續ヲ爲サヽル內民法施行後隱居者ハ分家シタル弟ノ家ニ入籍シテ死亡シタルトキハ隱居ノ財産ハ遺産相續ナリトス（福岡地長問合三十二年十月十三日民刑局長回答）仝九六號三六頁

○家督相續ハ已登記物件ハ相續未登記物件ハ所有權ノ登記ヲ爲スヘキモノニ付從テ登錄稅モ其區別ニ依リテ徵收スヘキモノトス（同廳問合三十二年七月八日民刑局長回答）仝九三號三五頁（參照九二號三三頁十二行）

○隱居入夫婚姻ニ因ル相續ノ塲合モ前項ニ仝シ（宇和島區監判問合三十二年六月二十七日民刑局長回答）仝九二號三四頁

○抵當權設定者死亡シ其推定家督相續人ニ於テ抵當不動産ニ付キ相續登記ヲ爲サヽル塲合抵當權者ニ於テ民法第四百二十三條ニ依リテ相續登記ヲ爲スコトヲ得ス（牧方區問合三十三年八月二十一日民刑局長回答）仝一〇六號二四頁

○既登記ト未登記ト連記シテ相續登記ヲ申請セントスルハ登記原因及ヒ登記ノ目的同一ナラサルモノナルニ依リ同一ノ申請書ヲ以テスルコトヲ得ス（大宮區判問合三十三年十二月二十八日民刑局長回答）仝

一一〇號五一頁

○第二十九類　遺贈登記

○遺言ニ因リ所得シタル未登記不動産ニ付テハ遺言執行者ニ於テ相續人ノ爲メニ所有權保存ノ登記ヲ爲シタル後遺贈ノ登記ヲ申請セシムヘシ〔東京控管内各地長隨行書記問合〕〔三十三年八月二日民刑局長回答〕法曹記事一〇六號二七頁

○第三十類　質權及抵當權登記

○不登法第百二十一條ノ規定ハ（官吏公吏ノ身元保證抵當登記ノ囑託ノ件）一般ノ規定ニ依ルノ外其規定ニモ從フヘシトノ趣旨ナリ（遞信大臣官房會計課長問合三十三年三月二日民刑局長回答）法曹記事一〇一號二五頁

○仝第百十九條一項ノ場合ニ於テハ登記簿ニ債務者ヲ表示スルヲ要ス（千葉區監判問合三十三年二月七日民刑局長回答）仝一〇〇號三八頁

○追加抵當登記ハ一般ノ抵當權ヲ設定スルニ外ナラサルヲ以テ申請ハ四九條二號ニ依リ却下スヘキモノニアラス（松江區廣瀬出書記問合三十三年一月二十九日民刑局長回答）仝九九號三四頁

○一棟ノ建物ヲ區分シ其一部ノミヲ所有シ得ルハ民二百八條ノ規定スル處ナレトモ土地ニ付テハ何等ノ規定ナキカ故ニ一筆ノ土地ヲ區分シタル一部ノ土地ハ所有權ノ目的ト爲スコトヲ得ス已ニ其目的タルコト能ハサル土地ハ亦之ヲ以テ抵當權ノ目的ト爲スコト能ハサルハ勿論トス（船木區判問合三十二年十二月二十二日民刑局長回答）仝九八號三七頁

○根抵當ハ信用契約ナリ故ニ其契約ノ成立ト同時ニ其効力ヲ生スルヲ以テ一般登記ト全ク本登記ヲ爲スヘキモノトス（大阪區監判問合三十二年十二月一日民刑局長回答）仝號四八頁（參照九五號四二頁一

行）

○同一ノ抵當ニ對シ增借ヲ爲シタル登記ハ第二抵當權設定ノ主登記ヲ爲シ徵稅モ其取扱ヲ爲スヘキモノトス（上野區監判問合三十二年十一月一日民刑局長回答）仝九七號三二頁

○質權抵當權ヲ他ノ債權ノ擔保ト爲シタル場合ハ民第三七五、二項ノ規定ニ基キ附記登記ヲ爲スヘキモノトス（松山區監判問合三十二年七月二十五日民刑局長回答）仝九三號二九頁

○不登第百二十二條百二十四條ノ不動產ニ關スル權利中ニハ所有權ヲモ包含スルヲ以テ所有權ヲ目的トスル質權抵當權ノ設定ノ場合ニ於テモ各不動產ノ登記用紙中相當區事項欄ニ他ノ不動產ニ關スル權利ノ表示ヲ爲シ其權利カ共ニ擔保ノ目的タル旨ヲ記載スルコトヲ要ス（山形區監判問合三十二年七月二十六日民刑局長回答）仝號三一頁

○不動產ノ轉質ニ付テハ附記登記ノ明文ナキヲ以テ主登記ヲ爲スヘキモノトス（八代區監判問合三十三年九月十二日民刑局長回答）仝一〇七號五七頁

○郵便受取所取扱人ノ身分保證ヲ目的トスル抵當權設定ノ登記ハ不第百二十一條ノ官吏

公吏ニ非サルヲ以テ全條ヲ適用スルコトヲ得サルモ抵當權ハ官廳カ之ヲ取得スルニ付キ第三十一條ノ規定ニ依リ登記ノ囑託ヲ爲スコトヲ得ルモノトス〔遞信省總務局會計課長照會三十三年十月十一日民刑局長回答〕仝一〇八號二九頁

○酒造者カ納稅保證トシテ不動產ヲ提供スルトキ數年間ノ造石高ヲ見込ミ抵當權設定ノ登記囑託アル塲合ニ於テモ却下スヘカラス〔勝山區判問合三十三年十一月三十日民刑局長回答〕仝一〇九號三〇頁

○甲乙外數名連借シ甲ノミ擔保物ヲ提供シタルトキハ甲一人カ抵當權設定者ニシテ乙以下ハ設定者ニアラス故ニ抵當權設定ノ登記申請書ニハ單ニ甲ノミ申請人トシテ署名捺印スルコトヲ要ス登記簿事項欄ニハ債務者ノ氏名ヲ記載スルコトヲ要セス〔大宮區判問合三十三年十二月二十八日民刑局長回答〕仝一一〇號五一頁

○第三十一類　質權其他ノ權利移轉登記

○債權ノ讓渡ニ因ル先取特權抵當權又ハ質權ノ移轉登記ニハ民四六七ニ依リ債務者ニ通知シタルコトヲ證スル書面又ハ債務者ノ承諾書添附ヲ要セス〔福岡地長問合三十二年九月十二日民刑局長回答〕法曹記事九六號三四頁

○第三十二類　賃借權登記

○鑛區ハ賃貸借ハ登記スヘキモノニアラス〔今區判問合三十二年七月二十七日民刑局長回答〕法曹記事九三號二八頁

○土地建物ノ一部ニ對スル賃借權設定ノ登記申請ハ受理スヘキモノトス〔福岡地長問合三十三年十一月三十日民刑局長回答〕仝一〇九號三〇頁

○第三十三類　地役權登記

○不登第百十四條ノ登記ハ承役地ニ付キ地役權設定ノ登記ヲ爲スト同時ニ要役地ニ付キ之ヲ爲スヘキモノナルモ要役地カ未登記ナル場合ニハ要役地ニ付テハ其登記ヲ爲スコトヲ得ス〔上野區監判問合三十二年十一月一日民刑局長回答〕法曹記事九七號三二頁

○要役地タル不動産ノ登記用紙中事項欄ニ記載スヘキ事項ハ不第百十四條ニ定ムル所ニ依ルヘキヲ以テ第五十條第二項ノ規定ヲ適用スルノ限ニアラス但百十四條一項ノ場合ニ於テハ申請書受附ノ年月日ヲモ記載シ且總テノ場合ニ於テ登記官吏捺印スルヲ相當トス〔東京控管內各地長題行書記問合三十三年八月二日民刑局長回答〕仝一〇六號二七頁

○第三十四類　競賣ニ關スル登記

○競賣ニ附シタル不動産カ第三者ノ爲メニ假差押ニ係ルトキハ民訴第七百條一項第二號ニ依リ抹消ヲ登記所ニ囑託スルヲ相當トス（函館區監判問合三十三年四月十六日民刑局長回答）法曹記事第一〇二號四三頁

○競落登記ノ囑託ヲ爲ス場合競落人數名ナルトキハ囑託書及ヒ登記原因證書ハ各別ニ作ルコトヲ要ス（天草區監判問合三十三年四月十七日民刑局長回答）仝號四四頁看照（一〇一號四三頁一三行）

○民訴第七百條第一項第二號及ヒ第三號ノ登記事項ハ第一號ノ登記事項ノ結果ナルカ故ニ競落人カ一人ナルトキハ一囑託書ニ併記シテ囑託スヘキモノトス（仝上）仝號四五頁

（參照九八號四四頁四行）

○抵當權實行ノ土地競賣ニ付キ抵當權設定後ノ地上權者カ抵當權滌除ヲ爲サヽルトキハ其地上權ヲ以テ抵當權者ニ對抗スヘカラサルカ故ニ裁判所ハ地上權ナキモノト同一ノ手續ニ依リ競賣ヲ爲スヘキモノトス（大野區判問合三十二年十一月八日民刑局長回答）仝九七號五二頁

○競賣記入ノ囑託書ニハ申請書ノ添附ヲ要セス登記原因ヲ證スル書面トシテハ競賣開始

決定正本ノ添附ヲ要ス（福岡地問合三十二年七月八日民刑局長回答）仝九三號三三頁

○甲者ノ爲メ既ニ強制競賣ノ記入ヲ登記所ヘ囑託シタル後同一不動產ニ對シ乙者ヨリ強制競賣ノ申立アリタル爲メ民訴六四五條二項前段ニ依リ配當要求ノ效力ヲ生シタル末甲者ノ爲メ開始シタル競賣手續ノ取消アリタルトキハ尙同條二項後段ニ依リ開始決定ノ效力ヲ生スヘシ此場合ニ於ケル登記ニ付テハ民訴法中何等ノ規定ナキモ何年何月何日執行記錄ニ添附シタル乙者ノ競賣申立ハ甲者ノ爲メニ開始シタル競賣手續ノ取消ニ因リテ開始決定ノ效力ヲ生シタル旨ノ登記ヲ登記所ニ囑託スルヲ相當トス（福岡地長問合三十三年十月八日民刑局長回答）仝一〇八號二六頁

○第三十五類　假差押假處分ニ關スル登記

○假差押登記ノ囑託ニハ假差押決定ノ正本ヲ以テ登記原因ヲ證スル書面トシテ添附スヘキモノトス但此場合ニ於テハ不登記法六十二條ヲ適用スルノ限リニアラス又抹消登記ノ囑託ヲ爲ストキハ囑託書ニ三十五條一項第三號ノ登記濟證ヲ添附スルコトヲ要セス（千葉區監判問合三十三年二月七日民刑局長回答）法曹記事一〇〇號三九頁（參照九五號三八頁八行）（全全號全九頁九行）

○土地ノ異動通知アリタルモ所有者ヨリ未タ登記ノ變更ヲ申請セサル前差押假差押ノ登記囑託アリタル場合ハ不登四十九條五號ニ依リ囑託ヲ却下スヘキモノトス（大分區監判問合三十二年十二月二十八日民刑局長回答）全九八號二七頁

○民訴法ニ依ル船舶ノ處分ハ登記スヘキモノニアラス（廣島地長問合三十二年十月三十日民刑局長回答）全九六號四〇頁

○假差押假處分ノ申請又ハ競賣申立ノ取下アリタルトキハ取下ヲ證スル裁判所書記ノ書面ヲ囑託書ニ添附シテ抹消囑託ヲ爲スヘキモノトス（宇和島區監判問合三十二年九月二十二日民刑局長回答）全九五號三九頁

○不動産登記法二節中ニハ官廳又ハ公署カ未登記ノ不動産所有權ノ處分ノ制限ノ登記ヲ囑託スル場合ニ關スル規定ナキモ第百九條ニ依リ第百二十八條及第百二十九條ノ規定ヲ準用シタルノ結果第百三十五條ノ規定ヲモ準用スルノ法意ナリト解釋スルハ當然ナルヘシ隨テ官廳又ハ公署カ未登記ノ不動産ニ付キ差押ノ登記ヲ囑託スル場合ニハ登記官吏ハ設令官廳又ハ公署カ裁判ニ依リテ其權利ヲ證セサルモ第百二十九條ヲ準用シ所有權ノ登記ヲ爲シ且差押ノ登記ヲ爲スヘキモノナルニ付差押登記ノ囑託ヲ却下スヘキモノニアラス（鹿兒島區監判問合 三十二年八月九日民刑局長回答）仝九四號四六頁

⊙既登記不動産ノ表示カ不完全ナル場合ニ於テ登記名義人ヨリ其更正登記ヲ申請セサル爲メ假差押其他處分ノ制限ノ登記ヲ爲スコト能ハサルトキハ債權者ニ於テ登記名義人ニ對シ訴ヲ起シ判決ニ因リ更正登記ヲ受ケタル後其登記ヲ囑託セシムル外ナカルヘシ（東京控管内各地長隨行書記問合 三十三年八月二日民刑局長回答）仝一〇六號二八頁

○第三十六類　債權轉附命令ノ登記

○民事訴訟上債權轉付命令アリタル塲合其債權ノ擔保タル債務者名義ノ抵當權ヲ差押債權者名義ニ登記ヲ爲スニハ轉付命令ハ登記ヲ命スル裁判ニ非サルヲ以テ必ス債權者債務者ヨリ第三債務者ノ承諾ヲ得テ申請スヘキモノトス（盛岡地書課問合三十三年八月九日民刑局長回答）法曹記事一〇六號二九頁

○第三十七類　民有地成處分登記

○民有地成處分トハ官有地拂下又ハ無代價下渡等ヲ云フ〔長崎區監判問合三十二年九月七日民刑局長回答〕法曹記事九五號三六頁

○官有地カ民有地トシテ移轉アル場合未登記ナルトキハ不登第百五條一號ニ依リ所有權保存ノ登記ヲ申請スルコトヲ得(仝上)仝號仝頁(參照九三號三二頁四行)

○民有地成處分ヲ爲シタルトキハ其官廳ノ通知ニ依リテ臺帳ニ登錄ヲ爲スヘキモノトス(仝上)仝號仝頁

○民有地成處分ノ土地カ既登記ナルトキハ所有權移轉ノ登記ヲ要ス(仝上)仝號仝頁

○第三十八類　國稅滯納處分ノ差押登記

○國稅徵收法ニ依リ滯納者ノ不動產ヲ差押ヘ之レカ登記ノ後處分費及稅金ヲ完納シタルニ因リ差押ヲ解除シ抹消登記ヲ爲スニハ申請ヲ爲サシムノ外ナシ〔長野地長問合三十二年八月二十八日民刑局長回答〕

法曹記事九五號三八頁

○第三十九類　囑託登記

○官廳ノ登記囑託ハ代表者ヨリ為スヘキモノトス（福岡地長問合三十二年九月七日民刑局長回答）法曹記事九五號三三頁

○水利組合ノ事務ヲ管理スル機關ハ之ヲ公署ト見ルヲ妥當ナリトス隨テ水利組合費滯納ノ為メ公賣處分ニ因ル土地所有權移轉ノ登記ハ不第二十九條及第百四十八條ノ規定ニ因ルヘキモノト決定スルヲ妥當ナリトス（三十三年八月七日民刑局長ヨリ大分區監判ヘ通牒）仝一〇六號二八頁

○官廳カ未登記ノ不動產ニ對シ所有權以外ノ權利ヲ取得シタルトキハ一旦所有者ヲシテ所有權ノ登記ヲ申請セシメタル上權利設定ノ登記ヲ為スヘキモノトス（德島區監判問合三十三年十一月十四日民刑局長回答）仝一〇九號三三頁

編者曰ク本項ハ德島區ノ問合ニ對スル回答ニ依リ消滅ニ屬シタルモノ、如シ七項チ參照スヘシ

○第四十類　收用登記

○收用ニ因リ所有權カ移轉セシ土地カ未登記ナル場合ニハ所有權移轉ノ登記ヲ爲スコトヲ得サルニ付所有權ヲ取得シタル官廳又ハ公署ハ所有權保存ノ登記ヲ爲スノ外ナシ但此場合ニ於テモ土地收用法第十六條ノ規定アルヲ以テ土地ノ全部又ハ一部カ不用ニ歸シタルトキハ舊所有者某ハ幾何(原價)ニテ買戻權ヲ有スル旨ヲ登記スルコトヲ要ス(鹿兒島區監判問合三十二年八月九日民刑局長回答)法曹記事九四號四七頁

○收用土地カ既登記ニシテ變更ヲ爲シ居ルモ所有者ニ於テ變更登記ヲ爲サヽル爲メ收用登記ヲ爲ス能ハサル場合ハ法律ニ別段ノ規定ナキヲ以テ登記名義人ヨリ變更ノ申請ヲ爲サヽルヲ得ス若シ之ヲ爲サヽルトキハ收用者ハ其名義人ニ對シ訴ヲ提起シ判決ヲ受ケタル上登記スルノ外ナシ(福岡地長問合三十二年十二月二日民刑局長回答)仝九八號四四頁

○私設鐵道會社カ土地收用法ニ依リ買收シタル所有權ノ登記ヲ申請スル場合ノ登記原因證書ハ裁決ノ達(土地收用法第一四條)トス(福岡地問合三十二年七月四日民刑局長回答)仝九三號二七頁

○前項買收土地數百筆ノ場合不動產ノ表示ヲ別紙ニ表記體ニ記載スルモ申請書ト契印セハ差支ナシ(仝上)仝號仝頁

○戶第百三條一項ノ補償金ノ受取證又ハ預リ證ニ付テハ原本謄本トヲ提出セシメ登記完了ノ後原本ヲ還付スルヲ相當トス(仝上)仝號仝頁

○土地收用ニ因ル所有權移轉ノ登記ノ登記原因ヲ證スル書面ハ土地收用協議會規則一條ニ依リ協議會ヲ開キタル場合ニ於テハ該規則第三條第二項ノ筆記ノ謄本ヲ以テス其協議會ヲ開クコトナクシテ協議調ヒタル場合ニ於テ登記原因ヲ證スル書面ト認ムヘキモノアルトキハ其書面ヲ以テスヘク若シナキトキハ不登第四十條ノ規定ニ依リ申請書ノ副本ヲ提出セシムルノ外ナシ〔福岡地問合三十二年七月二十日民刑局長回答〕仝號三三三頁

○土地收用法ニ因ル未登記ノ土地所有權移轉ノ場合ニ於テハ本年大藏省令第二十七號ヲ以テ土地臺帳規則施行細則ニ第五條ヲ追加シタル結果收用者ヨリ所有權保存ノ登記ヲ申請スルコトヲ得ス一旦舊所有者ヲシテ先ツ所有權ノ登記ヲ申請セシムルヲ相當トスルカ故ニ若シ之レカ申請ヲ爲サヽルトキハ收用者ハ其者ニ對シ訴ヲ起ス外途ナシ〔德島區監判問合三十三年十一月十四日民刑局長回答〕仝一〇九號三三三頁

○第四十一類　假登記

○假登記ハ同一物件ニ對シ重テ爲スコトヲ得（德島地問合三十三年二月二日民刑局長回答）法曹記事一〇〇號三一頁

○假登記ノ囑託アリタルトキハ登記官ハ該命令正本ニ不登第六十條一項ノ手續ヲ爲シ囑託廳ニ還付スヘキモノトス（福岡地長問合三十二年十二月二日民刑局長回答）仝九八號四三頁

○假登記義務者ハ假登記ヲ爲シタル權利ヲ處分ス可カラサルニ拘ハラス之ヲ處分シテ登記ヲ申請シタルトキハ登記上其申請ハ適法ナルニ付却下スルヲ得ス（佐賀地長問合三十二年七月七日民刑局長回答）仝九四號四三頁

○不登第二條二號ハ止タ請求權アルコトヲ第三者ニ告知シタルノミニシテ請求權ノ存在不確實ナルカ故右請求權ノ目的タル權利（例ヘハ所有權移轉請求權ノ場合ニ於ケル所有權）ハ依然假登記義務者ニ在ルヲ以テ義務者ハ自由ニ處分シ得ルモ假登記權利者ハ處分スル能ハス（仝上）仝號仝頁

○請求權ノ存在ハ確實ナルモ其効力ヲ生スヘキ時期到來セサルノミ故ニ假登記義務者ハ

請求權ニ服シタルマヽ之ヲ處分スルコトヲ得假登記權利者ハ始期附又ハ條件附ノ請求權換言セハ將來得ヘキ所有權ヲ移轉スルコトヲ得（條件附權利ニ付キ假登記義務者ハ民一一二八假登記權利者ハ一一二九條ニ依ル）（仝上）仝號仝頁

○第四十二類　豫告登記及其登錄稅并囑託費用

○不第三十四條ノ豫告登記ノ登錄稅及ヒ囑託費用ハ裁判所ノ經費ヨリ支出スヘキモノトス〔宇和島區監判問合三十二年六月二十七日民刑局長回答〕法曹記事九二號三四頁（參照九二號三六頁十四行）

○第四十三類　居留地又ハ雜居地登記

○清國人其他ノ外國人カ取得シタル權利ニシテ居留地又ハ雜居地ニ在ル不動産ニ係リ且其權利カ本年勅令三百二十九號一條ニ適合スルモノナルニ於テハ特別登記簿ニ登記ヲ爲スヘキモノトス（大阪區監判問合三十二年七月二十九日民刑局長回答）法曹記事九四號三八頁

○第四十四類　町村有又ハ一部落有不動產登記

○町村內ノ一部ニシテ何々組（小字ノ名稱）ト稱シ不動產ヲ所有シ其權利ニ關スル登記ヲ受クルニ付テハ町村制第百十四條ニ依リ條例ヲ設ケ區會又ハ區總會ノ設ケアル場合ニ於テハ不登第三十條ニ依リ町村長ヨリ囑託スヘキモノトス（大分區判問合三十三年七月七日民刑局長回答）法曹記事第一〇五號三三頁

○第四十五類　共有登記

○已登記共有地分割登記ハ分筆ノ登記ヲ爲シタル後ニアラサレハ爲スコトヲ得ス分筆後ノ分割ト共有權一部ノ讓渡トノ間ニハ區別アリ第一ノ塲合ニ於テハ其一筆ノ土地ヲ受クル共有者ハ其土地ニ付キ他ノ各共有者カ有セシ總テノ持分ヲ取得スルノ結果單獨ノ所有者トナル第二ノ塲合ニ於テハ其一部ヲ讓受ケタル者モ共有者ノ一人ト爲リ共有ハ仍ホ存續ス（福岡地長三十三年二月十二日民刑局長回答）法曹記事一〇〇號四一頁

○共有者ハ其持分ノ定メアルト否トニ依ラス或ル一人ニテモ所有權登記ハ之ヲ申請スルコトヲ得（鳥取地長三十二年十二月十二日民刑局長回答）仝九八號四〇頁

○共有權不分割ノ登記ヲ單獨ニ申請シタルモノアルトキハ登記スヘキモノトス而シテ右登記ハ處分ノ制限トシテ取扱フモノトス但登錄稅ハ法二條二項二十二號ニ依リ變更トシテ徴收ス（脊振區判問合三十二年八月八日民刑局長回答）仝九四號四〇頁

○五年以上共有權ヲ分割セサル契約ヲ爲シ其登記ヲ申請シタルトキハ無効ノ契約ナレトモ登記官ハ有効無効ヲ審査スルノ責任ナキカ故ニ受理セサル可カラス（仝上）仝號仝頁

○共有者ノ一人カ自已ノ持分ノミ所有權ノ登記ヲ申請スルコトヲ得ス（青森區判問合三十二年八月八日民刑局長回答）仝九四號四一頁

○共有地ノ持分ヲ數十回ニ數十人ニ賣渡シ數十人ノ共有トナリタルモ外何名トシテ登記セサルカ故ニ共同人名簿ニ記載スルヲ要セサルモ其持分ヲ某外十名ニ賣渡シタルトキハ買受人ノミヲ并同人名簿ニ記載スヘキモノトス（仝上）仝號四二頁

○三畝歩ノ土地カ甲乙丙三名ノ共有タル場合ニ於テ分筆登記後共有分割ノ登記ヲ爲ストキ登記簿甲區事項ニハ明治年月日附分割證書ニ依リ何郡村大字何番地某ノ爲メ共有者某外何名カ有セシ持分ノ取得ニ因リ所有權全部ノ取得ヲ登記スル旨ヲ記載スヘシ但共同人名簿ニ記載シタル事項ノ抹消ニ付テハ不施細則第五十五條ノ手續ヲ爲スヘシ（大分區判問合三十三年七月七日民刑局長回答）仝一〇五號三三頁

○共有地持分ノ保存登記ヲ爲スニ當リテハ共同人名簿ニ共同者人名ヲ悉ク登記スヘキモノトス（大宮區判問合三十三年十月二日民刑局長回答）仝一〇八號二二頁

○共有地持分ノ保存登記ヲ爲シタル後其他ノ共有者カ保存登記ヲ請フトキハ重子テ登記

ノ必要ナキヲ以テ之ヲ受理スヘキモノニアラス(仝上)仝上

○共有地ノ所有權保存ノ登記ヲ爲シタル上ハ或ル共有者カ其持分ヲ賣買又ハ讓與シ其登記ヲ申請スルトキハ受理登記スヘキモノトス(仝上)仝上

○共有地ハ共有者中ノ一人又ハ數人ハ各自ノ持分ニ付キ所有權保存ノ登記ヲ申請スルコトヲ得サルモ登記ハ一ノ保存行爲ナルヲ以テ共有者中ノ一人又ハ數人ハ民第二五二條但書ノ規定ニ依リ共有物ノ全部ニ付キ所有權保存ノ登記ヲ申請スルコトヲ得(水引區判問合 三十三年十二月十八日民刑局長回答)仝一一〇號四五頁

○第四十六類　分合筆登記

○已登記地ト未登記地ト合併シタルトキハ不登第百五條ニ依リ未登記ノ所有權登記ヲ爲シ八十六條ニ依リ合筆登記ヲ爲ス此場合ニ於ケル所有權登記ニ要スル臺帳謄本ハ更正ノ分ニテ差支ナシ〔福島區監判問合三十三年二月二十六日民刑局長回答〕法曹記事九九號三五頁

○土地ノ分合筆ハ所有權ノ變更ナリ〔岐阜區監判問合三十三年二月二十二日民刑局長回答〕仝號三六頁

○第四十七類　建物登記

○地番號ナキ官有(縣有)ニ屬スル堤防地ニ建設セル建物ニ付テハ法第三十八條一號ノ要件ヲ缺クカ故ニ四十九號四號ニ依リ登記ノ申請ハ却下スヘキモノトス〔新潟區監判問合三十二年十月二十三日民刑局長回答〕法曹記事九六號三五頁

○稱樂ハ性質建物ト異ナルヲ以テ登記スヘキモノニアラス(仝上)仝號仝頁

○舊登記簿ニ主タル建物ノミ登記アルニ其主建物ノ登記以前ヨリ存在スル附屬建物ト共ニ登記ノ申請アル場合ハ其附屬建物ニ付テハ不第百十八條ニ依リ所有權ノ登記ヲ爲スヘキモノトス〔福岡地長問合三十二年九月十二日民刑局長回答〕仝九五號三三頁

○主従數棟アル建物ノ内主タル建物ノミ賣買スルトキハ附屬建物ニ付テハ分割登記ヲ申請セシムルコトヲ要ス〔浦和區監判問合三十二年九月五日民刑局長回答〕仝九五號三五頁

○附屬建物新築ノ登記ハ總テ變更トシテ取扱フヘキモノトス〔青森區判問合三十二年八月八日民刑局長回答〕仝九四號四〇頁

○舊法ニ於テ已登記ニシテ建物ノ圖面ヲ差出シタルモノハ不登第九十二條ノ場合ヲ除クノ外圖面ノ提出ヲ要セス（福岡地問合三十二年七月八日民刑局長回答）全九二號三五頁

○同一ノ地番內ニ所有者ヲ異ニスル數人ノ建物アリ此場合其物件ヲ區分スル爲メ第一第二ノ符號ハ當事者ノ申請ニ依ル外登記官ニ於テ之ヲ附セシム可カラス此場合ノ圖面ノ記載方ハ登記目的外ノモノハ皆朱書スヘキモノトス（施細四三ノ二項）（宇和島區監判問合三十二年六月二十七日民刑局長回答）全九二號三四頁

○主從アル建物ハ主物又ハ從物ノミ競賣又ハ假差押假處分又ハ抵當等ノ目的物ト爲スコトヲ得ス（佐賀地長問合三十三年二月十二日民刑局長回答）全一〇〇號四三頁

○第四十八類　抹消登記

○競賣ニ附シタル不動產カ第三者ノ爲メニ假差押ニ係ルトキハ民訴第七百條第一項第二號ニ依リ抹消ヲ登記所ニ囑託スルヲ相當トス〔函館區監判問合三十三年四月十六日民刑局長回答〕法曹記事一〇二號四三頁

○抵當權又ハ質權ノ登記抹消ニ際シ其權利者カ會社ニシテ商號ノ變更ヲ爲シ居リタルトキハ商號變更ヲ登記シタル場合ト雖モ登記名義人ノ表示ノ變更ヲ爲シタル上ニテ抹消登記ヲ爲スヘキモノトス〔靜岡區監判問合三十三年三月三十日民刑局長回答〕仝一〇一號四八頁

○競賣開始ノ登記後ニ爲シタル永小作權設定登記ノ抹消ハ競落人カ合意上爲スコトヲ得サルトキハ永小作權者ニ對シ抹消登記ノ訴訟ヲ起スヘキモノトス〔佐賀區監判問合三十三年一月十八日民刑局長回答〕仝九九號三八頁

○假登記ノ抹消ヲ爲シタルトキ本登記ヲ爲スタメニ存シアル餘白ハ朱線交叉スルヲ要セス〔大分區監判問合三十二年十二月二十八日民刑局長回答〕仝九八號二七頁

○債權ノ幾分ヲ辨濟シテ二筆ノ抵當中一筆ノ抹消ハ不第百二十六條ニ據リ取扱フヘキモ

ノナレトモ抹消セサル他ノ一筆ニ付テハ債權金額ノ變更登記ヲ申請セシムヘキモノトス〔福岡地長問合三十二年九月十二日民刑局長回答〕仝九五號三四頁

○債務者カ債權者ヲ害スルコトヲ知リテ或所有不動產ヲ他人ヘ贈與セル爲メ債權者ヨリ其行爲ノ取消ヲ裁判所ニ請求シタル末其贈與ヲ取消シ且贈與登記ヲ取消スヘシトノ確定判決ヲ受ケタリ因テ債權者ハ執行力アル判決ニ基キ之レカ登記ヲ申請セントス此場合ニ於ケル登記取扱方ハ贈與ノ登記ヲ抹消スルノ外登記ノ回復ヲ爲スヘキモノニアラス〔福岡地長問合三十三年十月八日民刑局長回答〕仝一〇八號二六頁

○抵當權者又ハ質權者カ死亡シ其相續人ニ於テ登記義務者ト爲リ先代ノ抵當權又ハ質權ノ抹消登記ヲ申請スル場合ニ於テハ先ツ相續人ニ於テ其權利ニ付キ相當ノ登記ヲ爲シ然ル後抹消登記ヲ申請セシムヘキモノトス但相續開始前ニ債權ノ辨濟アリタル場合ニ於テハ相續人タルコトヲ證スル書面ヲ添附シテ直チニ抹消登記ヲ申請セシムルコトヲ得〔德島區監判問合三十三年十二月二十九日民刑局長回答〕仝一〇九號三一頁

○第四十九類　登記ノ朱抹

○權利移轉ノ登記ヲ爲シタリトテ移轉前ニ於ケル權利ノ登記ハ朱抹スヘキモノニアラス
〔千葉地書課問合三十二年七月二十五日民刑局長回答〕法曹記事九三號二九頁（參照九二號三〇頁九行）

○第五十類　登記濟證

○不登法第三十五條一項三號ノ登記濟證ハ所有權ニ關スル登記濟證ヲ指シタルモノナリ〔遞信大臣官房會計課長問合三十三年三月二日民刑局長回答〕法曹記事一〇一號二五頁

○判決又ハ相續ニ因ル登記ニハ(三五ノ三號)登記濟證ヲ提出セシメスシテ差支ナシ〔宇和島區監判問合三十二年六月二十七日民刑局長回答〕仝九二號三四頁

○舊法ニ於テ登記シタル買戻權ノ讓渡ノ申請ニハ登記濟證ヲ提出セシムルコトヲ要セス〔八幡區判問合三十三年六月八日民刑局長回答〕仝一〇四號三二頁

○法第四十四條ノ保證書及ヒ三十二年本省民刑第一一四九號ニ依リタル保證書ニ法第六十條ノ手續ヲ爲シ還付シタル證書ハ再度ノ書入賣買讓與ノ場合ニ義務者ノ權利ニ關スル登記濟證ト云フヲ得ヘシ〔八幡區判問合三十三年六月八日民刑局長回答〕仝一〇四號三二頁

○第五十一類　謄本抄本及閲覧並其手數料

○官公吏カ政府ノ利益ノ爲メ登記簿ノ謄本抄本ノ交付又ハ閲覧ヲ請求スルニモ申請書ヲ提出スルコトヲ要シ又閲覧ノトキハ利害ノ關係アル事由ヲ申請書ニ記載スルカ又其事由ヲ記載シタル書面ヲ添附スルコトヲ要ス（青森區監判質議三十三年二月二十一日民刑局長回答）法曹記事一〇一號二九頁

○登記簿ノ抄本ハ一登記用紙ニ登記シタル事項ノミヲ作成スルモノニテ（繼續用紙ハ一用紙ト看做ス）二登記用紙以上ノ事項ヲ一紙ニ併記作成スルコトヲ得ス（福岡地長問合三十二年九月十二日民刑局長回答）仝九六號三四頁

○登記簿謄本ノ末尾ニ添附シタル認證文ノ一枚ハ手數料ヲ徴スルモノニアラス謄本ニ空用紙アルモ全用紙ノ手數料ヲ徴スヘキモノトス（佐賀地長問合三十二年六月十二日民刑局長回答）仝九二號二八頁

○登記簿閲覧ニ關スル政府ノ利益トハ政府ノ行爲タルト將タ府縣郡市町村ノ行爲タルトヲ問ハス苟モ其行爲ニシテ政府ノ利益タル以上ハ手數料ヲ要セサルモ縣ノ經濟ヲ以テ道路修築ニ際シ其敷地ヲ買收センカ爲メ登記簿ノ閲覧ヲ請求スルカ如キハ其目的ハ土地ヲ國道等ノ敷地ト爲スニ在リトスルモ買收ノ際ニハ縣ニ於テ其土地ヲ買收スルモノ

ニシテ卽チ縣ノ利益ノ爲メニスルモノナルヲ以テ手數料ヲ要スヘキモノトス〔滋賀縣知事伺三十三年九月十日民刑局長回答〕全一〇七號五五頁

○第五十二類　評價

○登記ニ關スル評價費用ハ非訟手續法第三十二條ニ依リ國庫ノ立替トス（大分區問合三十三年三月九日民刑局長回答）法曹記事一〇〇號四〇頁

○第五十三類　土地異動通知及地目

○荒地成ハ通知ニ及ハス〔武水區判問合三十三年二月二十日民刑局長回答〕法曹記事九九號三八頁

○保安林ハ公益上營林ノ爲メニ附シタル名稱ニ過キスシテ決シテ地目ニアラサルヲ以テ登記上何等關係ナク隨テ保安林タルコトハ通知ヲ受ケ又ハ通知書ニ記載スルニ及ハサルハ勿論ナリトス〔岐阜區監判問合三十三年八月二十三日民刑局長回答〕仝一〇六號二三頁

○土地臺帳ニ禁伐林又ハ保安林ナル名稱ヲ地目トシ記載アル土地ニ付キ其謄本ヲ添ヘ其名稱ヲ地目トシ登記申請アリタルトキハ不登二六條二號ノ要件ヲ具備セサルモノトシ四十九條三號ニ依リ却下スヘキモノトス〔御所川原區判問合三十三年十二月二十日民刑局長回答〕仝一一〇號四八頁

○地目トハ地租條例第三條第一類第二類ニ記載アル各土地ノ名稱ニ限ル(仝上)仝一一〇號四九頁

○第五十四類　絶家ノ遺留財産

○絶家再興ハ家督相續ト同一視スヘカラス故ニ再興者ニシテ相續ヲ原因トシテ絶家ノ財産ヲ登記申請シタルトキハ却下スルヲ相當トス〔勝山區監判問合三十二年二月十三日民刑局長回答〕法曹記事八八號一〇二頁

○民法施行前絶家ト爲リタル遺留財産ハ施行法第九十二條ニ依リ民第千五十一條以下ノ規定ヲ適用シ遺留財産ノ處分ヲ爲スヘキモノナルカ故ニ第千五十二條ニ依リテ選任セラレタル相續財産管理人ヨリ登記ノ更正及ヒ遺留財産賣却登記ノ申請ヲ爲スヘシ然レトモ舊法ノ時ニ於テ既ニ賣却ノ認可ヲ得タル場合ハ管理人ハ別ニ民千五十八條ノ手續ヲ爲スコトヲ要セス又第千五十七條第一項ノ期間經過前ト雖モ遺留財産ヲ賣却シテ其賣却認可申請ノ原因タリシ債務ヲ辨濟スルコトヲ得ヘシ〔上野區監判問合三十三年十二月十四日民刑局長回答〕仝一一〇號四七頁

○絶家ノ遺留財産ハ絶家再興者ニ於テ之ヲ相續スヘキニアラサルカ故ニ不登第百五條一號ニ依リ所有權保存ノ登記ヲ申請スルコトヲ得ス若シ事實カ民法施行以前ニ在リテ遺留財産ヲ保管スル親族ノ協議ニ基キ遺留財産ノ所有權ヲ絶家再興者ニ移轉シタルモノナルニ於テハ先ツ遺留財産ノ保管者タル親族ヨリ所有權保存ノ登記ヲ申請シタル後遺

留財産ノ保管者タル親族及ヒ絶家再興者ヨリ所有權移轉ノ登記ヲ申請スルコトヲ得ヘシ若又民法施行前ニ在リテ親族ノ協議ニ基キ遺留財産ノ處分ヲ爲サヽリシ場合ナルニ於テハ民法施行法九十二條ニ依リ民千五十一條以下ノ規定ヲ適用スヘキモノトス（秋田區監判問合三十三年十二月十七日民刑訴局回答）（全一一一〇號四八頁）

○第五十五類　社寺債

○寺院所有ノ地所ヲ處分スル塲合ニ關シテハ管廳ノ認可ヲ要シ又ハ管長ノ添書ヲ要スル省達アルモ右ハ神官僧侶等カ私擅ニ社寺ノ物件ヲ處分スルコトヲ豫防スル爲メ府縣ニ達シタルモノニシテ之レニ違背シタル行爲ヲ無効トスル制裁ナキヲ以テ之レニ違背シテ抵當權ノ設定ヲ爲シタルモノト雖モ十年四三號布告ニ依遵シ寺院ノ名義ニ於テ擅家總代二名以上ノ連署ヲ以テ爲シタル契約ナルニ於テ其地所ノ競賣ヲ爲シ差支ナシ〔谷村區書課問　三十三年二月十二日民刑局答〕法曹記事一〇〇號四九頁

○第五十六類　印鑑

○抹消登記ノ登記義務者又ハ第三者ノ印影ハ之ヲ印鑑ト對照スルコトヲ要セス（大分區判問合三十三年七月七日民刑局長回答）法曹記場一〇五號三三頁

○印鑑ハ轉居每ニ差出スニ及ハス（岡山地書記課問合三十三年八月二十九日民刑局長回答）仝一〇六號三二一頁

○第五十七類　保存期限

○不第二十二條中受附帳ノ保存期限ハ追テ制定ス（松山區監判問合三十二年七月二十五日民刑局長回答）法曹記事九三號三〇頁

○第五十八類　登記名義人

○水利組合ニ於テ不動産ノ所有權ヲ取得シタルトキハ水利組合ヲ登記名義人トシテ表示スヘキモノトス（甘木區判問合三十三年十月二十六日民刑局長回答）法曹記事第一〇八號二九頁

○神社ニ關スル法令ハ民法及不動産登記法ノ施行ニ因リテ變更ヲ受ケサルヲ以テ神社ハ其資格ニ於テ不動産ニ關スル登記ヲ申請スルコトヲ得（仝上）仝上

○不動産登記法第一條

○本條ニ所謂處分ノ制限トハ任意ニ因ル處分ノ制限ヲ包含ス〔東京控管内各地長隨行書記問合 三十三年八月二日民刑局長回答〕法曹記事一〇六號二五頁

○不動産登記法第二十七條

○本條ノ所謂判決トハ必ス判決主文ニ登記ヲ爲スヘキ旨ヲ命シタルトキニアラサレハ登記權利者ノミニテ登記申請ヲ許ササル精神ナリ故ニ被告ハ云々不動産ヲ原告ニ賣戻スヘシトノ判決ノ如キハ双方ノ申請ヲ要スヘキモノトス〔福岡地長問合三十三年九月二十四日民刑局長回答〕法曹記事一〇七號五九頁

〇不動産登記法第四十六條

〇本條ハ物件ヲ併合シ得ル場合ヲ規定セシモノニシテ關係ヲ異ニセル當事者ノ併合例ヘハ甲者乙ヨリ土地丙ヨリ建物ヲ買受ケタルトキハ登記原因ハ均ク賣買登記ノ目的ハ所有權移轉ナルモ斯ノ如キハ包含セス〔舞鶴區書記課問合三十三年八月二十一日民刑局長回答〕法曹記事一〇六號二二頁

○不動産登記法第七十七條

○登記原因ヲ證スル書面ハ本條一項ノ書面中ニ包含セス（鹿屋區判問合三十三年六月二十日民刑局長回答）法曹記事一〇四號三三三頁

○不動産登記法第九十四條

○本條第二項但書ノ規定ハ主タル建物及ヒ登記簿表示欄內別番號ニ表示アル附屬建物（新築等ニ因リ附屬建物ヲ登記シタルカ爲メ主タル建物ト附屬建物トヲ各別ノ番號ニ表示スルコトアリ）ヲ同日ニ區分又ハ分割シタル場合ニ適用スヘキモノトス〔東京控管內各地長隨行書記問合三十三年八月二日民刑局長回答〕法曹記事一〇六號二七頁

〇不動産登記法第九十八條

〇本條但書ノ規定ハ乙建物ト其附屬建物トカ各別ノ表示番號ニ表示シアル場合ニ選用スヘキモノトス〔東京控管内各地長随行書記問合三十三年八月二日民刑局長回答〕法曹記事一〇六號二七頁

○不動産登記法第百九條

○本條ハ例ヘハ甲カ期限附ニテ或不動產ノ所有權ヲ乙ニ移轉シタル後其期限ヲ短縮シ變更ノ登記ヲ申請スル塲合ニ適用スヘキモノナレハ賣戻ノ特約ヲ爲シ未タ其賣買ノ登記ヲ經サル前其特約ヲ解除シタルトキハ賣買ノ登記ヲ申請スルニ當リ特約ノ登記ヲ申請セサレハ足ルカ故ニ本條ヲ適用スヘキモノニアラス〔東京控訴院管内各地長隨行書記問合〕〔三十三年八月二日民刑局長回答〕法曹記事一〇六號二七頁

○第四編 商法

○第一類 破産手續

○破産者ノ財産ヲ以テ破産手續ノ費用ヲ償フニ足ラサルカ爲メ商法第九百八十二條ノ規定ニ從ヒ破産手續ヲ停止シタルトキハ其結果財團ノ換價ヲ爲スコトヲ得サルヲ以テ公告等ノ費用ハ債權者カ豫納シタル金額ヨリ之ヲ支出スルノ外ナカルヘシ破産手續ノ停止アリタルトキハ債權者ハ破産宣告ヲ受ケシ債務者ニ對シ通當ノ手續ニ從ヒテ其權利ノ保全又ハ實行ヲ爲スコトヲ得ヘシ故ニ公告等ノ費用ヲ債權者カ豫納セシ金額ヨリ支出スルモ爲メニ債權者ハ損害ヲ蒙リ債務者ハ不當ノ利得ヲ受クルニ至ラサルヘシ（五條區判問合 三十一年八月十七日 民刑局長回答）法曹記事八二號一〇〇頁

○第二類　拒絶證書

○手形ニ關スル拒絶證書ハ商法第四百四十二條ニ依リ營業所若シ營業所ナキトキハ其住所又ハ居所ニ於テ作成シ其支拂地カ住所地ト異ナルトキハ四百九十條ニ依リ其支拂地ニ於テ作成スヘキモノトス（福岡地長問合三十三年八月九日民刑局長回答）法曹記事一〇六號三三頁

○執達吏ハ約束手形ノ支拂ヲ求ムル爲メニスル手形ノ呈示又ハ手形金額ノ支拂受領ノ委任ヲ受クルコトヲ得ス手形ノ所持人ハ支拂ヲ求ムル爲メ手形ヲ振出人ニ呈示シ手形金額ノ支拂ナキ場合ニ於テ拒絶證書ノ作成ヲ執達吏ニ委任スヘク其委任ヲ受ケタル執達吏ハ（所持人カ手形ヲ呈示シタルモ手形金額ノ支拂ヲ受ケサリシコトヲ證明スルコトヲ要セス）振出人ニ手形ヲ呈示シテ支拂ヲ爲スヤ否ヲ確メ其支拂ヲ拒絶シタル場合ニ於テ拒絶證書ヲ作ルヘシ（但所持人カ一タヒ支拂ヲ拒絶セラレタル後執達吏ト拒絶證書作成ノ場所ニ同行スルハ妨ケナシ）（福岡地長問合三十三年八月九日民刑局長回答）仝一〇六號三五頁

○執達吏カ手形所持人ト同行シタル場合ニ於テモ拒絶證書ニ當事者ニ署名セシム可キモノニアラス（仝上）仝一〇六號三四頁

○拒絶證書ハ祝祭日休暇日ト雖モ裁判所ノ認可ヲ得スシテ作成スルコトヲ得但拒絶證書

作成ノ期間ノ末日カ休日ニ當リ其日ニ取引ヲ爲サヽル慣習アル場合ニハ其翌日ニ拒絶證書ヲ作成スルコトヲ得(仝上)仝上

○執達吏カ拒絶證書作成ノ委任ヲ受ケ振出人ニ手形ヲ呈示シテ支拂ヲ爲スヤ否ヲ確メタルニ振出人カ手形金額ノ支拂ヲ爲スヘキ旨ヲ申述シタル場合ニハ執達吏ハ委任ヲ爲シタル手形所持人ニ其旨ヲ通知スヘシ〔仝長問合三十三年十月十一日民刑局長回答〕仝一〇八號三一頁

○執達吏ハ拒絶證書ヲ作ルニ先チ振出人ニ手形ヲ呈示シテ支拂ノ請求ヲ爲シ果シテ支拂ヲ爲スヤ否ヤヲ確メサルヲ得サル所以ノモノハ手形ノ所持人カ前者ニ對シテ償還ノ請求ヲ爲サントスルニハ手形ヲ振出人ニ呈示シタルモ支拂ヲ受ケサリシコトヲ拒絶證書ニ依リテ證明セサルヘカラス(商四八七、五二九)執達吏ハ其公ノ資格ニ於テ直接ニ觀察シタル處ニ基キ拒絶證書ヲ作ルヘキノミナラス振出人ハ設令一旦手形ノ所持人カ支拂期日ニ手形ヲ呈示シテ支拂ヲ請求セシニ當リ支拂ヲ拒絶セシニ拘ハラス後ニ至リ支拂ヲ爲スヲ妨ケサルヲ以テナリ(以上)仝上

○執達吏カ手形金支拂場所ニ拒絶證書作成ノ爲メ出張スルモ振出人又ハ其相當ノ代理人ニ面會スルコト能ハサリシトキハ其理由ヲ拒絶證書ニ記載スルコトヲ要ス(商五一五

第三號）（仝上）仝上

○商法第五十一條

○商法第五十一條ニ二周間內ニ其本店及支店ノ所在地ニ於テ左ノ事項ヲ登記スルコトヲ要ストアルハ其本店支店ノ所在地カ登記所ノ管轄ヲ異ニスル場合各個ニ登記スヘキヲ規定シタル義ニ付本支店同一登記所管內ニ在ルトキハ一箇ノ登記ニテ足ル〔橫濱區監判問合三十三年二月十二日民刑局長回答〕法曹記事一〇一號三五頁

○仝條第二項前段ニ其支店所在地ニ於テハ二週間內ニ云々トアルハ本夕本店支店ノ設ケナキ新ナル地ニ支店ヲ設ケタルトキノ規定トス（仝上）仝號仝頁

○仝條三項ノ登記スルヲ以テ足ルトハ二項ノ後段ト同樣已ニ登記シアル本店又ハ支店ノ登記用紙ニ新設支店ヲ追加スル義トス（仝上）仝號仝頁

○他ノ登記所管內ニアリシ支店ヲ本店又ハ他ノ支店所在地ノ登記所管內ニ移轉シタルトキ若クハ他ノ登記所管內ニアリシ本店ヲ支店所在地ノ登記所管內ニ移轉シタルトキノ登記ハ商第五十一條三項ニ準據シ已ニ登記シアル本店又ハ支店ノ登記用紙ニ移轉登記ヲ爲スヘキモノトス（仝上）仝號仝頁

○商法第八十三條

○本條ノ會社解散ノ請求ハ訴訟事件トシテ取扱フヘキモノニテ非訟事件ニアラス（高田區監判問 合三十三年五月九日民刑局長問答）法曹記事一〇三號四五頁

○商法第二百六十三條

○貸借證書ニ代ヘ約束手形ヲ振出シタル場合ト雖モ商法ノ本條ヲ適用スヘキモノニテ固ヨリ商行爲ト解スヘキモノトス（富山區監判問合三十二年六月十二日民刑局長回答）法曹記事九二號四一頁

○商法第五百十五條

○本條ノ拒證書ニハ公證人規則三十三乃至三十五條ニ依リテ捺印スルヲ相當トス（安濃津區公證人請訓三十三年二月十六日民刑局長回答）法曹記事一〇〇號五〇頁

○第五編　商業登記

○第一類　商業登記申請書

○同一種類ノ商業登記ニ付テハ同一ノ申請書ニ数個ノ登記事項ヲ記載スルモ妨ケナシ（福岡地長問合三十三年二月二十日民刑局長回答）法曹記事一〇〇號四一頁

○銀行業ヲ營ム株式會社ハ銀行條例二條及三十二年大藏省令二四號二條ニ依リ認可ヲ受クヘキニ付其設立登記ハ商法一四一條ノ期間內ニ其認可書ヲ添ヘテ申請スヘキモノトス（福岡地長問合三十二年十二月七日民刑局長回答）全九八號四二頁

○第二類　會社ノ變更登記

○登記シアル會社ノ重役重任ノ場合モ尙ホ登記ヲ要ス（札幌區判問合三十三年二月三日民刑局長回答）法曹記事一〇一號三五頁

○舊商法ノ規定ニ依リ一ノ登記所ニ於テ其管內所在ノ本店及數個ノ支店ヲ各別ニ登記シタル會社ノ登記事項中變更等アリタル場合ニハ同一事項ニ付キ數個ノ申請ヲ爲スノ要ナク一個ノ申請ニ依リテ其本店登記用紙ニ登記ヲ爲シ之ヲ公告シ支店ノ登記用紙ニハ何等ノ記載ヲ爲スコトヲ要セス（橫濱區監判問合三十三年二月十二日民刑局長回答）仝號三六頁

○三名ノ取締役ノ內一名カ交替シタル爲メ變更ノ登記ヲ申請スルニハ他ノ二名ト新任者トニテ爲スヘキモノトス（大分區監判問合三十二年十二月二十八日民刑局長回答）仝九八號二九頁

○商法施行前株式會社ニアツテ資本增加ノ決議又ハ假決議ヲ爲シタルルモノハ商法第二百十條ノ法文アルニ拘ハラス株金金額ノ拂込以前ト雖モ施行法八十五條ニ依リ新株式拂込ノ登記ヲ申請シ得ヘシ（岸和田區判問合三十二年八月十二日民刑局長回答）仝九五號五四頁

○監査役（商一八〇條）カ任期滿了ノ後再選シタル場合ニ於テハ變更ノ登記ヲ要ス（盛岡地問合三十三年七月二十七

日民刑局長回答｝仝一〇號四二頁

○三十三年法律第二十八號ニ依リ商事會社役員住所ノ變更モ商法五三條ニ依リ仝二六一條ノ制裁アリ｛津山區監判問合三十三年十月五日民刑局長回答｝仝一〇八號二五頁

○商法施行前ニ設立シタル合資會社カ施行後解散シタル場合ニ於テハ舊商法第百二十九條ノ規定ニ依ル登記ヲ受クルノ外尙ホ淸算人ノ解任及ヒ變更ノ登記ヲ要ス但淸算結了ノ登記ハ之ヲ要セス｛長崎區監判問合三十三年十二月三日民刑局長回答｝仝一一〇號四〇頁

○第三類　會社登記ノ添付書類

○北海道拓殖銀行設立委員ハ發起人ニ非サルモ法律上定款ヲ作ルヘキモノニ付定款ニハ設立委員署名スルヲ相當トス而シテ設立登記申請書ニハ北海道殖拓銀行法三十二條ニ依ル認可書ヲ添付スヘキモノナルモ三十一條ニ依ル認可書ハ添附ヲ要セス（大藏省理財局長照會三十三年二月十三日民刑局長回答）法曹記事一〇一號三七頁

○第四類　會社ノ定欵

○北海道拓殖銀行ハ發起人ニアラサルモ法律上定欵ヲ作ルヘキモノナルヲ以テ之ヲ作リタル設立委員其定欵ニ署名スルヲ相當トス〔大藏省理財局長照會三十三年二月十三日民刑局長回答〕法曹記事一〇一號三七頁

○第五類　株式會社設立登記

○銀行業ヲ營ム株式會社ハ銀行條例二條及三十二年大藏省令二四號二條ニ依リ認可ヲ受クヘキニ付其設立登記ハ商法一四一條ノ期間內ニ其認可書ヲ添ヘテ申請スヘキモノトス〔福岡地長問合三十二年十二月七日民刑局長回答〕法曹記事九八號四二頁

○株式會社取締役中社長又ハ頭取等ノ名稱ハ登記スヘキモノニアラス〔靜岡地長問合三十二年十月十二日民刑局長回答〕仝九六號七〇頁

○石油ヲ採掘シテ之ヲ精製販賣スルヲ業トスル株式會社ノ設立登記ニハ官廳ノ免許書又ハ其認證アル謄本ノ添付ヲ要ス但本會社ハ商事會社トシテ登記ヲ受クルコトヲ得ス營利ヲ目的トスル社團法人ノ登記ヲ受クルヲ相當トス〔長岡區監判問合三十三年九月二十九日民刑局長回答〕仝一〇七號六一頁

○第六類　株式會社支店登記

○商法第百四十一條二項ニ依リ爲スヘキ仝法五十一條二項前段ノ登記ハ勿論仝法第百四十一條一項ニ依リ支店所在地ニ於テ爲スヘキ登記ニ付テモ非訟手續第百八十八條ニ依ルヘキモノトス（大分區監判問合三十二年十二月二十八日民刑局長回答）法曹記事九八號二八頁

○非訟手續百八十八條ノ支店設立等ノ登記申請ノ場合ハ仝條二項ノ書面ノミヲ添附スルヲ以テ足ル故ニ登記官ハ其登記事項ニ付キ調査ヲ爲サントスルモ照合書類ナキヲ以テ商法百四十一條一項一號乃至七號ノ事項ハ申請ノ儘登記スヘキモノトス（大分區監判問合三十二年十二月二十八日民刑局長回答）仝號仝頁

○支店設立登記ヲ爲シタルトキハ商業登記取扱手續二十一條一項ニ依リ其登記簿豫備欄ニ其旨ヲ記載スヘキモノナルヲ以テ商號欄ニハ其會社ト記載シ支店ノ文字ヲ附スルニ及ハスト雖モ申請書ニ支店ノ文字ヲ附シアルニ於テハ之ヲ附スルモ差支ナシ（仝上）仝號二九頁

○支店設立登記ノ場合設立年月日欄ニハ支店設立年月日ヲ記載スヘキモノニ非スシテ會社ノ設立年月日ヲ記載スヘキモノトス（仝上）仝號仝頁

○會社支店商號ニ地名ヲ附スルハ差支ナシ假ヘハ株式會社第一銀行靜岡支店ト登記スルカ如シ〔靜岡地長問合三十二年十月十二日民刑局長回答〕仝九六號七〇頁

○第七類　取締役

○株式會社ノ取締役カ辭任ヲ爲スニハ其辭任ヲ爲シタル爲メ他ノ取締役ニ於テ定款ノ規定ニ從ヒ有効ナル決議ヲ爲スコト能ハサルニ至リタル場合ヲ除ク外他ノ取締役ニ對シ辭任ノ意思ヲ表示スルコトヲ得（松山區監判問合三十二年十二月二十五日民刑局長回答）法曹記事九八號三〇頁

○株式會社ノ取締役ハ各自會社ヲ代表スルモノナルモ非訟手續法第百八十八條ノ總取締役中ニハ新任者ヲモ包含スルモノト解釋スヘキニ付三名ノ內一名カ他ノ二名ニ向テ辭任ノ意思表示ヲ爲シ他ノ二名ヨリ辭任ノ登記申請ヲ爲シタルトキニ於テハ受理スヘカラス（上野區監判問合三十三年九月二十一日民刑局長回答）仝一〇七號五四頁

○三名ノ取締役中其一名カ他ノ取締役ニ對シ辭任ノ意思表示ヲ爲シタル其辭任登記ハ他二名ノ取締役並ニ商法第百八十四條但書ノ規定ニ依リ一時取締役ノ職務ヲ行フモノヲ定メタル監査役トノ連署ヲ以テ申請シタルトキハ非訟事件手續法第百八十八條ノ規定ニ適合スルモノトシテ受理スヘキモノトス（上野區監判問合三十三年十月二日民刑局長回答）仝一〇八號二三頁

○定款ニ於テ取締役三名ト定メタル場合ニ於テ其內一名辭任セントスルニハ一名ノ取締役辭任スルモ監査役二名以上アルカ爲メ直ニ其一名カ一時取締役ノ職務ヲ行フコトヲ

得ヘキ塲合ニ於テハ取締役ハ辭任ヲ爲スコトヲ得ヘシ此塲合ニ於テハ一時取締役ノ員數カ法定ノ數ニ缺クルコトアルモ辭任ヲ爲サント欲スル一名ノ取締役ハ他ノ二名ノ取締役ニ對シ有効ニ意思表示ヲ爲スコトヲ得(以上)仝號二四頁

○三名ノ取締役中一名カ他ノ取締役ニ對シ辭任ノ意思表示ヲ爲スモ株主總會ニ對シ其意思表示ヲ爲スモ登記ノ取扱手續ニ於テ異ナル所ナシ(仝上)仝上

○非訟手續第百八十八條ノ總取締役トハ登記申請ノ當時ニ於ケル現在ノ總取締役ト解スヘシ随テ辭任シタル一名ノ取締役補缺前ニ於テ登記ヲ申請スル塲合ニ在リテハ自餘ノ總取締役ヨリ登記ヲ申請スルコトヲ得ヘシ然レトモ登記申請前ニ在リテ既ニ補缺選擧ヲ爲シタル塲合又ハ一時取締役ノ職分ヲ行フヘキ監査役ヲ定メタル塲合ニ於テハ新任ノ取締役又ハ一時取締役ノ職務ヲ行フヘキ監査役モ亦他ノ取締役ト共ニ登記ノ申請ヲ爲サヽル可カラス辭任シタル取締役ノ登記ノ申請ノ期間ハ辭任者ノミノ登記ヲ申請スル塲合ナルト辭任者ノ登記ト同時ニ就任者ノ登記ヲ申請スル塲合ナルトヲ問ハス總テ辭任ノ時ヨリ起算ス(仝上)仝上

○第八類　會社ノ代表者

○商事會社カ登記權利者又ハ義務者タル場合ニ於テ其代表者ヨリ登記ノ申請ヲ爲スニ當リ登記原因カ營業ノ目的外ニ屬スルモノ（例ヘハ銀行業カ不動産ヲ賣却スル場合ノ如シ）モ其社員又ハ株主ノ同意ヲ爲シタルコトヲ證スヘキ書面ノ添附ヲ要セス（大分區監判問合三十二年十二月二十八日民刑局長回答）法曹記事九八號二八頁

○第九類　社長及頭取ノ名稱

○株式會社取締役中社長又ハ頭取ノ名稱ハ登記スヘキモノニアラス（靜岡地長問合三十二年十月十二日民刑局長回答）法曹記事九六號七〇頁

○第十類　會社ノ商號

○外國人ノ設立スル會社ノ商號ニ付テハ他ノ語辭ハ何國ノモノヲ用フルモ會社ノ性質ヲ表彰スヘキ合名合資株式等ノ語辭ハ日本語ヲ用ヰシムヘキモノトス〔長崎區監判問合三十二年十月二十七日民刑局長回答〕法曹記事九六號六九頁

○會社支店商號ニ付テハ本店ノ商號ノ下ニ支店ノ地名ヲ附スルモ妨ケナシ例ヘハ株式會社第一銀行靜岡支店ト爲スノ類〔靜岡地長問合三十二年十月十二日民刑局長回答〕仝號七〇頁

○第十一類　外國人ノ設立スル會社登記

○他ノ語辭ハ何國ノモノヲ用フルモ會社ノ性質ヲ表彰スヘキ合名合資又ハ株式等ノ語辭ハ日本語ヲ用ヰシムヘキモノトス〔長崎區監判問合三十二年十月二十七日民刑局長回答〕法曹記事九六號六九頁

○第十二類　登記公告

○登記公告ハ非訟手續百四十六條ノ規定アルモ其第百四十五條一項ニ依リテ區裁判所管内ニ發刊ノ新聞紙ナキトキハ所轄地方裁判所管内ニ於テ發刊スル新聞紙ヲ選定シ差支ナシ（山口地方長問合三十二年十二月二十三日民刑局長回答）法曹記事九八號三二頁

○第十三類　商號登記

○同一ノ營業ニ付キ數個ノ商號ヲ有スヘカラス（田邊區監判問合三十一年十二月八日民刑局長回答）法曹記事八七號一一四頁

○第十四類　資本增加登記

○株式會社資本增加ノ登記申請書ニ添附スヘキ書類ハ支店ノ登記ニ付テモ非第百八十九條ヲ適用スヘキモノトス〔長崎區監判問合三十三年五月二十八日民刑局長回答〕法曹記事一〇三號四五頁

○第十五類　官廳ノ認許書及其謄本

○非訟手續百八十七條二項八號ノ認許書謄本ノ認證ハ認許ヲ與ヘタル官廳ニ於テ與フヘキモノトス〔大分區監判問合三十二年十二月二十八日民刑局長回答〕法曹記事九八號二八頁

○前項ノ認證アル謄本ハ公證人ニ於テ與フヘキモノニアラス〔岐阜地管内公證人請訓三十三年七月十日民刑局長回答〕仝九三號三九頁

○第十六類　商業登記簿謄本手數料

○商業登記簿謄本及法人登記簿等ノ謄本手數料ヲ徴收スルニハ認證文ハ枚數ニ加フルコトヲ得ス〔新潟區監判問合三十一年八月二十日民刑局長回答〕法曹記事八二號一〇八頁

○第十七類　印鑑

○商業登記取扱手續六條ノ規定ニ從ヒ會社ノ代表者ヨリ提出スル印鑑ハ役員カ使用スル印章ニテ妨ケナシ〔大分區監判問合三十二年七月二十六日民刑局長回答〕法曹記事九三號三〇頁

○第六編　法人及夫婦財産契約登記

○第一類　法人及夫婦財産契約ノ登記及公告

○夫婦財産契約ノ登記ニ付テハ公告スヘキ規定ナキカ故ニ公告ノ方法ニ付キ規定シタル非訟事件手續法第百四十四條乃至第百四十六條ヲ準用スル限ニアラス（静岡地長問合三十一年九月二十一日民刑局長回答）法曹記事八三號一二八頁

○第二類　營利ヲ目的トスル法人登記簿

○營利ヲ目的トスル法人登記簿ハ商事會社登記簿雛形中商號トアルヲ名稱ト改ムル外該登記簿ト同一ノ用紙ヲ以テ調製シ其表紙ニハ左記ノ通記載スヘキモノトス〔新潟地長問合三十三年七月六日民刑局長回答〕法曹記事一〇四號四〇頁

營利ヲ目的トスル法人登記簿〔合名會社ニ準スル部〕

營利ヲ目的トスル法人登記簿〔合資會社ニ準スル部〕

營利ヲ目的トスル法人登記簿〔株式會社ニ準スル部〕

營利ヲ目的トスル法人登記簿〔株式合資會社ニ準スル部〕

○第三類　會社ノ名稱

○營利ヲ目的トスル法人ニ會社ノ名稱ヲ附スルハ差支ナキモ名稱中ニ合名合資株式又ハ株式合資ナル文字ヲ用ユルコトヲ得ス〔新潟地長問合三十三年七月六日民刑局長回答〕法曹記事一〇四號四〇頁

○營利ヲ目的トスル法人ノ事務所ハ本店又ハ支店ト稱スルコトヲ妨ケス〔東京控管内各地長隨行書記問合三十三年八月二日民刑局長回答〕仝一〇六號二八頁

○第四類　社團法人登記

○民法第三十四條ノ社團法人カ資産未定ニシテ登記ヲ申請シタルトキハ受理スヘカラス

〔高山區監判問合三十一年十月十五日民刑局長回答〕法曹記事八五號五七頁

○第七編　船舶登記

○第一類　船舶登記

○船舶登記規則第五十條ノ規定ニ依リ舊登記簿ヨリ登記ヲ移ス場合ニ於テ仝則十六條ニ掲クル事項中舊登記簿ニ登記アラサル事項ニ付テハ其事項ヲ證スル書面ヲ提出セシメ之レニ依リテ五十條但書ノ記載ヲ爲スヲ相當トス（盛岡地書課問合三十二年十二月一日民刑局長回答）法曹記事九八四五頁

○仝則九條ノ登記證書トハ十七條ノ始メニ所有權ノ登記ヲ爲シタル場合ニ於テ登記權利者ニ交附シタル登記證書ヲ指示スルモノトス（仝上）仝號四六頁

○進水年月日汽機及汽罐製造年月日ハ造船者及製造者ニ於テ證明スヘキモ死亡其他ノ事故ニ因リ事實證明シ能ハサルトキハ其相續人等ヨリ證明セシムヘキモノトス（仝上）仝號仝頁

○舊商法ニ依ラス舊登記法ノミニ依リ登記シタル船舶モ船舶法二十條ニ掲ケタル船舶ニ非ラサルニ於テハ登記規則第五十條ニ依リ移記スヘキモノトス（高知地方長三十二年八月九日問合仝月十日民刑局長回答）

全九五號四三頁

○第二類　船籍港變更

○船籍港ヲ變更シタルトキハ甲登記所ニ申請セスシテ乙登記所ニ規則二十五條ノ申請ヲ爲スコトヲ得ヘシ（大阪區請訓三十三年三月三十日民刑局長回答）法曹記事一〇一號四三頁

○第三類　船舶變更登記

○船舶登記規則第二十三條ハ登記スヘキ船舶カ規則ノ施行前後ニ登記シタルモノナルト又船舶原簿ニ登錄ノ已未濟トヲ問ハサルニ付是等ノ總テノ船舶ニ適用セサルヲ得ス同條ノ規定ニ依レハ登記ノ目的カ申請書添附ノ船舶原簿ノ謄本又ハ抄本ト符合スル場合ヲ除ク外變更登記ノ申請書ヲ受附ケタル時ニ於テ未タ管海官廳ノ通知ヲ受ケサルトキハ申請ヲ却下セサル可カラス然ルニ未登錄船舶ハ原簿ノ謄本等ヲ添附シ得サルハ勿論ナルヲ以テ船舶法施行細則五十八條ニ依リ積量ノ測度ヲ爲シ登記事項ニ變更ヲ生シタルコトヲ知リ得タルトキハ管海官廳ハ變更ノ通知ヲ登記所ニ爲スヘキモノト決定セサルヲ得ス（佐賀地長問合三十三年四月二日民刑局長回答）法曹記事一〇一號四五頁

○船舶登記規則實施前既登記ノ船舶ニシテ施行細則五十七條ニ據リ積量ノ測度ヲ申請シ件名書ヲ得タルニ登記ノ積量ト差ヲ生シタルトキハ未タ管海官廳ニ船舶原簿ヲ設備セサル以前ト雖モ規則三條二項ニ依リ管海官廳ヨリ變更ノ通知ヲ受ケタル後ニアラサレハ變更登記ノ申請ヲ受理スルコトヲ得ス（米子區監判問合三十三年二月十九日民刑局長回答）仝一〇〇號四八頁

○仝則九條ノ登記證書ハ變更登記ヲ完了シタル場合ニモ還付スヘキモノトス（盛岡地書課問合三十二年十二月一日民刑局長回答）仝號四六頁

○第四類　船舶登記證書

○船舶登記規則施行以前ノ既登記船舶ニハ登記證書ナキヲ以テ申請アレハ該則ヲ準用シテ之ヲ下附シ差支ナシ〔米子區監判問合三十三年二月十九日民刑局長回答〕法曹記事一〇〇號四八頁

○第五類　所有證明書

○船舶登記規則第十四條一項ノ證明書ハ製造ニ因リ取得シタル場合ニハ造船者ノ證明書賣買ニ因リ取得シタル場合ニハ其取得ヲ證スル書面トス（盛岡地方問合三十二年八月九日民刑局長回答）法曹記事九四號四八頁

○第六類　船舶登記簿謄本及手數料

○船舶登記規則第二十五條ニ依リ登記簿及ヒ其附屬書類ノ謄本交付ノ請求アリタル場合ハ三十二年省令第三十七號ニ基キ登記簿謄本ノミニ對スル手數料ヲ徴收スヘキモノトス〔盛岡地書課問合三十三年十一月七日民刑局長回答〕法曹記事一〇九號三二頁

○第八編　民事訴訟法

○第一類　證人勾引

○民事訴訟上他ノ地方裁判所管内ニ居住スル證人ノ勾引ヲ爲スニハ構成法百三十三條ニ依リ證人居住地ノ區裁判所書記ニ令狀ノ執行ヲ囑託スヘク其裁判所所屬ノ執達吏ハ證人囑託裁判所迄勾引スヘキモノトス〔千葉地方長問合三十三年六月十四日民刑局長回答〕法曹記事一〇四號三七頁

○第二類　執行文

○民訴五一九條ノ末項承繼カ明白ナルトキ卽チ之ヲ執行文ニ記載シタルトキニシテ其承繼ヲ證明書ニ依テ證シタル場合ニ執行文ヲ附與シタルトキハ其證明書ノ謄本ノ外尙ホ執行文ヲモ送達スルコトヲ要ス〔東京區管內公證人請訓三十二年八月十七日民刑局長回答〕法曹記事八二號一〇〇頁

○第三類　書類送達

○郵便送達ノ場合受取本人ノ死亡失踪逃亡等ニテ送達スルコト能ハサルトキハ遞信省ハ司法省ト打合ノ上定メタル訴訟書類郵便送達手續第七條第二項ニ依リ市町村長ヲシテ其事實證明セシメ來リタル處戸籍法施行後ト雖モ右等ノ證明ハ市町村長ニ於テ爲スヘキ儀ニ付送達手續修正ヲ要セス（遞信省郵便局長照會三十一年十月十三日民刑局長回答）法曹記事八五號四〇頁

○第四類　執達吏ニ對スル損害賠償

○執達吏カ強制執行上占有シタル物件ヲ自ラ費消スルコトアルモ國庫ハ執達吏ニ對シ損害賠償ノ請求ヲ爲ス可カラス〔福井地檢正伺三十二年三月二十二日民刑局長回答〕法曹記事八九號三四頁

○第五類　執達吏手數料

○同時ニ判決ヲ受ケタル連帶債務者二人ニ對スル執達吏ノ强制執行手數料ハ債務者甲乙ノ競賣金額各拾圓ヲ得タルトキハ各別ニ計算シ六拾錢ツヽ壹圓貳拾錢ヲ徴收スヘキモノトス（佐賀地長問合三十三年八月九日民刑局長回答）法曹記事一〇六號三二頁

○第六類　有體動產ニ對スル强制執行

○葉煙草ハ之ヲ差押フルトキハ公ノ競賣方法ヲ以テ賣却セサルヲ得サルニ至リ葉煙草專賣法第三條ノ規定ト牴觸スヘキヲ以テ差押フ可カラサルモノト爲スヲ相當トス〔福岡地長問合三十一年十月二十日民刑局長回答〕法曹記事八五號六九頁

○數人ノ連帶債務者ニ對シ債權者ハ各人ノ財産ヲ差押ヘタルニ或ル一人ニテ全部ノ債務及ヒ費用共辨濟シタル爲メ其辨濟シタル者ノ差押ヲ解キ債權證書類ヲ辨濟者ニ交付シタリ此場合ニ於テ其辨濟者ハ債權者ノ代位者トシテ他ノ債務者ノ財産ヲ差押アル儘執行ヲ續行シテ競賣スルコトヲ得ス必ス其代位ヲ爲シ得ヘキ者ハ更ニ執行文ノ附與ヲ得テ一旦差押ヲ解放ノ上更ニ差押ノ手續ヲ爲サヽル可カラス〔福岡地長問合三十三年八月九日民刑局長回答〕仝一〇六號三二頁

○執達吏ハ石炭採掘權又ハ高價〔數千圓又ハ數萬圓〕ノ有體動産ヲ競賣スル場合ニ於テモ保證金ヲ徵收スルコトヲ得ス又競落代金多額ニシテ競落期日ノ終ル前ニ支拂ヲ爲スコトノ困難ナル場合等ニ於テハ相當ノ猶豫期間ヲ見積リ支拂期日ヲ定メテ之ヲ競賣ノ條件ト爲スコトヲ得ヘシト雖十日又ハ二十日後ノ如キ長期ノ支拂期日ヲ定ムルコトヲ得ス〔福岡地長問合三十三年八月九日民刑局長回答〕仝一〇六號三五頁

○執達吏ハ委任者タル債權者ノ申出ニ因リ一時强制執行ヲ停止シタル上ハ更ニ債權者ノ申出アルニ非サレハ執行行爲ヲ爲スコトヲ得サルモノトス〔延岡區監判問合三十三年十月十八日民刑局長回答〕仝一〇八號三四頁

○執達吏ハ職權ヲ以テ有體動產競賣期日ノ變更ヲ爲スコトヲ得但正當ノ理由ナクシテ期日ヲ變更シタルトキハ之ニ因リテ生シタル費用ハ債務者ノ負擔ニ歸セシムルコトヲ得ス（民訴第五五四條）〔長崎區監判問合三十三年十一月二十二日民刑局長回答〕仝一〇九號三五頁

○有體動產競賣期日ノ變更ハ執達吏カ職權ヲ以テセサル限リハ差押債權者執行正本ニ因ル配當債權者及ヒ債務者一同ノ合意アルヲ要ス（仝上）仝號四〇頁

○第七類　不動産競賣手續

○民訴六五六條差押債權者ノ債權ニ先ツ不動産上ノ負擔ハ不登第百二十條ニ依ル申請書ノ記載ニ基キ登記シタル價格ニ依リ債權額ヲ定ムヘキモノトス（手稲區判問合三十三年四月十七日民刑局長回答）法曹記事一〇三號四七頁

○不動産抵當ニテ米穀ヲ貸付ケタルモノ競賣ノ申立ヲ爲サントスルトキハ其債權額ハ返濟期日ノ相場ヲ以テ價格ヲ算定スヘキモノトス（仝上）仝上

○競賣法ニ因ル競賣許否ノ決定ハ民訴法ニ從フヘキモノニテ其決定ニ對スル卽時抗告モ仝法ニ從ハサルヲ得レハ其抗告ニ付非訟手續法第十五條ヲ適用スヘキモノニアラス（大阪控檢長請訓三十三年六月二十日民刑局長回答）仝一〇四號三七頁

○確定判決ヲ受ケタル債權者其債權ノ擔保タル抵當不動産ヲ競賣シテ其債權元利ノ辨濟ヲ受ケントスルトキハ抵當權實行ノ名義ヲ以テ競賣法ノ規定ニ依リ又ハ民訴法ノ手續ニ依リテ競賣ノ申立ヲ爲スコトヲ得（天草區監判問合三十三年九月十三日民刑局長回答）仝一〇七號六七頁

○民訴第六百二十五條

○土地ノミヲ賣却シ其地ニ生立スル樹木ヲ所有スル者ハ一旦其樹木ハ土地ト共ニ買主ノ所有ニ歸スヘキモ賣主ニ於テ其樹木ヲ收取スヘキ一ノ財產權(債權)ヲ有スヘキコトヲ約定シタルモノト認ムヘキニ因リ其者ニ對スル債權者ハ本條ニ依リテ其財產權ヲ差押フルコトヲ得〔高岡區判問合三十二年十二月十九日民刑局長回答〕法曹記事九八號三一頁

○第九編　刑事訴訟法

○第一類　刑事訴訟記錄

○刑事訴訟記錄浩瀚ニ渉リ取扱上不便不利尠ナカラス事件ノ性質審理ノ摸様ニ依ル勿論ナルモ可成法律ノ許ス範圍内ニ於テ之ヲ簡約ナラシムル方法ヲ採ルヘシ〔三十三年八月十七日司法省務長官ヨリ各裁判所及ヒ検事局ヘ通牒〕法曹記事一〇六號三一頁

○第二類　保釋責付

○刑訴一五八條ノ二ニアル保釋ヲ許サヽル言渡ニ對スル異議ノ申立ハ例ヘハ豫審判事ノ言渡ニ係ルトキハ其豫審判事ノ屬スル合議裁判所ニ爲スヘキ旨ヲ指稱シタルモノニ付本案一件記錄ハ裁判所ヨリ豫審判事ヘ通知若クハ照會シ之ヲ取寄セ審理スヘキモノトス〔三十二年五月十九日奈良地檢正問合全月二十三日民刑局長回答〕法曹記事九一號四六頁

○被告人逃亡罪證湮滅ノ虞ナク其他特殊ノ事情ナキ場合ニ於テハ重罪事件ノ被告人ニ對シテモ可成保釋責付ヲ許ス方針ニテ處理スヘシ〔三十三年八月十七日各檢事ヘ司法省總務長官ヨリノ通牒〕全一〇六號三〇頁

○第三類　令　狀

○刑訴法改正セラレ勾引狀勾留狀書式中其結果トシテ不用ノ欄モ之レアリト雖モ實行上不都合ナキヲ以テ改正ノ詮議ニ及ハス〔東京地檢正請訓三十二年四月六日民刑局長回答〕法曹記事九〇號四九頁

○第四類　違警罪正式裁判ノ請求

○違警罪即決言渡ニ對スル正式裁判ノ請求アリタルトキハ公訴ハ其請求シタルトキニ於テ成立スヘキモノナルヲ以テ檢事ハ單ニ裁判所ヘ書類ヲ送付スルノミニテ別段起訴ノ手續ヲ爲スニ及ハス時效ハ正式裁判ノ爲メ被告人ニ對シ呼出狀ヲ發シタルトキヲ以テ中斷セラル（奈良地檢正問合三十三年五月三十一日民刑局長回答）法曹記事九一號四六頁

○第五類　刑事判決正本謄本抄本

○刑ノ執行上要スル（二十六年十月九日民刑甲第二九號訓令）判決抄本ハ裁判所ノ書記之ヲ作ルモノトス又檢事ハ刑事判決正本謄本抄本ヲ求ムルヿヲ得ヘシ訴訟關係人ヨリ正本謄本抄本ノ請求アリタル場合訴訟記錄カ檢事局ヘ送致セラレタル後ト雖モ裁判所書記ニ於テ作製スヘキモノトス〔千葉地方長問合三十二年十月二日民刑局長回答〕法曹記事九六號七三頁

○第六類　犯罪人名票

○闕席判決ヲ受ケタル者刑ノ期滿免除ヲ得タルトキハ犯罪人名票ヲ調製差出シ犯人本籍地ノ戸籍吏ヘモ通知スヘキモノトス〔五所川原區檢事局問合三十三年三月二十三日民刑局長回答〕法曹記事一〇一號三七頁

○第七類　刑ノ執行ニ關スル件

○違警罪即決裁判ニ依ル拘留刑ノ執行ハ言渡書ノ正本ヲ示シテ引致スヘキモノトス（盛岡地檢事正問合三十一年八月二日民刑局長回答）法曹記事八二號五九頁

○第八類　刑滿期放免ニ關スル件

○未決勾留中刑期經過シタルトキハ檢事若クハ被告ヨリ上告ヲ爲ス場合又ハ監視ノ執行上不都合アル等ノ場合ヲ除ク外判決ノ確定ヲ俟タス直チニ被告人ヲ放免スルモ妨ケナシ（長崎控檢事長請訓三十三年七月三十日司法大臣訓令）法曹記事一〇五號四四頁

○第九類　懲治處分

○十二歲以下ノ幼者闕席ニテ懲治處分ヲ受ケタルトキハ之レニ對シテ逮捕狀ヲ發スルコトヲ得ス此場合ニ於ケル處分ノ執行ハ判決書ノ正本若クハ謄本ニ依リ處分ヲ受ケタル者ヲ監獄署ニ送致セシメ然ルヘシ（廣島檢長問合三十二年七月六日民刑局長回答）法曹記事九三號四六頁

○第十類　雜　部

○甲號支部カ刑訴二百四十一條二項三項ニ依リ受命判事ヲ命シ得ルヤ否ヤハ明治二十八年五月二十日大審院民事刑事總部聯合公廷ニ於テ言渡シタル明治二十七年第千四百十八號判決ノ通リ（小濱區判問合三十一年七月三十日民刑局長回答）法曹記事八二號四五頁

○第十編　非訟事件手續

○第一類　非訟事件費用

○戶籍法違反事件ニ付キ呼出狀其他ノ送達ヲ爲シタル場合其手續ノ費用（裁判前）ヲ負擔スヘキ者未タ定マラサルトキニ於テ執達吏ノ受クヘキ旅費ハ勿論送達手數料モ非第三十二條ニ依リ國庫ノ立替トス而シテ他日違反者カ不問ニ付セラレタルトキハ仝第二百七條四項ニ依リ國庫ノ負擔ニ歸スヘキカ故ニ其手數料ハ執達吏ヨリ國庫ニ返納スルヲ要セス（奈良地書課問合三十二年十二月十六日民刑局長回答）法曹記事九七號五一頁（參照九〇號四七頁九行）

○不動産登記法施行細則七十條ノ通知費用ハ裁判所ノ經費ヲ以テ支辨スヘキモノニテ非第二十六條ニ依ルヘキモノニアラス（山口地長問合三十二年十月十一日民刑局長回答）仝九六號三九頁

○非訟事件手續ノ費用カ國庫ノ負擔ニ屬スルコトヲ通例トスル場合ニ於テハ（非二六但書）執達吏ハ送達手數料ヲ受クルコトヲ得ス（執吏規則三條十六條）國庫ノ外ニ費用ノ負擔者アル場合ニ於テハ執達吏ハ手數料ヲ受クルコトヲ得ヘシ戶籍法違反事件ニ付テハ非改正二百七條四項ニ依リ處分ヲ受ケタル者手續ノ費用ヲ負擔スルコトト爲リタルニ因リ此場合ニ於テハ執達吏ハ手數料ヲ受クルコトヲ得ヘシ（佐賀區監判問合三十二年四月二十九日民刑局長回答）仝

九〇號四七頁

○親族會ニ於テ意見ヲ述フルコトヲ得ヘキ者ヘノ通知費用モ非三二條ニ依リ國庫ノ立替トス（民九四八條）〔那覇區判問合三十二年三月二十八日民刑局長回答〕仝八九號六一頁

○非訟事件ニ關シ證人ニ支給スヘキ費用額ハ民訴費用法ニ依ルヘキモノトス〔八丈島地役人伺三十二年三月十四日民刑局長回答〕仝號六七頁

○非訟事件手續法第三十二條ノ國庫立替金又ハ檢事人事訴訟若クハ非訟事件ノ申立ヲ爲シタル手續ノ費用ニシテ事件本人ノ負擔タルヘキ金額ハ明治二十六年司法省會檢甲第八三二號訓令歳入金取扱規程ニ準據スヘキモノトス〔高知地檢正請訓三十一年十二月十九日民刑局長回答〕仝八七號六三頁（參照八六號一四一號一行）

○非訟三二條ハ民千五十二條ノ管理人選任ニ關スル費用ニ適用スヘキモノトス〔高知地長問合三十一年十二月八日民刑局長回答〕仝號六五頁

○相續財産管理人カ財産調査ヲ爲シタルニ無財産ナルトキハ民千〇五七條ノ公告并ニ財

産調査費用ハ非訟二八條ニ依リ請求人ニ負擔ヲ命スルコトヲ得ヘシ（大分區監判問合三十一年十二月二十一日民刑局長回答）仝八七號六六頁

○戸籍法違反事件ニ付呼出狀等仝地方ヱ送達シタル執達吏ノ旅費ハ一個ノ外ハ兼行ナルニ付一個分丈ヲ立替フヘキモノトス若シ國庫支辨ノ分ト兼行シタルトキハ其數ニ應シ分割シタル額ヲ立替フヘキモノトス（長崎地長問合三十三年二月六日民刑局長回答）仝一〇三號四三頁

○非訟六九條公告ノ費用ハ國庫ニ於テ立替ヲ要ス（青森區判問合三十一年九月十九日民刑局長回答）仝八三號一〇三頁

○第二類　裁判ノ告知

○非訟事件裁判ノ告知ハ正本謄本孰レヲ送達シ或ハ交付スルモ差支ナシ（岸和田區判問合三十三年二月二十二日民刑局長回答）法曹記事一〇〇號五〇頁

○違反者ノ居所分明ナラサル場合ニ於テハ民訴法ニ依リ公示送達ヲ以テ告知スルコトヲ得（大垣區監判問合三十二年三月九日民刑局長回答）全八九號六六頁

○第三類　非訟事件ノ審問

○非訟事件ノ審問ハ公行スルト否ト又調書ヲ作ラシムルト否トニ拘ハラス裁判所書記ノ立會ヲ必要トス〔那覇區判問合三十二年三月二十八日民刑局長回答〕法曹記事八九號六一頁

○非訟事件ハ事件ノ性質若クハ其事情ニ依リテ必要アル場合ノ外審問ヲ用ヒスシテ裁判ヲ爲スコトヲ得〔柳井津區判問合三十一年八月二十五日民刑局長回答〕仝八二號一四〇頁

○第四類　事件ノ通知

○檢事ニ通知スヘキ民事訴訟又ハ非訟事件ニ付テハ急速ヲ要スル場合ト雖モ裁判所之ヲ通知スヘキモノニテ裁判ノ後之ヲ通知スルコトヲ得ス（御坊區判問合三十一年十一月十五日民刑局長回答）法曹記事八六號一二五頁

○檢事ハ別段ノ定メアル場合ヲ除ク外非訟事件ニ付意見ヲ述フルコトヲ得ヘク裁判所ハ事件ヲ檢事ニ通知スヘキモノトス（沼田區判問合三十一年十月八日民刑局長回答）仝八四號九一頁

○檢事ヲ置カサル區裁判所ニ於ケル檢事ヘノ非訟事件ノ通知又ハ檢事ノ立會ハ構成法第十八條二項ニ依リ取扱フヘキモノトス（松江地長問合三十一年七月十四日民刑局長回答）仝八二號三三頁

○第五類　非訟事件ノ申請

○就籍除籍等ノ許可ノ申請ハ非六條ニ依リ訴訟能力者ヲ以テ代理セシムルコトヲ得又申請書ハ郵便ニ付シ其他便宜ノ方法ニ依リテ裁判所ニ差出スコトヲ得（北海道眞砂外四町二村戸吏伺三十一年十月十二日民刑局長回答）法曹記事八五號三三頁

○第六類　非訟事件ノ受附簿

○戸籍法中許可ノ裁判ヲ爲スヘキ事件ハ書記規則書式八號民事々件簿六欄裁判所ニ繋屬シタル訴訟外ノ申立トシテ同欄ニ記入スヘキハ勿論屆出失期事件モ亦訴訟外ノ申立ト見做シ同欄ニ記入シ然ルヘシ又戸籍事務ニ關スル抗告事件ハ追テ一定ノ書式ヲ定メラルヽマテ地方裁判所書記規則中民事抗告事件簿ノ振合ニ依リ適宜調製然ルヘシ〔長野區問合三十一年十月十日民刑局長回答〕法曹記事八四號一〇六頁

○第七類　非訟事件ノ呼出及送達方法

○戸籍法違反事件ノ呼出状等ノ送達方法ハ適宜取扱然ルヘシ〔長野區判問合 三十一年十月十日 民刑局長回答〕法曹記事八四號一〇六頁

○第八類　非訟事件ノ抗告

○身分登記ノ變更又ハ除籍就籍等ノ許可ノ裁判ニ對シテハ抗告ヲ以テ不服ヲ申立ルコトヲ得ス（秋田區監判問合三十一年十月十二日民刑局長回答）法曹記事八五號三五頁

○第九類　書類ノ閲覧及正本謄本

○非訟事件ニ關スル書類ノ閲覧又ハ謄本ノ申請ハ特ニ明文アル場合及ヒ法令ノ規定ニ因リテ必要トスル場合ノ外之ヲ許與スヘカラサルモノトス又之ヲ許與スル場合ハ申請書ニ民訴印紙法十六條ニ依リ貳拾錢ノ印紙ヲ貼用スヘク但特ニ定メタル手數料（例ヘハ本年省令十號一條ノ如シ）ヲ納付スル場合ハ此限ニアラス（新潟區監判問合三十一年十一月十七日民刑局長回答）法曹記事八六號一三四頁

○第十一編　人事訴訟手續法

○第一類　人事訴訟手續

○人事手續法第二十七條中死亡ノ時ニ云々ハ子ノ認知ニ關スル場合ニ適用スヘク子ノ否認ニハ適用スヘキモノニアラス〔岐阜區監判問合三十二年十一月二十五日民刑局長回答〕法曹記事九七號二八頁

○法第三條三項ハ意思能力ナキ幼年者ノ推定相續人ヲ廢除スル訴アルトキハ第三十九條ニ依リ右規定ヲ準用シ辯護士ヲ幼年者ノ訴訟代理人ニ選任スルコトヲ得〔新發田區監判問合三十二年五月十二日民刑局長回答〕仝九一號四四頁

○人事訴訟ニ付キ檢事カ擧證者ナルトキト雖モ民訴二八八條ニ依リ其費用ハ檢事ヨリ豫納スヘキモノトス〔那覇地長問合三十一年十二月二十九日民刑局長回答〕仝八六號一四五頁

○地方裁判所ノ管轄ニ屬スル人事訴訟ニ關スル事件簿ニ付テハ追テ一定ノ樣式ヲ定メラルヘキ見込ナレトモ當分ノ内ハ適宜調製然ルヘシ區裁判所ノ管轄ニ屬スル禁治産準禁治産ニ關スル事件ハ民事々件簿「ホ」欄ヘ受付ケ失踪事件ハ「ヘ」欄ヘ受付記入スヘキモノトス〔靜岡地長問合三十一年十二月三十一日民刑局長回答〕仝八六號一四八頁

○區裁判所權限外ノ人事訴訟ハ管轄地方ニ移送スルコトヲ得（甘木區判問合三十一年十月十日民刑局長回答）仝八四號一〇七頁

○人事訴訟手續法第五十五條ノ訴ハ同第五十六條ノ地方裁判所ノ支部ニモ提起スルコトヲ得（飯田區監判問合三十一年九月二十二日民刑局長回答）仝八三號一一三七頁

○第二類　人事訴訟手續費用

○禁治産及失踪宣告ヲ官報又ハ新聞紙ニ公告ノ費用モ禁治産者又ハ相續財産ノ負擔トシ納付セシメ然ルヘシ〔人第四十九條第七十七條〕〔福島地長問合三十一年十月十日民刑局長回答〕法曹記事八四號一〇七頁

○第三類　禁治產準禁治產

○人訴手續第五十五條一項ニ依ル訴ノ相手方ハ檢事ニ依リテ禁治產ノ申立ヲ爲シタル國家ナリ隨テ其訴ノ繫屬スヘキ地方檢事ハ相手方ノ代表者タリ（大津地檢事正問合三十三年四月二十六日司法大臣訓令）法曹記事一〇二號五二頁

○準禁治產者ニ附シタル保佐人ノ就職ハ戶籍吏ニ屆出ツルニ及ハス（山梨縣東桂村戶吏伺三十二年四月十九日民刑局長回答）仝九〇號三一頁

○禁治產事件ニ付證據調ノ費用ヲ豫納スル能ハサルトキハ訴訟上ノ救助ヲ爲スハ格別國庫ニ於テ費用ノ立替ヲ爲ス可カラス（那霸區判問合三十一年十二月二十二日民刑局長回答）仝八七號六四頁

○禁治產若クハ失踪宣告ノ申請ニ付職權ヲ以テ取調フル證人鑑定人等ニ關スル費用ハ民訴二百九十八條ニ依リ豫納セシムヘキモノトス（人吉區判問合三十一年十一月十八日民刑局長回答）仝八六號一四〇頁

○禁治產ノ宣告ハ法律上親權喪失ノ原因ト爲ラサルモ其宣告ヲ受ケタル父ハ普通心神喪失ノ常況ニ在ルヘキカ故ニ民法第八七七條第二項ニ該當スヘシ（福岡地長問合三十三年十一月十六日民刑局長回答）

全一〇九號三〇頁

○第十二編　雜部

○第一類　登錄稅法

○主タル建物ト附屬建物上一個ノ登記ニ付テハ二個ノ登錄稅ヲ徵收ス（高松地長問合三十三年四月二十一日民刑局長回答）法曹記事一〇二號四六頁（參照一〇〇號四一頁九行）（仝九八號四三頁七行）（仝九七號三六頁二行）（仝九二號三六頁十三行）

○商事會社ノ本店幷ニ支店ニ置キタル支配人ノ選任又ハ代理權ノ消滅ニ付キ支店所在地ニ於テ爲ス登記及ヒ或支店ノミニ置キタル支配人ノ選任又ハ代理權ノ消滅ニ付キ其支店ノ所在地ニ於テ爲ス登記ニ對シテハ登錄稅法第六條第二項ニ依リ徵收スヘキモノトス（高田區判問合三十三年四月十六日民刑局長回答）仝號五一頁

○株式會社カ甲管內ヨリ乙管內ニ本店ヲ移轉スヘキ場合乙區裁判所ニ於テ受クル登記ノ登錄稅ハ移轉稅卽金五圓ナリトス（八代區監判問合三十三年二月二十三日民刑局長回答）仝一〇一號三一頁

○一番ヨリ四番迄書入アル地所ヲ競落ノ爲メ移轉登記ヲ爲スニ當リテハ其書入及ヒ競賣申立抹消ノ登錄稅ハ登記事項ノ數ニ依リ五拾錢ヲ徵スヘキモノトス（橫手區判問合三十三年三月十日民刑局長回答）

仝號三一頁

○新ニ支店ヲ設置シタル塲所カ本店又ハ他ノ支店ノ所在地ナルト否トニ拘ハラス其新設支店及ヒ他ノ支店ノ所在地ニ於テ爲ス登記ハ税法第六條二項ニ依リテ徴税スヘキモノトス（山口地長問合三十三年三月二十日民刑局長回答）仝號三二頁

○登錄税法第六條二項ノ支店所在地トハ支店所在地ヲ管轄スル登記所ノ管轄區域内ト解釋スルヲ當相トス（仝上）仝號仝頁

○競落登記ノ囑託ハ本訴七百條一號乃至三號ヲ一事件ト看做スモ徴税ニ事テハ抹消ハ競落人ノ所有權登記ノ果結ナリト雖モ一事件ト看做ス可カラサルヲ以テ別ニ抹消ノ登錄税ヲ徴收スヘキモノトス（山形區監判問合三十三年四月三日民刑局長回答）仝號四三頁

○郵便局長身元保證抵當權設定登記ハ登錄税ヲ要セス（大島區監判問合三十三年一月十一日民刑局長回答）仝九九號四〇頁

○抵當權設定ノ際ハ一筆ナリシニ其後數筆ニ分割セシ土地ノ抹消登錄税ハ現在ノ筆數ニ

依ル〔大分區監判問合三十三年十二月二十八日民刑局長回答〕仝九八號二八頁

○税法六條十五號登記事項ノ變更トアルハ仝條中ニ規定シタル以外ノ事項ニ就キ變更アリタル場合ニ適用スヘキモノトス故ニ株式會社第二回以後ノ株金拂込ノ如キ場合ハ登記事項ノ變更トシテ取扱フヘキモノニアラス〔大藏省主税局長照會三十二年十二月八日刑民局長回答〕仝號四二頁

○法六條一項十二號支店設置ノ登錄錄ハ會社本店ノ所在地ニ於テノミ徴税スヘキモノトス〔福島地長問合三十二年十二月二十二日民刑局長回答〕仝九七號三四頁

○船舶登記ニ關スル税率中ニハ假登記又ハ豫告登記ノ種目税率ナキニ付船舶ニ關スル右ノ登記ハ登錄税ヲ徴收スル能ハス〔山口地長問合三十二年十月十一日民刑局長回答〕仝九六號三九頁

○先取特權質權抵當權ノ移轉ノ登錄税ハ二條一項十二、十三號ニ依ルモノニテ二十一號ニ依ルモノニアラス〔福岡地長問合三十二年八月二十八日民刑局長回答〕仝九五號四四號

○會社カ本店ト支店トヲ同時ニ又ハ二ケ所ノ支店ノミヲ同時ニ移轉シ同時ニ移轉ノ登記ヲ申請シタルトキハ税法六條十三號ニ依リ孰レモ一件トシテ徴税ス（仝上）仝號仝頁

○税法六條十五號ノ場合例ヘハ株式會社カ公告ノ方法ヲ變更スルト仝時ニ監査役ノ氏名住所ノ變更アリテ同時ニ申請シタルトキハ二件トシテ徵税スヘキモノトス（仝上）仝號仝頁

但商法施行法五二條ニ算リ登記ヲ申請セル場合ハ一件トシテ徵税ス

○共有權不分割ノ登記ヲ單獨ニ申請セシトキハ二條一項二十二號ニ依リ變更ノ登錄税ヲ徵收ス（青森區判問合三十二年八月八日民刑局長回答）仝九四號四〇頁

○不登第五六、五八、六八、條末段、一二五條等ノ如ク附記ニ因リ爲スヘキ明文アルモ是等ハ税法二條二十一號ヲ適用セス登記目的ノ種類ニ依リ徵收スヘキモノトス（松山區監判問合三十二年七月二十五日民刑局長回答）仝九三號二九頁

○附記ノ登錄税ヲ徵收スル場合ハ民法三九三條ニ規定シタル附記登記ノ場合トス（仝上）仝號仝頁（參照九三號三八頁一行）

○納税保證登記取消ハ税法十九條ニ依ラス徵税スヘキモノトス（沼田區判問合三十二年七月二十六日民刑局長回答）仝

號三七頁

○國稅滯納處分ノ爲メ差押ノ登記ヲ囑託スルニハ稅法十九條ノ一ヲ適用スルモ縣稅滯納ノ爲メニ付テハ徵稅スヘキモノトス（青森區判問合三十二年七月二十七日民刑局長回答）仝號三八頁（參照九二號三九頁一行）

○家督相續人カ被相續人名義ノ不動產ヲ所有權登記ヲ爲ストキハ所有權保存ノ稅ヲ徵スヘキモノニテ相續ノ稅ヲ徵スヘキモノニアラス（宇和島區監判問合三十二年六月二十七日民刑局長回答）仝九二號三三頁

○酒造納稅保證ノ爲メ書入登記ハ稅法十九條一號ニ依リ徵稅スヘキモノニアラス（新潟地長問合三十二年五月十八日民刑局長回答）仝九一號二六頁

○稅法二條二十二號不動產每一個トハ土地ハ一筆建物ハ一棟ト解釋シ一用紙中十筆ノ書入ヲ取消場合ハ壹圓ヲ徵スヘキモノトス（白河區監判問合三十二年五月三日民刑局長回答）仝號二六頁（參照九〇號四八頁十四行）

○分合筆ノ場合ニハ分合以前ノ筆數ニ依リ徵稅スヘキモノトス（仝上）仝號二七頁（參照

八九號六八八頁十二行）

○質書入ノ增金ノ塲合ニハ增金額ニ對シ二條十三號ニ依リ徵稅スヘキモノトス（仝上）仝號仝頁（叅照九七號三二頁十五行）

○返濟期限ノ延期又ハ利子ノ變更ハ二條二十二號ニ依ル（仝上）仝號仝頁

○所有者債主負債者ノ住所姓名等ノ更正變更モ二條二十二號ニ依ル（仝上）仝號仝頁

○社員持分ヲ他社員ニ讓渡シ退社シ之ヲ同時ニ變更登記ヲ爲ストキハ一件トシテ登錄稅ヲ徵收スヘキモノトス（伏見區判問合三十三年六月二十九日民刑局長回答）仝一〇四號三七頁

○登錄法第六條一項第十三號乃至第十六號ニ依リ登錄稅ヲ徵收スヘキ塲合ニ於テ同一種目ニ屬スル數個ノ登記事項ヲ同一ノ申請書ニ記載シタルトキハ登記事項ヲ標準トシテ件數ヲ計算スヘシ（大分區判問合三十三年七月七日民刑局長回答）仝一〇五號三二頁

○前項ノ登記事項トハ株式會社ニテハ商法一四一條一項乃至七號ニ該ル故ニ株式會社カ

定款ヲ改正シ其商號、目的、公告ヲ爲ス方法及ヒ存立期限ニ變更ヲ生シタルトキ又ハ資本ヲ減少シ資本ノ總額及一株ノ金額ニ變更ヲ生シタルトキハ變更ノ原因ヲ同フスルモ登記ノ事項ヲ異ニスルヲ以テ甲ハ四件トシ乙ハ二件トシテ徴税スヘキモノトス又取締役五名カ同時ニ改選セラレタルトキハ其變更ノ原因カ同一ナルト否トニ拘ラス一件トシ又氏名又ハ住所ノ變更ニ付テハ取締役一名毎ニ一件トシ持分ノ讓渡ニ付テハ讓渡人一名毎ニ一件トシテ徴税スヘキモノトス（大分地長問合三十三年七月二十六日民刑局長回答）仝一〇五號四一頁

○入夫及ヒ尊屬親カ戸主ト爲リ相續登記ヲ申請スル場合ハ税法二條二號ニ依リ徴税スヘキモノトス（奈良區書課問合三十三年九月七日民刑局長回答）仝一〇七號五七頁

○登錄税法第十九條ノ二ニ依ル評價ニハ民訴法中鑑定ニ關スル規定ヲ適用スヘカラス（奈良區判問合三十三年九月十七日民刑局長回答）仝一〇七號五八頁

○登錄税法第十九條三號ニハ社寺堂宇ノ敷地トアリテ社寺堂宇及ヒ其敷地ト云ハス則チ社寺堂宇タル建造物ハ本號ノ明文外ナルヲ以テ之ニ關スル登記ハ有税ナリ（根室地長代理判事問合三十三年十月九日民刑局長回答）仝一〇八號二七頁

○抵當權又ハ質權ノ相續登記ノ登錄稅ハ法第二條一項十三號ニ依リ徵收スヘキモノトス（德島區監判問合三十三年十二月二十九日民刑局長回答）全一〇九號三一頁

○稅法第十九條第三號ノ敷地ニハ社寺ノ建物坪數及ヒ其構內ヲ包含ス（札幌區判問合三十三年十一月十七日民刑局長回答）全號三五頁

○商法施行法第八十條ニ因ル登記ノ登錄稅ハ稅法第六條第一項第十一號ニ依ルヘキモノトス（岡山區監判問合三十三年十一月二十八日民刑局長回答）全號四三頁

○附屬建物數棟新築登記ノ登錄稅ハ新築シタル數ニ應シテ徵收スヘキモノトス（岐阜區上有知出張所伺三十三年十二月二十四日民刑局長回答）全一一〇號五〇頁

○第二類　印紙稅法

本回答ハ變更ノ通牒アリ本類第六項參看スヘシ

○水利組合ハ官廳又ハ公署ニ非ラス故ニ市町村長又ハ郡長カ水利組合ノ管理者タル資格ヲ以テ消費貸借ヲ爲ス場合ニ發スル證書ニハ相當印紙ヲ貼用スヘク稅法五條二號ニ依ル可カラサルモノトス〔岐阜地方管內公證人請訓三十二年十月二十一日民刑局長回答〕法曹記事九六號四一頁

○町村カ公債ヲ仰クニ當リ町村制ニ基キ町村會ノ決議ハ勿論其他ノ手續ヲ經テ或ル銀行ヨリ金員借入ルヽ爲メ發スル證書ハ稅法五條一號ニ含蓄ス〔岐阜地管內公證人請訓三十二年七月十日民刑局長回答〕仝九三號三九頁

○公證人カ公正證書ヲ作リタルトキハ印紙稅法一條九條公證人規則四十二條等ニ依リ公證人ニ於テ公正證書ノ原本ニ印紙ヲ貼用シ其職印ヲ以テ消印スヘキモノトス〔安濃津區管內公證人伺三十二年五月五日民刑局長回答〕仝九二號二八頁

○貸金證書若クハ公債證書等ノ讓渡契約書ニハ有償ノ場合ハ償金額相當ノ印紙無償ノ場合ハ稅四條二十號ノ印紙ヲ貼用スヘキモノトス〔福岡區管內公證人伺三十三年四月二日民刑局長回答〕仝一〇三號四四頁

○公證人カ職務上發スル手數料等ノ領收證ハ印紙稅法五條二號中ニ包含セス（仝上）仝上

○水利組合ノ事務ヲ管理スル機關ハ之ヲ公署ト見ルヲ妥當ナリトス隨テ水利組合ノ管理者タル郡長ノ囑託ニ因リテ作ルヘキ金員貸借ノ公正證書ハ印紙稅法五條三號ノ證書中ニ包含スルモノト決定スルヲ妥當ナリトス（三十三年八月七日民刑局長ヨリ岐阜區管內公證人ヘ通牒）仝一〇六號二九頁

○第三類　國籍法

○法例十九條ニ養子緣組ノ効力ハ養親ノ本國法ニ依ルトアルヲ以テ日本人カ外國人ノ養子ト爲リタル場合養親ノ本國法ノ如何ニ依リテハ必スシモ養親ノ家ニ入ラス依然日本ノ國籍ヲ有スルモノトス（横濱市戸吏伺三十二年十月四日民刑局長回答）法曹記事九六號七二頁

○國籍法第二十條ハ日本人カ單ニ自巳ノ志望ニ依リテ外國ノ國籍ヲ取得スヘキ行爲ヲ爲シ其行爲ニ因リ直接ニ外國ノ國籍ヲ取得スル場合ニ適用スヘキ規定ニシテ日本人カ外國人ノ養子トナリタル場合ニ適用スヘカラス（仝上）仝號仝頁

○第四類　要塞地帶法

○豫審判事檢事等檢證ノ爲メ水陸一部ノ形狀ヲ測量模寫撮影筆記スルハ明治三十一年勅令第百七十六號ノ禁令範圍外ニ屬ス（陸軍大臣ヨリ司法大臣ヘ回答）法曹記事九三號四四頁

〇第五類　訴訟印紙

〇檢事左ノ書類ヲ提出スルニハ訴訟印紙ヲ貼用スヘキモノトス（高知地檢正請訓三十一年十二月十九日民刑局長回答）法曹記事八七號六六三頁

一　人事訴訟ニ付キ當事者ト爲ラスシテ證據方法ヲ提出スル場合ノ證人訊問又ハ臨檢請求ノ申請書

二　禁治產、準禁治產、財產管理、親族會招集ノ申立書

三　人事訴訟及ヒ非訟事件ニ關スル抗告申立書

〇非訟事件トシテ申請スヘキモノハ民事訴訟印紙法第十六條第十條ニ依リ二十錢ヲ貼用スヘキハ勿論民九四六條ノ親族會員ヲ辭セントスルモノ仝九五〇條ノ補缺員ノ請求仝千十七條但書ノ期間ノ伸長請求仝千二十六條ノ相續限定承認申述千三十八條ノ拋棄ノ申述等ノ類モ等シク印紙貼用スヘキモノトス（沼田區判事問合三十一年十月八日民刑局長回答）仝八四號九一頁

〇戶籍法第百八十三條ニ依リ戶籍吏カ許可ノ申請ヲ爲スニハ印紙貼用ヲ要セス（仝上）仝八四號九二頁

〇戶籍法第二十七條ノ許可ヲ受クルニハ印紙貼用ニ及ハス（新潟區監判問合三十一年八月二十七日民刑局長回答）仝八二

號一四四頁

○第六類　公證人事務

○公證人ハ法律ノ規定セル場合ニ非ラサレハ認證ヲ爲ス可カラサルニ付親族會決議書ノ謄本ノ認證ヲ求ムル者アルモ囑託ニ應スヘキモノニアラス（東京地管内公證人請訓三十二年一月十八日民刑局長回答）法曹記事八八號六二頁

○戸籍ノ謄本抄本ハ公證人規則二十八條二項ノ證明書ニ代用スルコトヲ得ス（今治區管内公證人請訓三十一年十二月二十七日民刑局長回答）仝八七號六八頁

○親權者カ囑託人ナル場合面識及ヒ親權ヲ行フ事實ヲ知ルト雖モ公證人規則三十條三號ニ準據シ證明書ヲ要ス但其書面ハ親權ヲ行フ事實ヲ證スルモノニテ知ル（仝上）仝號六九頁

○明治十年五十號布告ハ公證人規則三十四條中ノ規定トシテハ廢止セラレサルニ付署名スルコト能ハサル者アルトキハ仍ホ右布告ノ規定ニ依ルヘシ（仝上）仝號仝頁

○公證人死亡ノ場合兼任者ハ兼任者ト死亡者ノ役場ニ限ラス前任者ノ受持區内何レノ所ニ役場ヲ置クモ差支ナシ（札幌地長問合三十一年十一月二十七日民刑局長回答）仝八五號一〇五頁

○遺言公正證書ヲ作製スルニハ民法千六十九條一號ノ證人ノ外公證人規則二十八條ノ立會人ヲ要セス〔宮本郷區管内公證人伺三十二年九月二十日民刑局長回答〕仝八三號一〇三頁

○秘密遺言證書（民法千七十條）ハ別段ノ規定ナキニ於テハ之ヲ公證人ニ於テ預リ置クヘキモノニアラス（仝上）仝號一〇四頁

○同上證書ハ見出帳ニ記入スヘシ（仝上）仝上

○同上證書ノ手數料ハ相當ニテ相當ノ報酬ヲ受クルハ妨ケナシ（仝上）仝上

○公證人規則第二十八條ノ場合ニ於ケル證明書ハ區郡長又ハ市町村長ノ事務トシテ之ヲ與フヘキモノトス〔東京市下谷區長問合三十一年七月二十九日民刑局長回答〕仝八二號五三頁

○公證人規則第十五條裁判所ノ命令トアルニハ豫審判事ノ命令ヲ包含セリ豫審判事ヨリ公正證書ノ原本ニ連綴シタル委任狀ハ私書僞造行使事件ノ證據トシテ必要ニ付提出スヘシトノ照會アリタルトキハ原本ト共ニ差出シテ妨ケナシ但此場合見出帳ニ事由記入

ニ及ハス〔静岡區管内公證人請訓三十二年八月十九日民局刑長回答〕仝八二號一〇六頁

○贈與者ノ死亡ニ因リテ効力ヲ生スヘキ贈與〔民法第五百五十四條〕ハ遺贈ニ關スル規定ニ從フヘキモノニ付其公正證書ヲ作ルニ付テハ普通契約ノ如ク取扱フヘキモノトス〔千葉區管内公證人伺三十三年九月十七日民刑局長回答〕仝一〇七號六六六頁

○後見人及ヒ後見監督人ヨリ民法九百十七條ニ依リ調製スヘキ財産目錄ノ調製ニ付キ囑託アルモ公證人ハ民一一一三條非五二條等ノ如ク明文アル場合ノ外財産目錄ヲ調製スヘカラサルニ付其囑託ニ應スヘキモノニアラス但財産目錄ハ法律上ノ効力ヲ生スル行爲ニアラサルヲ以テ之ヲ一ノ法律行爲ト見ルコトヲ得ス（仝上）仝一〇七號六六六頁

○公證人ハ法律行爲ニ關スルモノ若クハ他ノ法令ニ依リ公證人ノ作成スヘキ規定アルモノニ限リ囑託ニ應スヘキモノニシテ法律行爲ニ關セサル私權ノ行使ニ付キ事實ヲ證明スル書類例ヘハ動産ノ目錄又ハ形情書ノ如キ他ノ官吏ノ作ルヘキ公證書類ニ非サルモノト雖モ囑託ニ應シ作成スヘキモノニアラス（仝上）仝一〇七號六六六頁

○第七類　確定日附

○確定日附ノ請求ニ付テハ一定ノ管轄ナキヲ以テ何レノ登記所又ハ公證人役場ニ請求スルモ差支ナシ〔谷村區書課問合三十三年四月二日民刑局長回答〕法曹記事一〇一號四五頁

○公證人カ自已ノ親屬ヨリ確定日附ノ請求ヲ受ケタルトキハ之レニ應セサルヲ穩當トス〔相川區管内公證人請訓三十二年十一月二日民刑局長回答〕仝八六號九五頁

○公證人カ確定日附ヲ與フトキハ公證人規則二十一條三十一條ニ依ルコトヲ要セス（仝上）仝上

○確定日附簿ノ號數ニ誤植アルヲ改訂スルヲ得ス〔仙臺區管内公證人問合三十二年七月二十七日民刑局長回答〕仝八二號四七頁

○確定日附簿附紙欄號數ハ第一號ヨリ數年ヲ通シテ追番號ヲ附スヘキモノトス（仝上）仝八二號四八頁

○商業帳簿及ヒ通帳ノ如キモノニハ確定日附ヲ附スヘカラス（仝上）仝上

○番號ハ墨書シ印章ハ墨肉ヲ用ユヘシ（公證人梅內直曹請訓三十二年八月三日民刑局長回答）仝八二號六八頁

○附屬書類ニ確定ヲ附セントスルニハ各處ニ番號ヲ附シ記入及ヒ捺印ノ手續ヲ爲スヘシ（仝上）仝上

○第八類　外國人ノ遺産處分

○外國領事カ主トシテ封印其他遺産處分ヲ爲スヘキ場合ハ外國ノ法律ニ依リテ定マルヲ以テ日本ノ當該官廳ハ外國領事ノ通知ヲ待テ其處分ニ立會フ等ノ手續ヲ爲スヘキモノ又日本ノ當該官廳カ主トシテ遺産處分ヲ爲スヘキ場合ハ（日獨領事職務條約第十四條二、十、十一號等）日本ノ法律ニ依ルモノナルヘキニ付キ相續人曠缺ノ場合ノミニ限ラス適法ノ申立アルトキハ其處分ヲ爲スヘキモノトス（大阪區監判問合三十二年七月二十九日民刑局長回答）法曹記事九四號三七頁

○死亡者ノ財産保護ニ關スル日英條約第一條ハ何レモ死亡者カ相續人ヲ遺シタルトキノ規定ナリ其相續人ナキ事實カ明確ナル場合ニ於テハ我法律ニ依リ遺産ノ管理ヲ爲スヘキ趣旨ナリ（神戸地長代理判事問合三十三年十二月五日民刑局長回答）仝一一〇號二三頁

○第九類　登記統計年表

○民訴七百條ノ登記ハ一ノ囑託書ニ併記シテ囑託スヘキモノナレトモ統計年表記載方ハ各目的毎ニ一件ト計算スヘキモノトス〔天草區裁判所問合三十三年四月十七日民刑局長回答〕法曹記事一〇二號四五頁

○新ニ支店ヲ設置シタル場所カ本店若クハ他ノ支店ノ所在地ナルト又ハ本店若クハ支店ノ所在地ニアラサルトヲ問ハス本店所在地ニ於テ爲ス支店設置ノ登記ハ(第五表)商事會社登記表本店ノ下ノ支店設置欄ニ記載シ新ニ設置シタル支店及ヒ其他ノ支店ノ所在地ニ於テ爲ス登記ハ支店ノ下ノ支店設置欄ニ記載スヘキモノトス〔山口地長問合三十三年三月二十日民刑局長回答〕
仝一〇一號三二頁

○政府ノ利益ノ爲メニスル謄本等ノ交付請求件數ハ統計樣式第二表以下ニ限リ朱書ヲ以テ乙號件數欄ニ附記シ表示ニ其事由ヲ記載スヘキモノトス〔盛岡地問合三十三年一月二十七日民刑局長回答〕仝九九號三三頁

○一件ニテ土地建物合併ノ登記ハ左ノ例ニ依リ記載スヘキモノトス〔山口地方問合三十二年十二月二十三日民刑局長回答〕
仝九八號三一頁

一　申請書ニ土地ト建物ト價格ヲ區分シテ記載シタルモノハ其價格ノ多キ部ニ件數

ヲ記入シ其價格ノ寡キ部ニハ朱書ヲ以テ重複件數ヲ附記ス但稅額ハ双方ニ分記スルヲ要ス

一　申請書ニ價格ヲ分記セサルモノハ土地ノ部ニ件數稅額ヲ記入シ建物ノ部ニハ朱書ヲ以テ其重復件數ノミヲ附記スルモノトス

一　孰レノ場合ニ於テモ箇數ハ土地、建物ノ双方ニ其實數ヲ分記スルコトヲ要ス

○第一表建物ノ欄ニ箇數ヲ記入スルニハ附屬建物モ箇數ニ算入シ主從ハ卽チ二個ト記入スヘキモノトス（仝上）仝號三二二頁

○三十二年司法省訓令三號乃至五號ノ樣式ハ別段本省ヨリ回附セス第三號及第五號ハ舊登錄稅手數料報告表樣式ノ振合ニ依リ第四號ハ檢察事務統計年表樣式ノ振合ニ依リ調製可然（大阪地方審課問合三十二年十二月九日民刑局長回答）仝號三三二頁（參照仝號三四頁四行）（仝頁十四行）

○二十六年本省記甲一〇五〇號登記件數表二十九年民刑甲三〇號商事會社登記表（曆年度分）ハ三十二年訓令三號ヨリ五號迄ノ分實施ト共ニ廢止（青森地方問合三十二年十二月十八日民刑局長回答）仝號三四頁

○第十類　諸表幷ニ報告

○客年十二月九日訓令第十一號印紙取調報告ノ件訴訟及非訟事件トアル訴訟中ニハ和解督促差押事件等ヲ包含ス又年度ハ會計年度ニ依リ取調フヘキモノトス〔高崎區監判問合三十二年一月十二日民刑局長回答〕法曹記事八八號五三頁

○民事統計年表調製ニ付テハ禁治、準禁治產事件ハ總計表中裁判所ニ繫屬シタル訴訟外ノ申立欄ニ失踪事件ハ公示催告欄ニ記入スヘキモノトス但第一審第一表第一欄訴訟事件ノ性質欄ニハ禁治產事件、準禁治產事件、失踪事件ト細別シテ記入スヘキモノトス〔高松地問合三十二年二月十六日民刑局長回答〕全號五九頁（參照仝號一一二頁二行）

○統計年表調製ニ付テハ遺言檢認ハ遺言ノ確認及ヒ執行ノ欄ニ戸籍法違反ハ其他ノ事件欄ニ記入スヘキモノトス〔飯山區問合三十二年二月四日民刑局長回答〕仝八八號一一二頁

○戸籍法及ヒ其他ノ非訟事件ハ訴件月報備考欄内ニ既濟未濟ヲ區別シテ申請ノ部ニ合記スヘキモノトス〔大阪區問合三十一年十二月二十五日民刑局長回答〕仝八六號一四四頁（參照八五號六四頁十二行）

○辯護士干與事件表記載方例ヘハ民事ニ付キ原被双方辯護士アルトキ又ハ民刑事共一事

件ニ數人ノ辨護士アルトキハ各自ノ部分ニ件數ヲ記載セハ重復ニ渉ルヲ以テ甲辨護士ノ下ニ一ト墨書シ乙以下ニハ各一ト朱書シ其重復件數ナルコトヲ表ハシ可然〔名古屋控書記課問合三十一年九月二十九日民刑局長回答〕全八三一號六八六頁

○第十一類　法令ノ存廢

○明治二十年民四四號、九一四號同二十一年民七四四號訓令ハ本年司法省令十四號六條ノ規定アルニ因リ總テ消滅〔松山地長問合三十二年十二月十五日民刑局長回答〕法曹記事九八號四〇頁

○明治二十六年九月一日民刑第六六六號訓令ハ改正商法實施ニ依リ全然消滅〔山田區監判問合三十二年九月二十八日民刑局長回答〕仝九六號七二頁

○舊登記法中ノ罰則ハ廢セラル〔佐賀地長問合三十二年八月八日民刑局長回答〕仝九四號四〇頁

○不在者ノ財産ノ管理ニ付テハ民二五條乃至二十九條ヲ適用シ相續人アルコト不分明ナル財産ノ處分ハ千五一條乃至千五九條ノ規定ニ從フヘキモノニ付明治十一年本省丁第四十一號仝二十一年本省訓令十號十五號及ヒ十七號ハ民法施行ノ際消滅ニ歸シタルモノトス〔彦根區監判問合三十二年二月九日民刑局長回答〕仝八八號五七頁

○明治十年五十號布告ハ公證人規則三十四條中ノ規定トシテハ廢止セラレサルニ付署名スルコト能ハサル者アルトキハ仍ホ右布告ノ規定ニ依ルヘシ〔今治區管內公證人請訓三十一年十二月二十七日民刑局長回答〕仝八七號六九頁

○明治九年司法省第十七號達明治十年丁第八十一號達ハ消滅シタルモノトス（宇都宮地檢正問合三十一年十二月二十三日民刑局長回答）仝八七號一一六頁

○明治二十六年二月十四日民刑第七五號訓令ハ三十二年省令第十四號六條ノ規定アルヲ以テ消滅（山田區監判問合三十三年五月二十八日民刑局長回答）仝一〇四號三一頁

○明治十五年九月三十日布告第四十九號行旅死亡人取扱規則ハ戸籍法ニ牴觸セス（奈良縣田原本町戸吏伺三十一年十月二十二日民刑局長回答）仝八五號七六頁

○明治二十七年九月二十六日司法省民刑第二〇九號訓令ハ不動産登記法實施ニ依リ消滅（德島區監判問合三十三年七月十一日民刑局長回答）仝一〇五號三九頁

○第十二類　倉庫營業

○指定倉庫營業者ニ於テ供託者ノ便宜ノ爲メ「司法省指定倉庫營業所」等ノ如キ標札ヲ揭クルハ差支ナシ〔秋田地長問合三十三年九月十二日民刑局長回答〕法曹記事一〇六號五四頁

正誤

頁數	行數	誤	正
目錄八	四	違犯、	違反○
仝一六	三	六九九	六九九頁○
仝一七	二	七一五〇、	七一九頁○
仝一七	三	七三九〇、	七三九頁○
仝一八	二	七四五〇、	七四五頁○
以下本文五	六	無能者	無能力○者
一〇	三	括弧中市村	稱○市村
一三	三	後見人トナルコトナシ、	後見人トナル。、ト、ナシ
一五	一	二六頁、	一一六頁
一七	四	括弧中戸夫、	戸吏○
二九	一	括弧中吏戸、	戸○吏○
三五	三	六頁、	二○八頁○
五〇	八	願書、	稱○書
五二	一	全號ノ下	二、五頁、ノ三字ヲ脫ス
五九	七	三ノ下	○頁。ヲ脫ス
五九	三	得ノ下	ス○ヲ脫ス
六一	八	括弧中○、	吏○
六六		欄外附記中かい、	左記○
一六七	一〇	離婿、	離籍○
一八三	七	ノミヲ、	ノミニテ○○
一八八	五	添言、	添書○
一九〇	三	スレヲ	スルヲ○
一九四	三	括弧中戸吏十、、	戸○吏○伺○三○十○
一九五	一	括弧中伺三局長民刑回答	民刑局長回答
一九七	二	簿二ノ下	登記。ノ二字ヲ脫ス
二〇四	五	從、	後○
二〇九	一	第十一ノ下	類ヲ脫ス
二二二	二	人、	文○
二二六	一六	括弧中岡、	網○

頁數	行數	誤	正
二二二	一〇	括弧中二三頁、	一○一○三頁
二二二	九	八三、ノ下	號○ヲ脫ス
二三〇	一	者ヨリ、、	者○タ○ル○
二三八	六	括弧中刑、	吏○
二五五	一一	括弧中福田、	福○岡○
二五六	六	括弧中六、	之○
二五九	四	登記例ノ下	（奈良縣北倭村戸吏伺廿二年十一月廿二日民刑局長回答）ヲ脫ス
二六七	五	離婚、	離婚。
二七二	一	屆居、	屆出○
二七二	一五	私生ノ下	子○ヲ脫ス
二七四	一〇	母リ、	因○リ
二七五	四	高木ノ下	秀○ヲ脫ス
二八七	六	事ニ、	事ヲ○
二八九	九	括弧中三十二、	三十一○
三〇四	一	括弧中村ノ下	戸吏伺ノ三字ヲ脫ス
三三五	二	分副、	分割。
三三七	五	綱綴、	編○綴
三三八	九	族程、	族稱○
三四一	九	括弧中一月、	十○月
三四一	一〇	括弧中朽木、	栃○木
三四七	三	括弧中村村、	村○ノ一字ハ衍
三四九	一	時當、	當○時○
三五〇	八	六九號、	九○六號
三五〇	九	例リ、	依○リ
三五四	三	事項欄ニ記載トアル下ニ	例。ノ一字ヲ脫ス
三五五	六	括弧中遊位、	遊佐○
三五六	二	括弧中具、	見○
三五六	七	號、	頁○

頁數	行數	誤	正
三五七	三	括弧中局刑	刑局
三五八	一	但	但ハ衍
三五九	三	當分	當人カ
三七二	二	括弧中金巾	金井
三七四	七	今一〇八ノ下	號：脱ス
三七五	四	タルモ	アルモ
三七九	四	括弧中三十一年	三十二年
三八一	一〇	括弧中二一〇五	二一〇五ハ衍
三九九	五	無手料	無手數料
三九九	二	括弧中靜岡	靜岡縣
四〇三	九	全	全ハ衍
四一六	一〇	刑事	判事
四一六	二	括弧中三十九日	二十九日
四一七	二	五七頁	五一頁
四一九	三	第一八四號	第八四號
四二七	四	ハ五號	八五號
四三九	三	括弧中十六日	十七日
四四一	二	括弧中二十一年	三十一年
四五七	五	トキハ	トキトハ
四六六	九	）郎チ	（郎チ
四六七	一	一九〇頁	一〇九頁
四八一	四	記巾	記事
四八三	六	未成年	未成年者
四八五	五	括弧中刑民	民刑
四九五	五	一三七頁	三七頁
五一五	三	法曹記	法曹記事
五一七	四	號載	記載
五一七	四	括弧中刑合	問合
五二一	一四	括弧中民刑局	民刑局
五二五	一〇	所有横	所有權
五二六	七	全一〇九	全一〇九號
五二九	六	登記濟	登記濟證
五三三	五	括弧中四月	三月
五三四	一〇	括弧中民〇	民刑
五五一	五	全九頁	三九頁
五七八	八	括弧中十二日	十三日
五八九	七	二六條	三六條
五九五	三	記場	記事
六〇五	四	括弧中鵜	鶴
六一一	二	附嘱	附屬
六一一	二	選用	適用
六一五	六	適當	通常
六一八	三	括弧中以上	全上
六一九	四	括弧中二十日	十二日
六二一	一〇	タルルモノ	タルモノ
六二三	一	一〇號	一〇五號
六四二	三	括弧中以上	全上
六六九	三	括弧中……	一
六七一	五	九八	九八號
六九五	三	括弧中手横	横手
七〇五	五	括弧中三十三年	三十二年
七四五	三	上一	ト二
七四六	八	果結	結果
七四七	四	括弧中刑民	民刑
七五一	一	期限	時限
七五一	一〇	括弧中長局	局長
七六二	六	相當ニテ	相對ニテ
七六三	四	六六頁	六五頁

明治三十四年五月十日印刷
明治三十四年五月十八日發行

（非賣品）

編纂兼發行者　長崎市十善寺中野九番戸第二號
日下部驡

印刷者　長崎市今鍛冶屋町三十三番戸
朝川官十郎

印刷所　長崎市今鍛冶屋町三十三番戸
重誠舍

司法省訓令回答類纂　全　　日本立法資料全集　別巻 1211

平成30年12月20日　　復刻版第１刷発行

編纂者　日　下　部　躘

発行者　今　井　　　貴
　　　　渡　辺　左　近

発行所　信　山　社　出　版
〒113-0033　東京都文京区本郷６－２－９－102
モンテベルデ第２東大正門前
電　話　03（3818）1019
ＦＡＸ　03（3818）0344
郵便振替　00140-2-367777（信山社販売）
Printed in Japan.

制作／（株）信山社，印刷・製本／松澤印刷・日進堂

ISBN 978-4-7972-7328-1 C3332

別巻　巻数順一覧【950～981巻】

巻数	書　名	編・著者	ISBN	本体価格
950	実地応用町村制質疑録	野田藤吉郎、國吉拓郎	ISBN978-4-7972-6656-6	22,000円
951	市町村議員必携	川瀬周次、田中迪三	ISBN978-4-7972-6657-3	40,000円
952	増補 町村制執務備考 全	増澤鐵、飯島篤雄	ISBN978-4-7972-6658-0	46,000円
953	郡区町村編制法 府県会規則 地方税規則 三法綱論	小笠原美治	ISBN978-4-7972-6659-7	28,000円
954	郡区町村編制 府県会規則 地方税規則 新法例纂 追加地方諸要則	柳澤武運三	ISBN978-4-7972-6660-3	21,000円
955	地方革新講話	西内天行	ISBN978-4-7972-6921-5	40,000円
956	市町村名辞典	杉野耕三郎	ISBN978-4-7972-6922-2	38,000円
957	市町村吏員提要〔第三版〕	田邊好一	ISBN978-4-7972-6923-9	60,000円
958	帝国市町村便覧	大西林五郎	ISBN978-4-7972-6924-6	57,000円
959	最近検定 市町村名鑑 附 官国幣社 及 諸学校所在地一覧	藤澤衛彦、伊東順彦、増田穆、関惣右衛門	ISBN978-4-7972-6925-3	64,000円
960	鼇頭対照 市町村制解釈 附 理由書 及 参考諸布達	伊藤寿	ISBN978-4-7972-6926-0	40,000円
961	市町村制釈義 完　附 市町村制理由	水越成章	ISBN978-4-7972-6927-7	36,000円
962	府県郡市町村 模範治績　附 耕地整理法 産業組合法 附属法令	荻野千之助	ISBN978-4-7972-6928-4	74,000円
963	市町村大字読方名彙〔大正十四年度版〕	小川琢治	ISBN978-4-7972-6929-1	60,000円
964	町村会議員選挙要覧	津田東璋	ISBN978-4-7972-6930-7	34,000円
965	市制町村制 及 府県制　附 普通選挙法	法律研究会	ISBN978-4-7972-6931-4	30,000円
966	市制町村制註釈 完　附 市制町村制理由〔明治21年初版〕	角田真平、山田正賢	ISBN978-4-7972-6932-1	46,000円
967	市町村制詳解 全　附 市町村制理由	元田肇、加藤政之助、日鼻豊作	ISBN978-4-7972-6933-8	47,000円
968	区町村会議要覧 全	阪田辨之助	ISBN978-4-7972-6934-5	28,000円
969	実用 町村制市制事務提要	河邨貞山、島村文耕	ISBN978-4-7972-6935-2	46,000円
970	新旧対照 市制町村制正文〔第三版〕	自治館編輯局	ISBN978-4-7972-6936-9	28,000円
971	細密調査 市町村便覧(三府 四十三県 北海道 樺太 台湾 朝鮮 関東州)　附 分類官公衙公私学校銀行所在地一覧表	白山榮一郎、森田公美	ISBN978-4-7972-6937-6	88,000円
972	正文 市制町村制 並 附属法規	法曹閣	ISBN978-4-7972-6938-3	21,000円
973	台湾朝鮮関東州 全国市町村便覧 各学校所在地〔第一分冊〕	長谷川好太郎	ISBN978-4-7972-6939-0	58,000円
974	台湾朝鮮関東州 全国市町村便覧 各学校所在地〔第二分冊〕	長谷川好太郎	ISBN978-4-7972-6940-6	58,000円
975	合巻 佛蘭西邑法・和蘭邑法・皇国郡区町村編成法	箕作麟祥、大井憲太郎、神田孝平	ISBN978-4-7972-6941-3	28,000円
976	自治之模範	江木翼	ISBN978-4-7972-6942-0	60,000円
977	地方制度実例総覧〔明治36年初版〕	金田謙	ISBN978-4-7972-6943-7	48,000円
978	市町村民 自治読本	武藤榮治郎	ISBN978-4-7972-6944-4	22,000円
979	町村制詳解　附 市制及町村制理由	相澤富蔵	ISBN978-4-7972-6945-1	28,000円
980	改正 市町村制 並 附属法規	楠綾雄	ISBN978-4-7972-6946-8	28,000円
981	改正 市制 及 町村制〔訂正10版〕	山野金蔵	ISBN978-4-7972-6947-5	28,000円

別巻　巻数順一覧【915 ～ 949 巻】

巻数	書　名	編・著者	ISBN	本体価格
915	改正 新旧対照市町村一覧	鍾美堂	ISBN978-4-7972-6621-4	78,000 円
916	東京市会先例彙輯	後藤新平、桐島像一、八田五三	ISBN978-4-7972-6622-1	65,000 円
917	改正 地方制度解説〔第六版〕	狭間茂	ISBN978-4-7972-6623-8	67,000 円
918	改正 地方制度通義	荒川五郎	ISBN978-4-7972-6624-5	75,000 円
919	町村制市制全書 完	中嶋廣蔵	ISBN978-4-7972-6625-2	80,000 円
920	自治新制 市町村会法要談 全	田中重策	ISBN978-4-7972-6626-9	22,000 円
921	郡市町村吏員 収税実務要書	荻野千之助	ISBN978-4-7972-6627-6	21,000 円
922	町村至宝	桂虎次郎	ISBN978-4-7972-6628-3	36,000 円
923	地方制度通 全	上山満之進	ISBN978-4-7972-6629-0	60,000 円
924	帝国議会府県会郡会市町村会議員必携 附関係法規 第1分冊	太田峯三郎、林田亀太郎、小原新三	ISBN978-4-7972-6630-6	46,000 円
925	帝国議会府県会郡会市町村会議員必携 附関係法規 第2分冊	太田峯三郎、林田亀太郎、小原新三	ISBN978-4-7972-6631-3	62,000 円
926	市町村是	野田千太郎	ISBN978-4-7972-6632-0	21,000 円
927	市町村執務要覧 全 第1分冊	大成館編輯局	ISBN978-4-7972-6633-7	60,000 円
928	市町村執務要覧 全 第2分冊	大成館編輯局	ISBN978-4-7972-6634-4	58,000 円
929	府県会規則大全　附 裁定録	朝倉達三、若林友之	ISBN978-4-7972-6635-1	28,000 円
930	地方自治の手引	前田宇治郎	ISBN978-4-7972-6636-8	28,000 円
931	改正 市制町村制と衆議院議員選挙法	服部喜太郎	ISBN978-4-7972-6637-5	28,000 円
932	市町村国税事務取扱手続	広島財務研究会	ISBN978-4-7972-6638-2	34,000 円
933	地方自治制要義 全	末松偕一郎	ISBN978-4-7972-6639-9	57,000 円
934	市町村特別税之栞	三邊長治、水谷平吉	ISBN978-4-7972-6640-5	24,000 円
935	英国地方制度 及 税法	良保両氏、水野遵	ISBN978-4-7972-6641-2	34,000 円
936	英国地方制度 及 税法	髙橋達	ISBN978-4-7972-6642-9	20,000 円
937	日本法典全書 第一編 府県制郡制註釈	上條慎蔵、坪谷善四郎	ISBN978-4-7972-6643-6	58,000 円
938	判例挿入 自治法規全集 全	池田繁太郎	ISBN978-4-7972-6644-3	82,000 円
939	比較研究 自治之精髄	水野錬太郎	ISBN978-4-7972-6645-0	22,000 円
940	傍訓註釈 市制町村制 並ニ 理由書〔第三版〕	筒井時治	ISBN978-4-7972-6646-7	46,000 円
941	以呂波引町村便覧	田山宗堯	ISBN978-4-7972-6647-4	37,000 円
942	町村制執務要録 全	鷹巣清二郎	ISBN978-4-7972-6648-1	46,000 円
943	地方自治 及 振興策	床次竹二郎	ISBN978-4-7972-6649-8	30,000 円
944	地方自治講話	田中四郎左衛門	ISBN978-4-7972-6650-4	36,000 円
945	地方施設改良 訓諭演説集〔第六版〕	鹽川玉江	ISBN978-4-7972-6651-1	40,000 円
946	帝国地方自治団体発達史〔第三版〕	佐藤亀齢	ISBN978-4-7972-6652-8	48,000 円
947	農村自治	小橋一太	ISBN978-4-7972-6653-5	34,000 円
948	国税 地方税 市町村税 滞納処分法問答	竹尾高堅	ISBN978-4-7972-6654-2	28,000 円
949	市町村役場実用 完	福井淳	ISBN978-4-7972-6655-9	40,000 円

別巻　巻数順一覧【878～914巻】

巻数	書　名	編・著者	ISBN	本体価格
878	明治史第六編 政黨史	博文館編輯局	ISBN978-4-7972-7180-5	42,000円
879	日本政黨發達史 全〔第一分冊〕	上野熊藏	ISBN978-4-7972-7181-2	50,000円
880	日本政黨發達史 全〔第二分冊〕	上野熊藏	ISBN978-4-7972-7182-9	50,000円
881	政党論	梶原保人	ISBN978-4-7972-7184-3	30,000円
882	獨逸新民法商法正文	古川五郎、山口弘一	ISBN978-4-7972-7185-0	90,000円
883	日本民法鼇頭對比獨逸民法	荒波正隆	ISBN978-4-7972-7186-7	40,000円
884	泰西立憲國政治攬要	荒井泰治	ISBN978-4-7972-7187-4	30,000円
885	改正衆議院議員選擧法釋義 全	福岡伯、横田左仲	ISBN978-4-7972-7188-1	42,000円
886	改正衆議院議員選擧法釋義 附 改正貴族院令,治安維持法	犀川長作、犀川久平	ISBN978-4-7972-7189-8	33,000円
887	公民必携 選擧法規ト判決例	大浦兼武、平沼騏一郎、木下友三郎、清水澄、三浦數平	ISBN978-4-7972-7190-4	96,000円
888	衆議院議員選擧法輯覽	司法省刑事局	ISBN978-4-7972-7191-1	53,000円
889	行政司法選擧判例總覽―行政救濟と其手續―	澤田竹治郎・川崎秀男	ISBN978-4-7972-7192-8	72,000円
890	日本親族相續法義解 全	髙橋捨六・堀田馬三	ISBN978-4-7972-7193-5	45,000円
891	普通選擧文書集成	山中秀男・岩本溫良	ISBN978-4-7972-7194-2	85,000円
892	普選の勝者 代議士月旦	大石末吉	ISBN978-4-7972-7195-9	60,000円
893	刑法註釋 巻一～巻四(上巻)	村田保	ISBN978-4-7972-7196-6	58,000円
894	刑法註釋 巻五～巻八(下巻)	村田保	ISBN978-4-7972-7197-3	50,000円
895	治罪法註釋 巻一～巻四(上巻)	村田保	ISBN978-4-7972-7198-0	50,000円
896	治罪法註釋 巻五～巻八(下巻)	村田保	ISBN978-4-7972-7198-0	50,000円
897	議會選擧法	カール・ブラウニアス、國政研究科會	ISBN978-4-7972-7201-7	42,000円
901	鼇頭註釈 町村制 附 理由 全	八乙女盛次、片野続	ISBN978-4-7972-6607-8	28,000円
902	改正 市制町村制 附 改正要義	田山宗堯	ISBN978-4-7972-6608-5	28,000円
903	増補訂正 町村制詳解〔第十五版〕	長峰安三郎、三浦通太、野田千太郎	ISBN978-4-7972-6609-2	52,000円
904	市制町村制 並 理由書 附 直接間接税類別及実施手続	高崎修助	ISBN978-4-7972-6610-8	20,000円
905	町村制要義	河野正義	ISBN978-4-7972-6611-5	28,000円
906	改正 市制町村制義解〔帝國地方行政学会〕	川村芳次	ISBN978-4-7972-6612-2	60,000円
907	市制町村制 及 関係法令〔第三版〕	野田千太郎	ISBN978-4-7972-6613-9	35,000円
908	市町村新旧対照一覧	中村芳松	ISBN978-4-7972-6614-6	38,000円
909	改正 府県郡制問答講義	木内英雄	ISBN978-4-7972-6615-3	28,000円
910	地方自治提要 全 附 諸届願書式 日用規則抄録	木村時義、吉武則久	ISBN978-4-7972-6616-0	56,000円
911	訂正増補 市町村制問答詳解 附 理由及追輯	福井淳	ISBN978-4-7972-6617-7	70,000円
912	改正 府県制郡制註釈〔第三版〕	福井淳	ISBN978-4-7972-6618-4	34,000円
913	地方制度実例総覧〔第七版〕	自治館編輯局	ISBN978-4-7972-6619-1	78,000円
914	英国地方政治論	ジョージ・チャールズ・ブロドリック、久米金彌	ISBN978-4-7972-6620-7	30,000円

別巻　巻数順一覧【843 ～ 877 巻】

巻数	書　名	編・著者	ISBN	本体価格
843	法律汎論	熊谷直太	ISBN978-4-7972-7141-6	40,000 円
844	英國國會選擧訴願判決例 全	オマリー、ハードカッスル、サンタース	ISBN978-4-7972-7142-3	80,000 円
845	衆議院議員選擧法改正理由書 完	内務省	ISBN978-4-7972-7143-0	40,000 円
846	戇齋法律論文集	森作太郎	ISBN978-4-7972-7144-7	45,000 円
847	雨山遺稾	渡邉輝之助	ISBN978-4-7972-7145-4	70,000 円
848	法曹紙屑籠	鷺城逸史	ISBN978-4-7972-7146-1	54,000 円
849	法例彙纂 民法之部 第一篇	史官	ISBN978-4-7972-7147-8	66,000 円
850	法例彙纂 民法之部 第二篇〔第一分冊〕	史官	ISBN978-4-7972-7148-5	55,000 円
851	法例彙纂 民法之部 第二篇〔第二分冊〕	史官	ISBN978-4-7972-7149-2	75,000 円
852	法例彙纂 商法之部〔第一分冊〕	史官	ISBN978-4-7972-7150-8	70,000 円
853	法例彙纂 商法之部〔第二分冊〕	史官	ISBN978-4-7972-7151-5	75,000 円
854	法例彙纂 訴訟法之部〔第一分冊〕	史官	ISBN978-4-7972-7152-2	60,000 円
855	法例彙纂 訴訟法之部〔第二分冊〕	史官	ISBN978-4-7972-7153-9	48,000 円
856	法例彙纂 懲罰則之部	史官	ISBN978-4-7972-7154-6	58,000 円
857	法例彙纂 第二版 民法之部〔第一分冊〕	史官	ISBN978-4-7972-7155-3	70,000 円
858	法例彙纂 第二版 民法之部〔第二分冊〕	史官	ISBN978-4-7972-7156-0	70,000 円
859	法例彙纂 第二版 商法之部・訴訟法之部〔第一分冊〕	太政官記録掛	ISBN978-4-7972-7157-7	72,000 円
860	法例彙纂 第二版 商法之部・訴訟法之部〔第二分冊〕	太政官記録掛	ISBN978-4-7972-7158-4	40,000 円
861	法令彙纂 第三版 民法之部〔第一分冊〕	太政官記録掛	ISBN978-4-7972-7159-1	54,000 円
862	法令彙纂 第三版 民法之部〔第ニ分冊〕	太政官記録掛	ISBN978-4-7972-7160-7	54,000 円
863	現行法律規則全書（上）	小笠原美治、井田鐘次郎	ISBN978-4-7972-7162-1	50,000 円
864	現行法律規則全書（下）	小笠原美治、井田鐘次郎	ISBN978-4-7972-7163-8	53,000 円
865	國民法制通論 上卷・下卷	仁保龜松	ISBN978-4-7972-7165-2	56,000 円
866	刑法註釋	磯部四郎、小笠原美治	ISBN978-4-7972-7166-9	85,000 円
867	治罪法註釋	磯部四郎、小笠原美治	ISBN978-4-7972-7167-6	70,000 円
868	政法哲學 前編	ハーバート・スペンサー、濱野定四郎、渡邊治	ISBN978-4-7972-7168-3	45,000 円
869	政法哲學 後編	ハーバート・スペンサー、濱野定四郎、渡邊治	ISBN978-4-7972-7169-0	45,000 円
870	佛國商法復説 第壹篇自第壹卷至第七卷	リウヒエール、商法編纂局	ISBN978-4-7972-7171-3	75,000 円
871	佛國商法復説 第壹篇第八卷	リウヒエール、商法編纂局	ISBN978-4-7972-7172-0	45,000 円
872	佛國商法復説 自第二篇至第四篇	リウヒエール、商法編纂局	ISBN978-4-7972-7173-7	70,000 円
873	佛國商法復説 書式之部	リウヒエール、商法編纂局	ISBN978-4-7972-7174-4	40,000 円
874	代言試驗問題擬判録 全 附録明治法律學校民刑問題及答案	熊野敏三、宮城浩蔵、河野和三郎、岡義男	ISBN978-4-7972-7176-8	35,000 円
875	各國官吏試驗法類集 上・下	内閣	ISBN978-4-7972-7177-5	54,000 円
876	商業規篇	矢野亨	ISBN978-4-7972-7178-2	53,000 円
877	民法実用法典 全	福田一覺	ISBN978-4-7972-7179-9	45,000 円

別巻　巻数順一覧【810～842巻】

巻数	書　名	編・著者	ISBN	本体価格
810	訓點法國律例 民律 上卷	鄭永寧	ISBN978-4-7972-7105-8	50,000円
811	訓點法國律例 民律 中卷	鄭永寧	ISBN978-4-7972-7106-5	50,000円
812	訓點法國律例 民律 下卷	鄭永寧	ISBN978-4-7972-7107-2	60,000円
813	訓點法國律例 民律指掌	鄭永寧	ISBN978-4-7972-7108-9	58,000円
814	訓點法國律例 貿易定律・園林則律	鄭永寧	ISBN978-4-7972-7109-6	60,000円
815	民事訴訟法 完	本多康直	ISBN978-4-7972-7111-9	65,000円
816	物権法(第一部)完	西川一男	ISBN978-4-7972-7112-6	45,000円
817	物権法(第二部)完	馬場愿治	ISBN978-4-7972-7113-3	35,000円
818	商法五十課 全	アーサー・B・クラーク、本多孫四郎	ISBN978-4-7972-7115-7	38,000円
819	英米商法律原論 契約之部及流通券之部	岡山兼吉、淺井勝	ISBN978-4-7972-7116-4	38,000円
820	英國組合法 完	サー・フレデリック・ポロック、榊原幾久若	ISBN978-4-7972-7117-1	30,000円
821	自治論 一名人民ノ自由 巻之上・巻之下	リーバー、林董	ISBN978-4-7972-7118-8	55,000円
822	自治論纂 全一册	獨逸學協會	ISBN978-4-7972-7119-5	50,000円
823	憲法彙纂	古屋宗作、鹿島秀麿	ISBN978-4-7972-7120-1	35,000円
824	國會汎論	ブルンチュリー、石津可輔、讃井逸三	ISBN978-4-7972-7121-8	30,000円
825	威氏法學通論	エスクバック、渡邊輝之助、神山亨太郎	ISBN978-4-7972-7122-5	35,000円
826	萬國憲法 全	高田早苗、坪谷善四郎	ISBN978-4-7972-7123-2	50,000円
827	綱目代議政體	J・S・ミル、上田充	ISBN978-4-7972-7124-9	40,000円
828	法學通論	山田喜之助	ISBN978-4-7972-7125-6	30,000円
829	法學通論 完	島田俊雄、溝上與三郎	ISBN978-4-7972-7126-3	35,000円
830	自由之權利 一名自由之理 全	J・S・ミル、高橋正次郎	ISBN978-4-7972-7127-0	38,000円
831	歐洲代議政體起原史 第一册・第二冊／代議政體原論 完	ギゾー、漆間眞學、藤田四郎、アンドリー、山口松五郎	ISBN978-4-7972-7128-7	100,000円
832	代議政體 全	J・S・ミル、前橋孝義	ISBN978-4-7972-7129-4	55,000円
833	民約論	J・J・ルソー、田中弘義、服部德	ISBN978-4-7972-7130-0	40,000円
834	歐米政黨沿革史總論	藤田四郎	ISBN978-4-7972-7131-7	30,000円
835	内外政黨事情・日本政黨事情 完	中村義三、大久保常吉	ISBN978-4-7972-7132-4	35,000円
836	議會及政黨論	菊池學而	ISBN978-4-7972-7133-1	35,000円
837	各國之政黨 全〔第1分冊〕	外務省政務局	ISBN978-4-7972-7134-8	70,000円
838	各國之政黨 全〔第2分冊〕	外務省政務局	ISBN978-4-7972-7135-5	60,000円
839	大日本政黨史 全	若林清、尾崎行雄、箕浦勝人、加藤恒忠	ISBN978-4-7972-7137-9	63,000円
840	民約論	ルソー、藤田浪人	ISBN978-4-7972-7138-6	30,000円
841	人權宣告辯妄・政治眞論一名主權辯妄	ベンサム、草野宣隆、藤田四郎	ISBN978-4-7972-7139-3	40,000円
842	法制講義 全	赤司鷹一郎	ISBN978-4-7972-7140-9	30,000円

巻数	書　名	編・著者	ISBN	本体価格
776	改正 府県制郡制釈義〔第三版〕	坪谷善四郎	ISBN978-4-7972-6602-3	35,000 円
777	新旧対照 市制町村制 及 理由〔第九版〕	荒川五郎	ISBN978-4-7972-6603-0	28,000 円
778	改正 市町村制講義	法典研究会	ISBN978-4-7972-6604-7	38,000 円
779	改正 市制町村制講義 附 施行諸規則 及 市町村事務摘要	樋山廣業	ISBN978-4-7972-6605-4	58,000 円
780	改正 市制町村制義解	行政法研究会、藤田謙堂	ISBN978-4-7972-6606-1	60,000 円
781	今時獨逸帝國要典 前篇	C・モレイン、今村有隣	ISBN978-4-7972-6425-8	45,000 円
782	各國上院紀要	元老院	ISBN978-4-7972-6426-5	35,000 円
783	泰西國法論	シモン・ヒッセリング、津田真一郎	ISBN978-4-7972-6427-2	40,000 円
784	律例權衡便覽 自第一冊至第五冊	村田保	ISBN978-4-7972-6428-9	100,000 円
785	檢察事務要件彙纂	平松照忠	ISBN978-4-7972-6429-6	45,000 円
786	治罪法比鑑 完	福鎌芳隆	ISBN978-4-7972-6430-2	65,000 円
787	治罪法註解	立野胤政	ISBN978-4-7972-6431-9	56,000 円
788	佛國民法契約篇講義 全	玉乃世履、磯部四郎	ISBN978-4-7972-6432-6	40,000 円
789	民法疏義 物權之部	鶴丈一郎、手塚太郎	ISBN978-4-7972-6433-3	90,000 円
790	民法疏義 人權之部	鶴丈一郎	ISBN978-4-7972-6434-0	100,000 円
791	民法疏義 取得篇	鶴丈一郎	ISBN978-4-7972-6435-7	80,000 円
792	民法疏義 擔保篇	鶴丈一郎	ISBN978-4-7972-6436-4	90,000 円
793	民法疏義 證據篇	鶴丈一郎	ISBN978-4-7972-6437-1	50,000 円
794	法學通論	奥田義人	ISBN978-4-7972-6439-5	100,000 円
795	法律ト宗教トノ關係	名尾玄乘	ISBN978-4-7972-6440-1	55,000 円
796	英國國會政治	アルフユース・トッド、スペンサー・ヲルポール、林田龜太郎、岸清一	ISBN978-4-7972-6441-8	65,000 円
797	比較國會論	齊藤隆夫	ISBN978-4-7972-6442-5	30,000 円
798	改正衆議院議員選擧法論	島田俊雄	ISBN978-4-7972-6443-2	30,000 円
799	改正衆議院議員選擧法釋義	林田龜太郎	ISBN978-4-7972-6444-9	50,000 円
800	改正衆議院議員選擧法正解	武田貞之助、井上密	ISBN978-4-7972-6445-6	30,000 円
801	佛國法律提要 全	箕作麟祥、大井憲太郎	ISBN978-4-7972-6446-3	100,000 円
802	佛國政典	ドラクルチー、大井憲太郎、箕作麟祥	ISBN978-4-7972-6447-0	120,000 円
803	社會行政法論 全	H・リョースレル、江木衷	ISBN978-4-7972-6448-7	100,000 円
804	英國財産法講義	三宅恒徳	ISBN978-4-7972-6449-4	60,000 円
805	國家論 全	ブルンチュリー、平田東助、平塚定二郎	ISBN978-4-7972-7100-3	50,000 円
806	日本議會現法 完	増尾種時	ISBN978-4-7972-7101-0	45,000 円
807	法學通論 一名法學初歩 全	P・ナミュール、河地金代、河村善益、薩埵正邦	ISBN978-4-7972-7102-7	53,000 円
808	訓點法國律例 刑名定範 巻一巻二 完	鄭永寧	ISBN978-4-7972-7103-4	40,000 円
809	訓點法國律例 刑律從巻 一至巻四 完	鄭永寧	ISBN978-4-7972-7104-1	30,000 円

別巻　巻数順一覧【741 ～ 775 巻】

巻数	書　名	編・著者	ISBN	本体価格
741	改正 市町村制詳解	相馬昌三、菊池武夫	ISBN978-4-7972-6491-3	38,000 円
742	註釈の市制と町村制　附 普通選挙法	法律研究会	ISBN978-4-7972-6492-0	60,000 円
743	新旧対照 市制町村制 並 附属法規〔改訂二十七版〕	良書普及会	ISBN978-4-7972-6493-7	36,000 円
744	改訂増補 市制町村制実例総覧 第 1 分冊	田中廣太郎、良書普及会	ISBN978-4-7972-6494-4	60,000 円
745	改訂増補 市制町村制実例総覧 第 2 分冊	田中廣太郎、良書普及会	ISBN978-4-7972-6495-1	68,000 円
746	実例判例 市制町村制釈義〔昭和十年改正版〕	梶康郎	ISBN978-4-7972-6496-8	57,000 円
747	市制町村制義解　附 理由〔第五版〕	櫻井一久	ISBN978-4-7972-6497-5	47,000 円
748	実地応用町村制問答〔第二版〕	市町村雑誌社	ISBN978-4-7972-6498-2	46,000 円
749	傍訓註釈 日本市制町村制 及 理由書	柳澤武運三	ISBN978-4-7972-6575-0	28,000 円
750	鼇頭註釈 市町村制俗解　附 理由書〔増補第五版〕	清水亮三	ISBN978-4-7972-6576-7	28,000 円
751	市町村制質問録	片貝正晉	ISBN978-4-7972-6577-4	28,000 円
752	実用詳解町村制 全	夏目洗藏	ISBN978-4-7972-6578-1	28,000 円
753	新旧対照 改正 市制町村制新釈　附 施行細則及執務條規	佐藤貞雄	ISBN978-4-7972-6579-8	42,000 円
754	市制町村制講義	樋山廣業	ISBN978-4-7972-6580-4	46,000 円
755	改正 市制町村制講義〔第十版〕	秋野沆	ISBN978-4-7972-6581-1	42,000 円
756	註釈の市制と町村制 市制町村制施行令他関連法収録〔昭和4年4月版〕	法律研究会	ISBN978-4-7972-6582-8	58,000 円
757	実例判例 市制町村制釈義〔第四版〕	梶康郎	ISBN978-4-7972-6583-5	48,000 円
758	改正 市制町村制解説	狭間茂、土谷覺太郎	ISBN978-4-7972-6584-2	59,000 円
759	市町村制註解 完	若林市太郎	ISBN978-4-7972-6585-9	22,000 円
760	町村制実用 完	新田貞橘、鶴田嘉内	ISBN978-4-7972-6586-6	56,000 円
761	町村制精解 完　附 理由 及 問答録	中目孝太郎、磯谷郡爾、高田早苗、両角彦六、高木守三郎	ISBN978-4-7972-6587-3	35,000 円
762	改正 町村制詳解〔第十三版〕	長峰安三郎、三浦通太、野田千太郎	ISBN978-4-7972-6588-0	54,000 円
763	加除自在 参照条文　附 市制町村制　附 関係法規	矢島和三郎	ISBN978-4-7972-6589-7	60,000 円
764	改正版 市制町村制並ニ府県制及ビ重要関係法令	法制堂出版	ISBN978-4-7972-6590-3	39,000 円
765	改正版 註釈の市制と町村制 最近の改正を含む	法制堂出版	ISBN978-4-7972-6591-0	58,000 円
766	鼇頭註釈 市町村制俗解　附 理由書〔第二版〕	清水亮三	ISBN978-4-7972-6592-7	25,000 円
767	理由挿入 市町村制俗解〔第三版増補訂正〕	上村秀昇	ISBN978-4-7972-6593-4	28,000 円
768	府県制郡制註釈	田島彦四郎	ISBN978-4-7972-6594-1	40,000 円
769	市制町村制傍訓 完　附 市制町村制理由〔第四版〕	内山正如	ISBN978-4-7972-6595-8	18,000 円
770	市制町村制釈義	壁谷可六、上野太一郎	ISBN978-4-7972-6596-5	38,000 円
771	市制町村制詳解 全　附 理由書	杉谷庸	ISBN978-4-7972-6597-2	21,000 円
772	鼇頭傍訓 市制町村制註釈 及 理由書	山内正利	ISBN978-4-7972-6598-9	28,000 円
773	町村制要覧 全	浅井元、古谷省三郎	ISBN978-4-7972-6599-6	38,000 円
774	府県制郡制釈義 全〔第三版〕	栗本勇之助、森惣之祐	ISBN978-4-7972-6600-9	35,000 円
775	市制町村制釈義	坪谷善四郎	ISBN978-4-7972-6601-6	39,000 円